我们如何学习

学习与教学的科学方法

［西］艾克托尔·鲁伊兹·马丁（Héctor Ruiz Martín）著

曹嬿 译

机械工业出版社

CHINA MACHINE PRESS

本书主要论述了课堂教学的过程和影响因素，主要包含记忆的构成、记忆的组织、记忆的过程、记忆的重构、学习的迁移、工作记忆、深度学习、情绪在学习中的作用、学习动机、信念、学习的社会维度、元认知、自我控制、情绪自我调节、韧性和毅力、教学过程、反馈、评估，以及关于学习的伪科学神话等内容。首先，本书揭示了学习的构成要素：作为执行功能的工作记忆、学习的作用机制、学习的方法和途径、学习的动机、学习的策略等。其次，本书对情感领域进行了深入的探讨，认为情绪、动机等是学习过程中的关键因素，并强调了合作学习的优势、情绪自我调节和认知自我调节的重要性。然后，本书从教师的角度揭示了重教学、反馈、评估在教学过程中的重要性。最后，本书论述了形成性评估，即为了学习而评估，而不仅仅是评估学习。这本书以科学研究为基础，通过大量实例帮助教师、学生和所有教育工作者了解教学实践中的学习过程。

北京市版权局著作权合同登记　图字：01-2024-2498 号。

图书在版编目（CIP）数据

我们如何学习：学习与教学的科学方法 ／（西）艾克托尔·鲁伊兹·马丁著；曹嬿译. -- 北京：机械工业出版社，2025. 2. -- ISBN 978-7-111-77748-9

Ⅰ. G424.21

中国国家版本馆CIP数据核字第20256NU266号

机械工业出版社（北京市百万庄大街22号　邮政编码100037）

策划编辑：坚喜斌　　　　　　责任编辑：坚喜斌　陈　洁
责任校对：王荣庆　李小宝　　责任印制：刘　媛
唐山楠萍印务有限公司印刷
2025年3月第1版第1次印刷
160mm×235mm · 23印张 · 1插页 · 283千字
标准书号：ISBN 978-7-111-77748-9
定价：79.00元

电话服务　　　　　　　　　　网络服务
客服电话：010-88361066　　机 工 官 网：www.cmpbook.com
　　　　　010-88379833　　机 工 官 博：weibo.com/cmp1952
　　　　　010-68326294　　金 书 网：www.golden-book.com
封底无防伪标均为盗版　　　　机工教育服务网：www.cmpedu.com

献给那些毕生致力于教育事业的人

我第一次接触《我们如何学习：学习与教学的科学方法》这本书，准确地说是开始阅读它，是 2022 年 11 月于智利圣地亚哥听了一场艾克托尔·鲁伊兹·马丁在 researchED[⊖] 会议上的演讲之后。

如今，这本书我已经完整地读过两遍了，我坚信该书有望成为教育领域中十分重要的书籍之一，跻身学习科学必读书目之列。如果你从事教育工作，这本书你绝对不能错过。

让我先来回顾一下我是如何初识艾克托尔和他的作品的。在圣地亚哥听过他的演讲后，我立即购买并开始阅读他的书，尤其值得一提的是，当时这本书只有西班牙语版本，而我的西班牙语水平顶多算是初级。

第一次阅读《我们如何学习：学习与教学的科学方法》的经历对我来说是一次长达六个月的认知冒险。我逐句、有时甚至是逐词地艰难推进。然而，我坚持了下来。即便有些地方理解得不够深入，这本书依然不断带给我深刻的洞见。

如今，我忍不住反问自己："艾克托尔的演讲究竟有何魅力，竟让我如此不遗余力地去阅读他的西班牙语作品？"毕竟，我曾聆听过许多关

⊖ researchED 是一个全球性的教育平台，专注于提高教育质量和效果。它由教师汤姆·班尼特（Tom Bennett）于 2013 年在英国创立，旨在建立一个桥梁，连接学术研究与实际教育实践。这个平台通过组织会议、分享教育资源以及促进对话，帮助教育工作者获取最新的教育理论和实践研究，以便更好地应用于日常教学中。——译者注

于认知心理学的精彩演讲；事实上，艾克托尔探讨的科学内容，我在某种程度上也已有所了解。此外，我还阅读过数十本关于学习主题的书籍，其中不少还是用我的母语写的，阅读起来远比这本书轻松许多。

颇具讽刺意味的是，和他的书一样，他的演讲初听之下或许不够震撼，不足以让人花六个月的时间去边翻译边品读他的作品。但细读会发现，他的讲解细致入微，内容全面而系统，逻辑严密且循序渐进，风格则平和且充满耐心。

让我从最后一点说起，这点特别值得关注。就像他在书中所展现的那样，艾克托尔在舞台上以一种平和的方式悄然纠正了许多人们关于如何学习的常见误解和错误观念，这些观念可以称为"教育迷思"。与通常那种带有强烈评判和愤怒色彩的方式不同，他并没有对持有错误观念的人们进行指责，认为那些持有错误学习观念的人是有意为之。

正如在这本书中一样，在圣地亚哥的演讲中，艾克托尔始终耐心地引导听众，不带任何评判，一步步帮助他们重新理解一系列关键概念。这让我想到，思想史上渐进的方法往往比革命更为有效，艾克托尔正是这样做的。起初，你可能不会察觉到他在为你准备一场世界观的变革，你只是跟着他的思路一步步前进。但随着这些概念逐渐汇聚，突然间你会发现自己对某些内容有了全新的深刻理解。

这些想法不仅清晰，而且相互联系，通过这些联系，一个完整的模型逐渐浮现。这本书之所以强大，是因为它连贯且有条理。突然间，你不仅理解了零零碎碎的知识，而且看到了更宏大的图景。

有趣的是，艾克托尔在这本书中明确讨论了概念的改变，即如何改变已经相信其他观点的学习者的想法——这些观点可能是错误的。他认为，这需要时间和耐心。

但仅有耐心是不够的，还需要建立起信任。乔纳森·海特（Jonathan

Haidt)在《正义之心：为什么人们总是坚持"我对你错"》(*The Righteous Mind: Why Good People Are Divided by Politics and Religion*)一书中提到，我们更容易在与理解我们、信任并产生共鸣的人讨论时改变自己的观点，而不是在遇到贬低我们的人时。这本书的动机是追求真理。从一开始你就能感受到这一点。艾克托尔在圣地亚哥的演讲中说："我首先是一名科学家。"这本书强调了基于证据的客观性和真实性，而不是单纯地迎合读者的期望或偏见。通过这种方式，这本书致力于向读者提供一个准确且全面的对人类认知的总结。

"条理清晰"这个词乍一看可能也不那么引人注目，但正如耐心一样，它的重要性不言而喻。艾克托尔指出，要想让人们从不同的角度去理解问题，我们需要一步一步地"搭建概念"。也就是说，我们需要把复杂的内容拆解成一个个小部分，逐步解释清楚，最后再把它们串联起来，形成一个完整的理解。

在探索人类如何学习的过程中，我们的目标不光是理解一些零散的知识点，而是要掌握一整套知识体系，这意味着我们需要理解这些知识是如何相互关联的。为了帮助我们更好地理解，本书在知识的排序、深入剖析和组织结构方面做得真的非常出色。正如我从这本书中领悟到的，真正持久且有用的学习，关键在于理解各个观点之间的相互联系。一位值得信赖的作者通过条理清晰、系统化的方式，将相互关联的观点呈现出来，让你能够从整体上做到全面理解。这或许正是本书相较于其他书籍带给读者的独特价值——其全面性、细致入微的解析以及观点之间紧密的逻辑关联。

此外，书中的思想呈现出循序渐进、逐步上升且组织有序的特点。艾克托尔在书中指出："精心设定学习目标并灵活调整任务难度，不仅能提升记忆效果，还能间接地影响我们的学习动机。认知与动机之间存在着密切的联系。"每当感受到知识逐渐融会贯通时，你会意识到自己正在构建一种实质且富有成效的理解。学习上的成功是激励学习者的关键因素之一。当你深刻体会到自己对知识的透彻理解和各知识点之间的紧密联系时，这种成就感将推动你持续努力。这是艾克托尔在本书中为课堂教学提供的另一个重要启示。

早些时候，我曾用了一个在市场营销中不常听闻、可能略显平淡的词汇来赞誉艾克托尔的作品：详尽阐释。

艾克托尔对科学的理解全面而深入，几乎涵盖了所有角度。但他在圣地亚哥的演讲中，最引人入胜的部分在于他不仅详尽解释了认知心理学的核心原理，更通过生动的实例使这些原理跃然纸上，这一点同样体现在这本书中。他并没有止步于解释大脑为何如此运作——仅停留在抽象的概念层面，而是将理论转化为实践，现场与约400名听众共同演示了这一过程。例如，他给我们一组单词，要求我们中的一部分人不仅认真思考这些单词，还要把这些单词与我们已有的知识联系起来，而另一部分人只是认真思考但没有尝试与已知信息建立联系，相比之下，前者的记忆效果更好。换句话说，他通过一个现场实验向我们证明了这个方法的有效性，而且这个实验非常成功！

他向我们展示了，积极学习是指大脑主动地将已存储在长期记忆中的知识与当前正在探究的内容建立联系。

正如他在书中深刻阐述的：一个简单而有力的观点强调了学生在学习过程中积极寻找意义的重要性，努力将新知识与已有知识相连接，反思其对现有知识的影响，并最终进行深入思考。这一观点构成了所谓的积极学习的基础。

积极学习常常被与学生"动手实践"——也就是所谓的"做中学"的教学方法混淆。然而，积极学习更准确的定义应该是"通过思考来学习"。它涵盖了任何学生积极思考学习内容、探索其意义并将其与自己先前知识进行比较的学习体验。

他通过图像帮助听众构建概念的能力也非常出众。图 0-1 是一张艾克托尔在圣地亚哥舞台上演讲的照片，展示了他如何通过视觉呈现使得他想表述的理念变得深入浅出。

图 0-1　艾克托尔在圣地亚哥舞台上演讲

照片上，他在告诉我们，记忆和学习源自新信息与已有知识之间的连接（或源自我们记忆中从未连接过的已有观念之间的连接）。正是这些连接——点与点之间以及点与线之间的联系——代表了持久且有意义的知识的构建。

就像他通过即兴实验或用图像来解释抽象概念那样，他能够将广博的知识和实际应用结合起来，这一点尤为难得。书中提到"知识诅咒"或"专家盲点"这一概念，指的是你对某件事了解得越多，就越难以向初学者解释自己的知识，甚至难以理解当时自己是为何以及如何弄明白这些知识的。

尽管他是一位知识渊博的科学家，但他同样能够"像个教师一样与我们对话"，并将他的知识转化为实际的建议，告诉我们如何将这些知识运用到周一早上的课堂里，以及面对 30 个 14 岁的孩子时应该怎么做。

我想，这解释了为什么我会坚持完成那六个月边翻译边阅读这本书西班牙语版的历程，也解释了为什么当我最终读到英文译本时，虽然期待很高，但仍被它的广度、深度和连贯性所震撼。

我们正处在一个充满希望的时代——我们对学习机制的了解比以往任何时候都要多得多，而且在教育领域，人们对这一知识重要性的广泛觉醒已经开始席卷全球，这种趋势有望彻底改变社会各个层面成千上万学习场景中发生的学习深度和广度。这既是为所有教师提供的绝佳机会，也赋予了我们巨大的责任。

知识确实存在，需求也同样迫切。"教育的回报"，即人们从学校获得更多的学习成果所带来的好处，已经比以往任何时候都要更高。因此，反之亦然，学生不学习的代价也越来越大。如今，社会上有很多关于教育公平的讨论。在许多方面，最大的公平在于学生是否能够获得应用学习科学原理的教学——这些教学由足够了解学习科学的教师来开展，他们能够做出调整和决策以实现教学效果最大化。

在《我们如何学习：学习与教学的科学方法》一书中，这一知识体系经过精心编排和耐心的解释，以逻辑严密且循序渐进的方式集中呈现，并辅以实际的例子，使其生动起来。这本书是一份宝贵的礼物——一份极其强大的礼物，艾克托尔·鲁伊兹·马丁已经为我们提供了这份礼物，现在，中文版本也已出版。我坚信，正如我所说的，这将成为新时代重要的书籍之一：学习科学领域的标杆作品，甚至是该领域的扛鼎之作。

而现在，剩下的任务在于我们：去阅读它、学习它，并深思熟虑地思考其内涵，以便我们将这些知识生动地应用于我们所教授的学生身上。

道格·莱莫夫（Doug Lemov）
《像冠军一样教学：引领学生走向卓越的 62 个教学诀窍》的作者，"非凡学校"⊖ 的常务董事

⊖ "非凡学校"（Uncommon Schools）是一家管理美国马萨诸塞州、新泽西州和纽约州公立 K-12 特许学校的非营利组织。

"学习的效果来自且仅来自学生的行为和思考。教师只有通过影响学生的学习行为才能促进学生学习。"
—— 赫伯特·A. 西蒙（1916—2001），政治学和认知科学研究员

曾经有一个记者问我，学习是不是一种本能。我回答说："你认为视觉是一种本能吗？"的确，学习就像眼睛看见东西一样，是我们的大脑不断在做的事情，不管我们是否出于主观意愿。进化赋予了我们发达的大脑，它不仅能让我们与周围环境互动，还能让我们从每一次经验中学习以适应和优化我们的反应。

学习发生在学生的大脑中。因此，在教育中，学生是学习的中心。事实上，学习并不一定需要正式的教学。然而，就学校提供的知识和技能（如文学、数学、历史、科学、阅读、写作等）而言，教学是促进学习最有效的方式（Geary，2007）。当教师创造条件，提供或促进能够引发学生学习的经验时，教学就发生了，这往往与特定的目标相关。但是教师并不是直接"导致"学习的人，他们的作用是为学习提供最佳环境，并激励学生参与能够取得学习成就的行动。因此，教学是促进学习的过程。

虽然大脑从所有经验中学习，但并非所有经验都以相同的方式被记住。大脑的进化方式决定了哪些经验或行为能更有效地产生持久的学习效果。有趣的是，我们并不是生来就知道大脑是如何学习的；我们的学习行为是自发的，最多只能说是某些本能会促使我们这么做。例如，好奇心促使我们关注和探索新事物，但我们并非本能地知道哪些行为会优化学习——甚至从个人经验推断出来的行为也不一定是最优的（Karpicke et al.，2009）。这可以类比于我们可以做许多其他事情，但并不知道如

何最优化地做这些事情。例如，虽然我们都知道如何跳跃，但我们经过几十年的专业田径运动研究才发现，跳得尽可能高需要一种特定的技术（即福斯伯里跳），这一技术既非显而易见也非凭直觉就能掌握。同样，了解大脑如何学习可以促使我们开发出优化我们学习能力的技术或方法，这还能让我们作为教师更加高效地教学。

本书的基本理念是，我们可以通过科学的方法来审视学习和教学的过程，并利用从研究中得出的证据来改善指导教育实践的决策。尽管就像医学一样，教学中有很多艺术性的元素，但教学也有其科学性的一面，只是我们很少将其应用到课堂上。当然，组织机构和经济等因素也会影响教育的成功，这一点也和医疗系统类似。然而，本书的主要关注点是教学与学习的过程——课堂上所发生的事情，这些或多或少地掌握在学生和教师的手中。

近几十年来，科学在神经学和心理学领域对学习过程的理解取得了巨大进步。同时，教育研究也积累了大量证据，证明了有关大脑学习机制的科学知识对教育中的教学和学习实践的价值。这一研究旨在分析出产生最佳结果的教育实践，并试图找出其中的可复制的模式。

在这个意义上，我写这本书的目的是为了促进知识的传播，特别是在教育者中间。研究揭示了学习的过程以及对其有影响的重要因素，这些信息对于促进学术进展至关重要。我承诺以引人入胜且易于理解的方式呈现这些内容，同时也保持了必要的严谨性。考虑到目前为止的研究证据以及与科学共识的一致性，我强调了谨慎行事的必要性，因为科学要求我们保持严谨。因此，我希望读者们明白，这本书不会宣扬模棱两可、夸大或者扭曲现实的信息。这些信息之所以受欢迎，并能增加图书的销量，仅仅是因为它们符合我们想要听到的信息。

近来，"神经教育"的流行使一些人开始传播与严谨的学习科学无关的信息。伪科学的传播速度往往更快，可能是因为科学解释本身比较复杂、微妙。科学总是需要怀疑，需要多方证据来支持，而伪科学往往从一开始就断言自己的观点是正确的。尽管如此，本书的目的是为了在科学传播领域做出贡献，因为会涉及一些重要的话题，比如教育。当然，没有人是完全没有偏见的。因此，我的客观性可能并不像预期的那样绝对。如果我无意中过于极端地断言了某些观点，我在此向读者们致歉。我一直尽力提供证据佐证观点，并忠实地反映其他研究人员的观点。我引用了支持每个主张的科研论文；一本旨在提供基于证据的教学方法的书，如果没有这些证据支持，那它就不够可靠。读者会注意到，很多参考文献并不是新出版的，我选择引用每个领域的奠基性文献，这表明教育研究并不是一件新鲜事。新奇之处不在于我们对学习的科学认识，而在于如何将这些知识应用到课堂中去。

尽管本书尽可能地避免了炫耀和迎合大众的倾向，但我希望它依然能够包含一些鼓舞人心的想法。根据科学研究，综合考量真正影响教育的关键要素，这无疑令人着迷。因此，虽然我在某些情况下会大胆地将研究结论转化为学生和教师可采取的具体行动以优化学习——而且这些行动是经过验证的——但我并不打算将本书写成一本"食谱"。事实上，这是不可能的。教育研究告诉我们，没有一种方法是百分之百有效的。没有一种教育方法适用于所有学生、目标或环境。例如，基于项目的学习是否有效？进行考试是否有益？显然，答案取决于具体情况。教学方法受诸多变量影响，因此仅仅因为它们共享某些特征就将它们归为一类并不合理。以在线教学为例，学生使用计算机程序进行远程学习。然而，这并不是判断该方法是否有效的唯一因素。有些在线课程非常成功，而另一些则不尽如人意。如果我们仅仅因为它们都是在线课程就把它们等同起来，那么从教育的角度来看，这种做法可能并不合理。

因此，本书侧重于基础知识，并根据我们对人们学习方式的理解，探索使教学方法有效的具体变量。例如，团队活动在何种情况下促进了有意义的学习？考试在什么情况下是有益的？在线课程何时发挥了最大的作用？我的主要目标是让解释学习现象的科学模型更贴近教师的实际需求，使他们能够根据这些模型做出决策。这一目标必须与教师自身的标准保持一致，并考虑到他们的学生及其背景。在教学这样的领域中，理论与实践之间的转化通常并不是直接的。然而，幸运的是，有一些科学研究的学习现象与真实环境（甚至包括课堂本身）相对接近。

换句话说，需要澄清的是，这并不是本关于神经科学（或神经生物学）的书。虽然神经科学确实令人着迷，近年来，它在理解构成学习物质基础的生物过程方面取得了显著进展。然而，神经生物学并不能告诉我们在教学中应该采取哪些行动（Anderson & Della Sala，2012）。这种科学产生的知识与教育实践之间存在着巨大的鸿沟。我们对大脑错综复杂的运作产生了浓厚的兴趣，了解它的工作原理无疑是我们的主要目标。然而，我们不应该自欺欺人——理解神经元的行为方式或者哪些大脑区域参与特定任务，并不能帮助我们确定如何组织一次教育经历以实现学习目标。

认知心理学是对学习和教学过程进行分析和改进的科学之一，其在心理学领域扮演着重要角色。作为心理学的一个深入研究领域，它探究大脑如何获取、处理、存储和运用最初通过感官接收的信息。与神经科学专注于大脑生物学的分析不同，认知心理学通过观察行为和表现的相关数据得出结论。虽然认知心理学主要依赖于实验室研究，但它也从日常环境（如课堂）的研究中获得见解。神经科学的最新进展为认知心理学提供了信息，并有助于验证思维如何处理信息的模型，其中包括与学习相关的机制。然而，对教育工作者真正有益的科学见解主要源自心理学领域本身。

在本书中，我提出了一种关于学习现象的认知视角，因为大多数科学家认为这种视角可以更好地支持教师和学生在日常教学中做出的决策。我也广泛地依赖于教育心理学，这是一个多学科的领域，结合认知心理学、发展心理学和其他相关科学来探索学习的真实情境。也许这个领域最有趣的一点是，它进行了大量的课堂研究，使得关于哪些方法或措施会影响学生表现的假设能够以最直接的方式进行测试，即使这是以牺牲普适性为代价的。可以说，它是基础研究与实际应用环境之间最直接的桥梁。

最后，需要强调的是，本书的目的并非制定教育的目标。科学永远无法回答这样的问题，因为教育目标的制定并不是可以通过科学方法解决的问题。相反，每个学校或教育机构必须根据其认为适当的标准来确定自己的目标。然而，一旦确立了这些目标，科学可以帮助揭示更有可能实现这些目标的方法。

出于历史原因，本书围绕着学生如何在各个知识领域实现有意义、持久和可迁移的学习展开。本书还涉及如何提高学生的学习成绩，尽管这方面未必等同于有意义的学习。毕竟，这两个主题是科学长期以来深入研究的领域。正如本书所呈现的，其结论证实了几十年来某些实践的有效性。然而，这些结论也揭示了其他可以显著改善教学过程的方法。

总之，我希望本书对教师、学生以及所有对学习机制感兴趣的人都能有所帮助。毕竟，作为一名学习者的旅程是一个持续的过程。

艾克托尔·鲁伊兹·马丁

第 3 章
学习中的社会和
情感因素

第 5 章
关键教学过程

第 1 章
学习的科学方法

在深入探讨我们关于人们如何学习的认知以及基于这些认知我们能如何促进学习之前，本书的第1章先探讨了科学界是如何获得这些知识的，以及在应用这些知识时应该采取哪些预防措施。

因此，在本书的第1章，我解释了在教学和学习过程中进行研究的方法，以及为什么这些研究提供了独到的见解以支持教育者和学生每天做出的决定。此外，我对科学知识的本质和局限性提出了建议，特别是在像本书涉及的这样复杂的领域，并强调了以谨慎和批判性思维适当解释研究结果的重要性。

"令人难以置信的是，你对自己一生都在玩的游戏
知之甚少。"

——米奇·曼特尔（1931—1995），棒球运动员

1.1 科学研究与教学

1.1.1 个人经验与认知偏见

作为教育工作者，我们每天都要做出无数的决定以确保我们和学生的行动在各个方面都对他们的学习产生积极的影响。除了日常的小决定，我们还会做出重要且影响深远的选择，比如规划下一学年的教学内容、选择要使用的教材或参与决定学校的教育项目。

通常情况下，我们所有的决定都是基于直觉的，这种直觉是由我们建立在大量个人经验之上的关于教育的知识和信念所驱动的。这些经验塑造了我们对教学和学习的理解，其源头可以追溯到我们在教育系统中作为学生的经历。对于许多教育工作者来说，这种经验在他们的整个职业生涯中一直延续。在生命旅程中，我们首先是学生，然后成为教育工作者，我们很自然地接受了其中许多假设的有效性，并根据我们的个人经验来质疑其他假设。

然而，我们依赖个人经验形成的关于教育的直觉到底有多可靠呢？如果个人经验是判断哪种方法对学生最好的最佳途径，那么为什么所有（同样经验丰富的）教师没有就哪种方法能产生最好的结果达成共识呢？首先，我们每个人都有不同的个人经历，这可能会使比较变得具有挑战

性。然而，真正影响我们个人经验可靠性的是我们如何解释它们，这受到我们大脑运作方式的影响。问题就在这里：当人类的大脑完全依赖个人经验时，它会表现出多种"偏见"，扭曲对现实的理解。这就是我们所谓的认知偏见（或认知偏差）。

为了理解认知偏见问题，请看图 1-1。如果我告诉你图 1-1 中的水平线是直的且平行的，你会相信吗？事实上，它们是直的且平行的。试试看，将一张纸放在每条线上比对，亲自验证一下吧。

图1-1　网格图

现在，看看图 1-2。你会认为右边的塔更倾斜吗？事实上，图 1-2 中两张照片中的塔是同一座，它们的倾斜程度是一样的。

图1-2　斜塔

那么图 1-3 呢？如果我告诉你标有字母 A 和字母 B 的方块颜色完全一样，你会相信吗？嗯，它们的颜色是一样的。

图1-3　棋盘格

事实上，我们的大脑通常通过操纵和改变感官信息来运作，这和许多其他情况一样。换句话说，我们感知的并不总是事物的真实面貌；大脑对感觉信息进行处理，并在将其纳入我们的意识之前进行"调整"。这种改变感觉信息的机制显然已经进化了数百万年，从而使我们能更有效地与本物种发展所依赖的环境互动。值得一提的是，这个环境与今天大多数人居住的环境大不相同。

实际上，在涉及我们的感知时，大脑不仅会"欺骗"我们。就像大脑改变我们的感知一样，它也调节我们思考和记忆的机制（Kahneman & Tversky，1972）。换句话说，我们的推理和记忆受到大脑机制的影响，这些机制在我们意识之外运作，并在我们试图理解现实时塑造我们的思维。我们可能没有意识到它们的存在，但这些机制在帮助我们解释周围世界和做出决定的过程中发挥着作用。问题在于，它们的进化并非旨在让我们完全理解世界的真实面貌，而是为了让我们的生存更具现实性，从而让我们的物种得以延续。当我们无法处理所有可用信息或缺乏信息时，我们利用这些机制在需要迅速做出决策时进行快速判断和反应。

这些机制影响了我们的逻辑思维，导致我们做出受情绪驱动的决定——即使我们自认为是理性的。它们也阻碍了我们理解统计概率的实际意义（为什么死于车祸的人数比死于飞机失事的人数多得多，但我们却更害怕乘飞机而不是开车），并且使我们容易受到谬误的影响，即那些看似正确但实际上有缺陷的欺骗性推理。

谬误

偏见使我们倾向于认为某些类型的推理是有效的，但通过逻辑的审视，实际上并非如此。这些推理类型被称为谬误。谬误是一种强大的说服工具，这就是许多政治家在演讲中经常使用它们的原因。它们对于说服自己或重申自己的观点也同样有效。以下是三种最常见的谬误：

（1）人身攻击谬误　人身攻击谬误是指当一个论点不是反驳对方立场或主张，而是试图诋毁对方个人，从而破坏其立场时发生的情况。举例来说，当我们说"你声称这个方法更好，但你自己却没有在课堂上使用它"时，就是人身攻击谬误的一种体现，因为它试图通过攻击的是提倡者而非反驳所提出的方法。一个人的言行不一致并不意味着其建议是无效的。当我们以对方的教育背景或职业为由否定其主张时，这也属于这种谬误："你不是老师，所以你说的话对我没有参考价值。"

（2）诉诸权威谬误　诉诸权威谬误则是一种诉诸某些个人或机构的威望或权威来支持主张的论点，尽管没有提供证据或理由加以证实。例如，"著名的教育心理学家、建构主义之父皮亚杰（Piaget）说过我刚才提到的同样的话。"然而，尽管皮亚杰声称过（无论他声称了什么），但这并不意味着它就是事实。实际上，皮亚杰关于儿童认知发展的一些观点已经被发展心理学几十年的研究所驳斥。

（3）诉诸公众谬误　诉诸公众谬误则是指我们把自己的观点归因于大多数人的观点，然后声称如果大多数人都这么想，那么这个观点一定是正确的。然而，即使在 17 世纪，大多数人相信太阳绕着地球转，这并不意味着这个信念就是正确的。同样，即使大多数教师认为通过死记硬背学术内容可以提高记忆力，这也并不意味着这个观点是正确的。

总之，由于我们大脑内部某些自发的认知"调整"机制，每个人都表现出各种各样的偏见，这些偏见影响着我们对世界的理解、推理能力和决策过程。这些偏见与我们的个人喜好、偏好或道德观念无关。认知偏见是一种无意识的心理现象，它扭曲了我们对信息的处理方式，包括信息的感知、解释和记忆。例如，当我们认为 4.99 美元的商品比 5 美元的商品更有吸引力时，或者当我们误以为黑色物体比白色物体更重时，这些都表现出了一种常见的认知偏见。这些偏见也会在我们基于个别经验快速建立因果关系时发挥作用。

1.1.2　确认偏误和认知失调

认知心理学家已经发现了几十种影响我们对现实进行推理的偏见。其中一种显著影响我们决策的偏见是确认偏误——倾向于注意、关注和记住与我们信念相符的信息，而忽视与之相矛盾的信息（Oswald & Grosjean，2004）。这种偏见导致我们以与他人完全不同的方式解释相同的信息，认为它更符合我们的信念。它甚至会导致我们忽略眼前的证据，优先感知支持我们观点的证据（Lord et al.，1979）。要了解这种偏见的作用，只需要看看两个对立的篮球队的球迷在电视上观看同一场比赛就足够了。

　　此外，这种偏见使我们倾向于记住与我们观点一致的信息，而忽略不符合我们观点的信息（Stangor & McMillan，1992）。因此，当我们铭记了证实我们假设的情况，却忽略或遗忘了证实其不成立的情形时，确认偏误就出现了。例如，一个认为在课堂上使用技术对学习有害的人会更容易记住学生对这些工具的缺点的评论，而忘记相关的积极的评价。他并不会考虑这些抱怨是否合理，或者是否存在解决方案，因为这些抱怨与他的观点相契合。实际上，当我们的信念受到挑战时，确认偏误会促使我们去寻找证明自己是正确的信息。我们会有选择性地寻找证明自己正确的信息，很少有人会主动调查相反的观点。实际上，当我们这样做并遇到支持相反假设的信息时，我们会无视它们，继续寻找符合自己期望的信息（Nickerson，1998）。正如心理学家齐瓦·孔达（Ziva Kunda）在1990年指出的："人们更倾向于得出他们期望的结论。"实际上，早在1620年，弗朗西斯·培根（Francis Bacon）就意识到了这一点，他观察到："大多数人更愿意相信他们认为是真实的事物。"

　　因此，当我们的信念受到挑战时，确认偏误会变得更加明显。在这种情况下，我们可能会觉得受到了人身攻击。毕竟，我们对周围世界及其运作方式的信念越根深蒂固，它们就越成为我们自身身份的一部分。当我们的想法与相矛盾的信息或经历发生冲突时，内心就会产生冲突，这种现象被称为认知失调（Festinger，1957）。

　　认知失调通常伴随着不安的感觉，促使我们试图通过确认偏误来恢复"平衡"，这有助于我们重申自己的信念，甚至导致我们忽视证据。在某种程度上，确认偏误是一种无意识地抵制我们的想法发生改变的自动系统，是一种保护我们身份的机制。

　　确认偏误会被其他偏误强化，比如所谓的从众效应，即人们倾向于去做或相信某件事，仅仅是因为很多人都这么做或相信它（Leibenstein，

1950）。事实上，我们有一种无意识的心理倾向，即跟随或模仿他人的行为和思想以适应我们所属的群体。毫无疑问，这种偏见也影响了我们对教育的理解。

这些偏见以及其他许多偏见使我们在分析现实时效率低下，甚至意识不到这一点。因此，当涉及教学和学习过程时，我们必须超越个人经验，采用帮助我们摆脱偏见的策略，并根据不受头脑影响的经验证据去辨别哪些是最可能"有效"的，哪些是不可能"有效"的。要达到这一目的，没有比科学方法更好的补救办法了。

1.1.3　通过科学方法纠正认知偏见

不妨将科学方法比喻成人类精心打造的眼镜，用来纠正我们看待世界时的认知偏见。它要求我们有条不紊地收集数据，并对其进行逻辑性和系统性分析。这样做的结果是，我们能够以比个人经验更为准确的方式建立因果关系。正如卡尔·萨根（Carl Sagan）曾经说过的那样，科学方法可能不是完美的方法，但却是我们处理此类问题的最佳选择。

值得强调的是，科学方法并不仅仅是直接从经验中学习。它与个人经验的区别在于如何收集和分析数据，以及如何从中得出合理的结论。只有这样，我们才能摆脱认知偏见。

举个例子，有人可能相信，在小学教育中以特定方式呈现一个概念会导致误解，从而阻碍中学阶段的学习。这种假设可能基于直觉，并通过观察课堂案例（它们易于被记住）得到证实。但我们如何确定这些误解在课堂上有多普遍或多么严重呢？最重要的是，我们如何确定初等教育中概念的呈现是否确实是这些误解产生的原因呢？仅仅依靠自发观察和主观评估会导致确认偏误，使我们只看到并记住我们已经相信的东西。相反，通过科学分析，我们可以客观地厘清问题。

当然，这并不意味着每次面对决策时，我们都必须进行实验并进行科学分析。幸运的是，一些研究人员（其中许多也是教师）已经为我们做了这些工作，并发表了他们的研究成果。不过，我们并不需要在每个决策上都翻阅科学文献。然而，当涉及重大决策，特别是那些需要大量资源投入的决策时——无论是金钱、时间、精力、热情还是机会（因为做某件事的机会成本是错过其他可能更好的选择）——明智的做法是了解研究提供了什么，而不仅仅是为了支持我们的假设！但重要的是要记住，科学永远不会告诉我们应该做什么或不应该做什么；它只能告诉我们，当我们这样做或那样做时，更可能发生什么。

1.1.4　学习和教学的研究水平

有几个科学学科从不同的角度研究学习和教学过程，重点关注互补的方面。

首先，神经生物学探索学习是如何在分子、细胞和器官系统层面上发生的。本质上，它研究的是神经系统如何为与学习相关的现象提供物理基础。在研究中，神经生物学使用动物模型，并且在可能的情况下，也对人类受试者进行研究——不论是在死后、手术过程中还是细胞培养中。近几十年来，功能性磁共振成像（fMRI）等神经成像技术的发展，使"观察"健康的人在进行心理活动或运动时的大脑活动成为可能。这一里程碑使我们能够观察到个体在执行各种任务时哪些大脑区域相比平时更活跃。图1-4展示了两个这类图像的示例（尽管是黑白的）。

认知心理学是心理学的一个深度实证的分支，专注于研究大脑如何获取、处理和存储信息。然而，它并非研究大脑的生理学，而是通过评估某些感觉或运动体验在人们的行为和表现中引起的变化来模拟其运作。例如，这个学科的一个实验可能会探索一个问题：人们是在阅读故事时

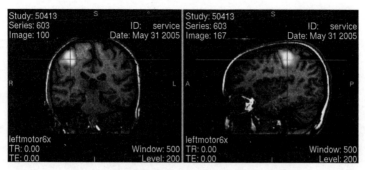

图 1-4 使用功能性磁共振成像获得的图像示例

（来源：M. R. W. HH，维基百科）

记忆效果更好，还是在听别人解释故事时记忆效果更好？因此，认知心理学比神经生物学更能指导我们的教育实践。事实上，它利用了神经生物学的进步来支持自己的模型和理论，从而在理解大脑如何运作和教育科学的进步之间起到了纽带作用。

认知心理学和神经生物学

虽然大脑的运作方式与计算机不同，但我们可以用计算机来进行类比，以便理解它们在研究学习过程中提出的方法之间的区别。

想象一下，我们试图弄清一个计算机程序是如何工作的，但却没有说明手册或教程来指导我们如何使用它。认知心理学的方法涉及按下按钮并尝试不同的组合以观察会发生什么，也就是说，程序如何响应。相比之下，神经生物学会打开计算机，研究其电路，并分析程序运行时它们内部发生了什么。

虽然这个类比有些牵强，但它有效地说明了这两种方法中哪一种更接近于指导我们在课堂上采取何种措施来促进学习——如何最大限度地利用人脑的"计算机程序"。

事实上，认知心理学为教育心理学领域提供了宝贵的数据和模型。教育心理学作为一个多学科的专业，依赖于认知心理学及相关学科（如发展心理学和进化心理学）来研究真实环境中的学习和教学过程。它是与课堂最密切相关的学科，其主要优势在于将研究直接应用于教学实践中。教育心理学专注于教授和学习特定的知识领域时，会分出各种"教学法"，比如数学教学法、语言教学法或科学教学法。

当然，除了教育心理学，从社会学到计算机科学，许多其他学科也为教学过程的研究做出了贡献。尽管如此，我仍选择着重讨论本书涵盖的方法，因为它们在这一领域中处于主导地位。

不过，我认为有必要澄清教育神经科学在这一领域中的地位。严格来说，神经科学一词一直是指从生理学角度研究神经系统的结构和功能，因此，它相当于神经生物学学科。这就是为什么教育神经科学的概念最初只涉及与学习和记忆有关的大脑功能的神经学研究。然而，近年来，由于与教育实践最相关的大脑如何学习的科学证据主要来自认知心理学和相关学科，"教育神经科学"一词的使用范围越来越广，超出了其原始含义，将这些学科都纳入到了同一范畴中。换句话说，在非专业领域，这个术语已经演变成了任何运用科学方法分析我们如何学习的学科的同义词（Anderson & Della Sala，2012）。

1.1.5 课堂实验

直接在课堂上进行的教育研究通常采用两种方法：描述性研究或实验性研究。描述性研究的目的是收集数据，无论是定量的还是定性的，以便描述事物的现状。这种类型的研究允许检测相关性，即两个或两个以上变量之间的关联，比如观察到自尊心强的孩子往往与学业成绩好的孩子相吻合。实验性研究旨在分析不同变量之间的关系以确定因果关系。例如，更强的自尊是否会导致学生取得更好的成绩？进行这种研究的方法包括对我们认为是原因的变量（自尊）进行干预，并通过修改它来观察我们认为是结果的变量（学业成绩）是否也发生了变化。在实验过程中，实验人员应控制其他可能影响学业成绩的变量。

因此，为了解决上述问题，我们可以设置两组学生，其平均特征相似，如男女比例、社会经济地位、小组平均成绩等（可通过随机分配每组学生来实现）。然后，一组接受自尊增强计划（假设我们已知其有效性），而另一组接受其他主题的课程（例如，神经科学）。干预后，收集学习成绩的新数据，并衡量每组与实验前相比的进步。然后，比较两组学生的学业进步以确定接受自尊干预的组和未接受自尊干预的组之间是否存在差异。如果存在差异，我们可以得出结论，我们的实验为自尊对学业成绩影响的假设提供了证据。

这就是研究人们如何在学校环境中学习的基本原理。需要强调的是，严格的实验总是需要一个对照组。理想情况下，这个对照组与实验组的区别应该只是不受我们想要分析的条件的影响。同样重要的是，实验既不能证明也不能否定任何东西。研究只能提供一个变量是否会影响学习的证据。尽管如此，研究结果往往无法证实假设（或常常是否定的），这意味着没有证据表明存在预期的效应。因此，当科学家们说某件事没有证据时，这并不意味着没有人调查过它。实际上，大多数时候科学家们的意思是它确实被研究过，但没有发现预期的效应证据。显然，这并不是说未来找不到证据，而是在证据出现之前，我们不能轻信假设。要科学地断言某件事，必须提供证据；认为如果某事尚未被证明，它就一定是真的（无知谬误）的观点是站不住脚的，如图 1-5 所示。

图1-5　证据很重要

1.1.6　一种依赖于多种变量的现象

一些人认为，在学校背景下研究学生的学习是不科学的。事实上，这项研究并不容易，因为它同时取决于多个变量——甚至比医学研究中的生理过程涉及的变量还要多。在教育中，这些变量包括学生固有的任何特征（内部变量）或他们的学习环境，还包括他们的经历（外部变量）。因此，我们采用的教学方法或我们在课堂上进行的活动都是教育过程中的变量。在众多起作用的变量中，只有一些对学习产生影响，并且其中一些影响比其他影响更为显著。

当研究一个受多个变量影响的现象时，统计学是最有用的工具之一。首先，因为仅仅基于一个或少数几个案例得出结论是远远不够的。在每种情况下，例如对于每个学生，各种变量的影响相互交织并相互作用以产生结果。接下来的挑战是确定一个特定的变量是否真的导致了一个特定的结果，或者另一个变量或几个变量的组合导致了这一结果。因此，单一的观察（或几个观察）是不足以确定一个变量所产生的影响的，需要分析相当数量的案例来确定平均的结果。

其次，统计技术使我们能够确定两组学生（可能是同一组学生在两种不同的情况下，比如在活动之前和活动之后）的平均结果的差异是否可以在不将其归因于偶然的情况下加以解释。当科学家声称两组之间的差异具有统计学意义时，他们正在解决这方面的问题。在统计学中，"显著"一词并不意味着差异一定很重要或很大，而是表明这种差异不太可能是偶然的。最可能的解释是，两组之间有一些明显的因素导致了结果的差异。

假设我有一枚硬币，我告诉你，它有一个缺陷，那就是当它被翻转时，它总是正面朝上。为了证明这一点，我掷了一次硬币，结果确实是正面朝上。你会相信我吗？可能不会。结果可能只是一个偶然的产物，是我在抛硬币和落地时无法控制的所有变量组合的结果。如果我扔两次，每次都是正面朝上呢？你可能仍然会怀疑所谓的缺陷的影响。我应该掷多少次硬币，得到同样的结果，你才不会再认为这可能是偶然的？10次？100次？1000次？请注意，在任何这些情况下，即使硬币没有被操纵，也不是不可能让它每次都正面朝上。我们所知道的是，我们抛硬币的次数越多，每次正面朝上的可能性就越小，除非有什么原因导致了这种情况（见表1-1）。

表 1-1　抛硬币的次数对应的总是正面朝上的概率

抛硬币的次数 / 次	硬币每次都正面朝上的概率
1	0.5（50%）
2	0.25（25%）
3	0.125（12.5%）
4	0.0625（6.25%）
5	0.03125（3.125%）
6	0.015625（1.5625%）
7	0.0078125（0.78125%）

　　因此，当科学家对实验结果进行统计分析并认为其"显著"时，他们的意思是两个变量（例如，缺陷与硬币正面朝上）之间的关系不能仅用偶然来解释，至少在很高概率的情况下（通常在 95% 到 99% 之间）是如此。换句话说，它偶然发生的概率分别是 5% 和 1%。如果一个结果很难用偶然性来解释，那么我们就假定存在某种关系或影响。此外，考虑到人们很容易接受连续 10 次掷出正面是巧合，但很难相信连续掷出 100 次正面是巧合，因此，使用大样本量将提高我们区分偶然结果和真实结果的能力。

　　当投掷普通硬币时，得到正面的概率是 50%。如果我们期望某些因素（比如缺陷）积极地影响这个结果，那么我们应该预期概率会增加。投掷 100 次硬币，65 次（65%）正面朝上，这可能会让我们相信有某种因素影响了硬币的落地。这一观察也促使我们注意到，例如，缺陷使掷出正面的概率增加到 65% 与增加到 95% 是不一样的。换句话说，一个变量（硬币的缺陷）对结果（获得正面）的影响强度可能不同。在统计学中，效应值是决定变量对测量结果的影响有多重要的值。因此，虽然结果可能具有统计显著性，表明存在某种影响，但这种影响的大小可能不同。

　　如果我们将抛硬币的例子与教育领域的一项研究进行类比，硬币的缺陷对应于我们想要研究的变量（学生的特征、教学干预、课堂组织的变化等），而每次抛硬币的结果代表了我们旨在衡量每个学生身上的效果（例如学生的表现），那么在这个类比中，分析的学生人数就相当于投掷硬币的次数。

　　然而，一个变量的影响只有通过统计分析才能显现出其效应，这一事实有一个重要的后果：结果将在群体层面而不是个体层面被观察到。当我们投掷那个有缺陷的硬币时，有时它会反面落地，因为除了缺陷，还有其他变量影响它的落地方式。在解释科学结果时，我们必须始终考虑群体层面的影响，而不是依赖于特定的案例（个别学生）。

1.1.7　相关性并不意味着因果关系

考虑到这些因素，我们怎么知道确实是硬币的缺陷导致某一面不断出现呢？区分相关性和因果关系是很重要的。仅仅因为两件事往往同时发生（存在相关性），并不意味着其中一件事导致了另一件，可能还有第三个变量影响这两种情况。例如，每个月消费的冰激凌数量与犯罪数量之间存在正相关关系（Salkind，2016）。吃冰激凌是否助长了这种犯罪趋势？答案肯定是否定的。事实上，天气变暖导致了冰激凌消费数量增加，这与由于各种原因而发生更多犯罪的月份相吻合，特别是高温对行为产生影响和假期期间犯罪活动机会会增加（Field，1992；Anderson et al.，2000）。

有时，相关性甚至可能是纯粹偶然的结果。有一个网站展示了各种荒谬的相关性，比如把美国缅因州的离婚人数与人造黄油的人均消费量联系起来（见图 1-6）。

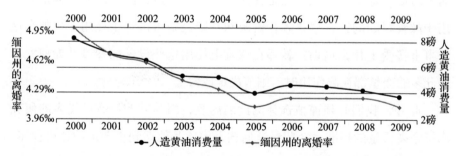

图 1-6　2000—2009 年缅因州的离婚率与人造黄油消费量之间奇怪的相关性
（来源：http://www.tylervigen.com/spurious-correlations.）

显然，这些变量是不相关的，这突显了一个误区，即错误地认为相关性等同于因果关系。虽然因果关系意味着相关性，但反过来不一定正确。

此外，即使两种现象之间确实存在因果关系，相关性本身也不能告诉我们这种关系的方向——它不能告诉我们哪个是原因，哪个是结果。

例如，在 20 世纪 70 年代和 20 世纪 80 年代进行的许多研究表明，自尊心较强的学生通常会取得更好的学习成绩。基于这一观察，美国加利福尼亚州政府启动了一项数百万美元的项目，旨在提高学生的自尊以促进学生取得更好的学习成绩，结果是失败的（Baumeister et al., 2003）。没有人想过或许是好的学习成绩带来了强自尊。此外，事实证明，自尊和学业成绩同时受到第三变量的影响，比如学生的自我调节能力（正如本书所讨论的）、家庭给予孩子的支持或社会经济变量。

前面的教育措施实施失败的例子突显了在做决定时不仅要参考教育研究，而且要对其做出正确的解读。考虑到影响学生成功的变量的数量尤为重要。如此多的变量常常使在课堂上进行的研究难以进行比较，例如，评估一种教学方法的有效性。因此，当一项研究认为在课堂上使用数字设备（笔记本电脑或平板电脑）对学习成绩有负面影响时，很明显需要考虑其他变量：该研究是在哪个教育阶段进行的？这些设备是如何用于教育目的的？有哪些教育资源和基础设施可供学生使用？教师在这件事上接受了什么培训？教师在课堂上使用这些设备的积极性如何？当如此多的变量都在起作用时，细节决定成败。

此外，我们必须谨慎选择阅读的内容，因为并非所有已发表的研究都符合高质量的标准。一些科学期刊采用比其他期刊更严格的评审程序，根据科学方法是否得到正确应用来评估研究的质量。相反，许多出版物缺乏任何形式的审查程序。事实上，书籍是伪科学的一个重要来源，因为大多数出版公司优先考虑他们的商业利益而不是科学的严谨性。要卖书，还有什么能比提供符合读者认知的内容更有吸引力呢？最终，所有这些都意味着我们不能把我们读到的所有内容都赋予同样的科学有效性。

最重要的是，科学家也是人，因此，科学家也有自己的认知偏见。例如，期望偏差是指倾向于相信、证明和表达与自己对实验结果的期望或假设相一致的数据，而不相信、丢弃或低估与这些期望相冲突的数据（Jeng，2006）。科学方法旨在使科学家摆脱这些偏见，但它并非万无一失。这就是为什么重复实验是至关重要的。其他科学家应该重复这些实验来证实类似的结果，或者不提供支持工作假设的证据。只有那些被成功重复的研究，最好是多次重复的研究，才能赢得那些想要根据这些研究来决定在课堂上实施变革的人的完全信任。

1.1.8　以证据为基础的教学

在我们这个领域的科学文献中，我们经常会遇到不同的结果——某些研究表明了一种方法的有效性，而其他研究则没有，甚至反映了相反的结果（Clark & Mayer，2016）。在本书的前言中，我指出比较教育方法往往是徒劳的，因为这完全取决于细节，即每种方法中起作用的多个变量。然而，我们倾向于根据其中一个变量对教学方法进行分类，通常并不是这个变量决定了教学方法的有效性。例如，在基于项目的学习中，学生最终创造了一个产品或组织了一个满足需求的活动，但这并不是使这种方法有效的确切原因。细节决定成败，而这些细节必须考虑到学生的特点、目的（学习目标）和背景。因此，没有哪种方法放之四海而皆准，没有哪种方法总是有效的。这就是为什么当我们参考教育研究时，必须区分那些假定一种方法与另一种方法相比更具有效性的研究与那些直接寻求被证明有效的方法之间的共同因素的研究。这些因素中的许多都与大脑的学习方式有关。

在任何情况下，没有万无一失的方法，这一事实意味着当涉及调整方法以达到最佳效果时，最终决定权在教师手中。为此，教师熟悉被证实有效的学习法则是至关重要的。这些都是我们的教学方法中不可或缺的部分。从这个意义上说，我们不应该谈论循证教学，而应该讨论以证据为基础的教学。它不是严格应用经科学分析的特定教学方法，而是以科学所能揭示的促进更好学习成果的因素为指导，根据特定情况规划和调整的教学方法。教学永远都是一门艺术，但它可以是一门以科学知识为基础的艺术。

1.1.9 伪科学神话

最后，我想提醒大家不要将科学与伪科学混淆。自从有关大脑发育和学习的科学进展普及至公众以来，许多伪科学神话已经渗入教育领域。它们被称为伪科学神话，因为它们是被广泛接受的观点，似乎得到了科学的支持，但实际上源自对科学发现的曲解或误解（Geake，2008）。

例如，人的注意力仅能持续 30 分钟这一误解可能源自对警觉性研究的错误解读。警觉性指的是那种救生员或机场安检员在仔细检查通过 X 光机的手提箱时需要的高度关注。事实上，科学术语中的注意力概念与我们日常所理解的迥然不同。

伪科学神话存在问题，是因为它们容易使我们感到困惑，导致我们做出决定，并在缺乏任何证据的实践上花费精力，尽管我们未必察觉到这一点。这些伪科学神话通常伴随着机会成本，因为我们浪费了本可以用于更有效活动的宝贵时间。它们还可能导致经济损失，甚至在最糟糕的情况下对学习造成负面影响。后者的例子包括一些阅读教学方法的情况，这些方法不仅无效，还可能导致那些本就学习机会较少的孩子落后（Castles et al.，2018）。

在本书中，一些伪科学神话会出现。此外，我还在末尾添加了一个附录，回顾了教育界流传最广的一些谣言。我为本书可能引起的任何认知失调提前道歉。

第 2 章
学习的认知过程

认知心理学起源于 20 世纪中期，其灵感来自将计算和信息科学与大脑功能的类比。认知心理学家们认为，大脑可以被建模成一个能够编码、操纵和保存信息的器官，这一概念是科学理解人类记忆运作方式的第一步。

如果计算机以 1 和 0 的形式存储文字和图像，那么大脑会使用什么样的符号来表示它接收到的信息呢？如果计算机使用算法来处理信息，那么人类大脑会进行何种信息处理呢？尽管今天我们已经意识到大脑和计算机功能存在显著差异，因此舍弃了这种类比，但毫无疑问，记忆使用机制是全人类共同拥有的，这一机制可以被解读和建模。

学习的认知过程涉及通过感官到达大脑的信息处理机制，特别是涉及信息编码、存储和随后检索的机制。因此，在本章节，我们将深入探讨人类记忆的工作原理及其在教育背景下的意义。除了依赖认知心理学提供的基础（以及其所依赖的神经生物学），下文还将借鉴发展心理学、进化心理学，当然还有教育心理学的研究。

2.1 记忆的构成

2.1.1 记忆的种类

尽管我们通常用"死记硬背"这个词来指代一种特定的学习方式，但事实是，我们学习的一切都是通过记忆进行的。实际上，我们所有的感官体验、感知和行动都会重塑我们的大脑，决定我们未来的感知、记忆、理解、思考和行为。这种大脑的特性被称为记忆。

因此，记忆是一种赋予我们学习能力的技能。然而，我们并不是用同样的方式学习所有的东西。有几种类型的学习与不同类型的学习对象相关联。例如，学习法国大革命的起因不同于学习骑自行车。将信息永久保存在大脑中与仅将其在脑海中留存几秒钟以供特定时刻使用是不同的。与此相一致的是，研究表明，我们有不同类型的记忆，可以支持不同类型的学习和不同用途的信息的使用。实际上，记忆不是单一的技能，而是一系列依赖于不同神经过程和结构的技能。我们不是只有一种记忆，而是有多个记忆系统（Squire，2004）。首先，有证据表明我们能够区分感觉记忆、短期记忆和长期记忆。

感觉记忆是我们通过感官感知到的所有外部刺激的门户（Cowan，2008）。感觉记忆自动、连续地对所有传入的信息进行编码，并在短暂的时间内——从几分之一秒到几秒钟——将其保存在与意识知觉分离的大脑部分。这个过程使大脑能够收集我们的感官所能捕捉到的尽可能多的信息,并对其进行分析,决定哪些值得有意识地处理,哪些可以丢弃。因此,感觉记忆降低了与感知周围发生的一切相关的操作成本。值得注意的是,正如我们将看到的,进入意识的一切都会在长期记忆中留下痕迹,所以浪费资源收集不相关的刺激是毫无意义的。

从本质上讲,我们的感官不断地接收大量信息并将其发送给大脑,即使我们只感知到其中的一小部分。此时此刻,你可能没有意识到地面或你所坐的椅子对你的脚或臀部施加的力抵消了重力。这是真实发生的。在你阅读的时候,感觉感受器一直在接收这些刺激,并将其记录在感觉记忆中。当你将注意力转移到这些刺激上时,你便将这些信息从感觉记忆转移到了短期记忆中,正如你稍后会看到的,第一个完全有意识的信息处理就是这样发生的。

因此,感觉记忆的一个重要功能是使我们的大脑能够分析尽可能多的外部信息,寻找需要立即反应的突出刺激,并要求我们为了自身利益而关注它们。这使得即使在我们全神贯注地阅读这本迷人的书时,如果有人突然喊道"着火了",我们的大脑也会捕捉到这一信息并迫使我们专注于这个刺激。即便我们专注于其他事情,我们仍能在一定程度上听到这一紧急信息,因为它存储于我们的感觉记忆中。你可能经历过这样的情况:有人在你专注于其他事情的时候和你说话,然而,一两秒钟后,你就能回忆起他们说了什么并做出回应。

另一个突显感觉记忆作用的情况是当我们在黑暗中挥舞着燃烧的火花棒并感知到其路径留下的一道短暂的光迹。由于感觉记忆,我们可以观看电影而不注意到每一帧之间的空白,或者当闪电瞬间照亮黑暗的房间时,我们可以生成一个简短的影像。

需要注意的是，感觉记忆并不是一个单一的实体；相反，我们的每一个感官都有对应的感觉记忆系统。最广泛研究的是与视觉相关的（视觉记忆）和与听觉相关的（听觉记忆）。

尽管有这些有趣的方面，人们也承认其作为意识记忆的前体的作用，但感觉记忆在教育研究中并未受到太多关注。因此，我不会进一步深入讨论它。对于我们的目的来说，短期记忆和长期记忆更为重要。

2.1.2　短期记忆和长期记忆

与我们一开始可能认为的相反，短期记忆并不是一个存储很快被遗忘的记忆的仓库，比如我们今天早上吃了什么早餐。短期记忆，今天更为人所熟知的名称是工作记忆，是维持和操纵我们当前关注的信息的心理过程（Gathercole，2008）。虽然在形式上它被视为一个过程，但将其想象成一个心理空间也很有帮助，在这个空间里，我们放置那些有意觉察到的信息，并对其进行处理。举个例子，当有人问我们"你在想什么"或"你在关注什么"时，技术上看，他们是在问"你的工作记忆中现在有什么信息"。

工作记忆对学习至关重要，因为它是长期记忆的前体：我们有意识地学习的所有信息都必须通过它。此外，当我们从长期记忆中检索记忆或知识片段时，我们实际上是将其带回到工作记忆中。如果我让你想象一头长颈鹿，那些存储在你无意识思维中某个地方——你的长期记忆中——的长颈鹿的形象便进入工作记忆，从而变得有意识了。因此，工作记忆是我们放置正在思考的信息的心理空间，无论它来自环境、我们的记忆和知识，还是同时来自这两者。

如果环境中的信息因为我们转移注意力而离开了工作记忆，但后来我们能够不假思索地回忆起它，那是因为这些信息已经"进入了"长期记忆。实际上，我们有意识地经历的几乎所有事情都会在长期记忆中留下痕迹。这也是为什么即使我们不想记住所有经历，我们仍然能够感受到生活的连续性的原因。

因此，长期记忆允许我们检索之前感知过但目前不再关注的信息（Baddeley et al.，2015）。无论信息在大脑中保持多长时间，无论是几年、几天还是几分钟，每当信息从我们的工作记忆中消失后，我们仍能从长期记忆中取回。例如，我们可能会记得今天早上做了什么，但几天后，我们很可能会忘记。尽管这些记忆只持续几个小时，但它们能够保持这么长时间是因为长期记忆的存在。而这正是我们通常所说的记忆类型。

事实上，当我们谈论"我的记忆力很好"或"我的记忆力不好"时，通常指的是长期记忆：它存储关于我们生活中经历的事件的信息，以及关于周围世界的事实和想法的信息。长期记忆可以保留各种信息，这些信息维持的时间或长或短，有的甚至可以维持一生。

严格来说，长期记忆不仅指我们存储有意识经历的记忆和知识的能力，还包括我们学习运动技能（如走路、系鞋带或骑自行车）和认知过程（如阅读或解方程）的能力，以及下意识地在物体和事件之间形成联系、增加或减少对环境刺激敏感性的能力。

事实上，长期记忆由不同的系统组成，每个系统又由不同的子系统组成。长期记忆不止一种（Squire，2004）。

记忆的模态模型（已更新）

记忆的模态模型如图 2-1 所示。

模态模型是一种通过内存的各个组成部分来表示信息流和处理的方法。这个模型最初是由阿特金森（Atkinson）和席夫林（Shiffrin）在1968 年提出的，虽然随着时间的推移，它的一些方面受到了挑战，但它的基本架构经过一些修改（见图 2-1）仍然对理解教育背景下的学习过程有影响和作用。因此，这个架构是我们在本书中讨论的基础。值得注意的是，还有其他同样有效的记忆模型。

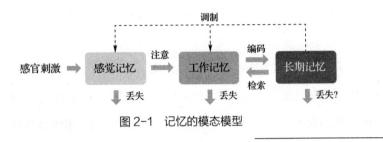

图 2-1　记忆的模态模型

2.1.3　长期记忆系统

1953 年，27 岁的亨利·莫莱森（Henry Molaison）接受了实验性手术，希望能缓解他从小就患有的严重且持续的癫痫发作。外科医生切除了相当大一部分大脑颞叶（见图 2-2），因为这些区域似乎与癫痫发作的

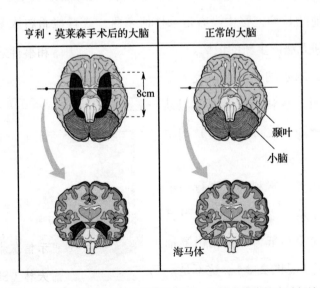

图 2-2　亨利·莫莱森手术后的大脑与一个完全健康的大脑相比

起源有关。手术取得了成功，亨利的癫痫发作明显减少。尽管手术具有侵略性，但他的认知或运动功能似乎没有发生任何变化：他说话正确、连贯，保留了自己学会的知识，运动协调性正常。一切似乎都很好，除了一个小细节——亨利再也无法形成任何新的记忆（Scoville & Milner，1957）。

布伦达·米尔纳（Brenda Milner）是一名研究人员，在亨利手术后为他提供了多年治疗（Squire，2009）。尽管几乎每天都给他治疗，但每次她离开他的房间，哪怕只有几分钟，米尔纳医生都必须重新自我介绍，并解释她为什么在那里。亨利被困在了当下。用专业术语来说，这被称为顺行性遗忘症。

亨利保留了许多过去的记忆，尽管他几乎忘记了手术前两年发生的事情。也就是说，他也患有逆行性遗忘症，但只是部分性的。可是，他保留了对世界的认识，他的词汇量似乎没有受到影响。此外，他可以正常使用他的工作记忆。问题是，一旦他不再关注某件事，他就会忘记它。很显然，他的长期记忆中没有记录任何东西，或者他无法从中提取。本质上，亨利无法产生新的记忆。

然而，米尔纳和其他研究人员的研究表明，亨利仍然可以学习某些东西。例如，他可以学习新的运动技能。

一连几天，亨利都在进行一项训练，任务是一边看着镜子里自己用于绘画的手和纸，一边用铅笔描绘一颗星星（见图2-3）。这不是一个简单的任务，因为它最初可能相

图2-3　镜像跟踪任务

当令人困惑。但是，练习可以帮助我们提高这项技能，亨利对训练的反应和他的同龄人一样。问题是，每次他开始一个新的练习时，他都不记得以前做过类似的事情（Corkin，1968）。

　　亨利不能创造新的记忆，但可以学习新的技能，这一事实支持了至少有两种依赖于不同解剖结构的记忆的存在。亨利的情况并非个例。事实上，有几项研究已经阐明了不同类型的长期记忆的存在，这些研究是与像亨利这样的大脑特定区域受伤的个体合作进行的（Squire，2004）。此外，在过去的 30 年里，神经成像技术的使用也为这一领域的研究做出了贡献，该技术使我们能够根据健康个体执行的任务来可视化不同大脑区域的相对激活情况（Poldrack，2012）。

　　因此，今天的认知心理学家主要区分两种类型的长期记忆（见图 2-4）：一种是我们通过感官有意识地存储的感知到的信息的记忆，涉及我们的环境特征和生活中的事件；另一种是改变我们对刺激反应方式的记忆。前者是一个允许显式存储信息的记忆系统，而后者由多个系统组成，这些系统源于我们通过经验调节控制我们反应的神经回路的能力。

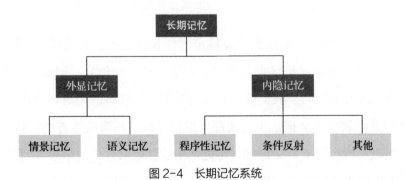

图 2-4　长期记忆系统

　　这两种类型的记忆分别被称为外显记忆和内隐记忆。接下来我们将更深入地分析这两种记忆。

2.1.4　外显记忆

外显记忆负责创造和保存我们对周围世界的记忆和知识表征（Roediger et al.，2008）。这种记忆是有意识产生的，依赖于通过感官进入我们工作记忆的信息。这一点很重要，因为在没有注意到感官信息的情况下，这种类型的记忆是不存在的（例如，睡觉时戴上耳机听课对学习没有效果）。此外，确认我们保留所学知识的方法是将其带回工作记忆，就像我之前让你想象长颈鹿的例子那样。

各种证据表明，我们可以区分外显记忆的两种亚型（Squire & Zola，1998；Tulving，2002）：情景记忆和语义记忆。情景记忆又称自传式记忆，记录了我们日常生活中的经历，包括今天早上吃了什么、在哪里吃的早餐、与谁在一起等生活琐事，以及一些更加重要的生活事件。这种记忆类型总是包含语境。记忆会与事件发生的地点和时间联系在一起，给人带来一种身临其境的感觉。相比之下，语义记忆存储了我们对世界本质和运行方式的认识，通常不包括获取这些知识的具体时间和地点。例如，我们可以知道 DNA 的概念，但不一定记得我们是在什么时候于何地学到的。

情景记忆和语义记忆都涉及特定事件和感官信息的关联，如图像、声音和气味。但语义记忆也包含以概念形式存在的信息。例如，当有人问"音乐是什么"时，我们能立刻知道答案，尽管难以用语言表达出来。这种信息存储在语义记忆中，大部分都是以概念的形式存在的。换句话说，思想和概念属于语义记忆，是记忆中信息组织方式的结果。（我将在第 3 章更深入地探讨这个问题。）

情景记忆和语义记忆的区分不像外显记忆和内隐记忆那样明确（Greenberg & Verfaellie，2010）。情景记忆包含了语义信息，而语义信息首先必须源自情景信息。然而，从功能上来看，情景记忆和语义记忆并不完全相同。例如，有些脑损伤患者可能会出现逆行性遗忘症（忘记受伤前的事情），在这种情况下，情景记忆通常受到的影响比语义记忆更为严重（Bayley et al.，2006；Manns et al.，2003）。此外，也有关于相反的情况的描述，即情景记忆相对完整，但概念知识严重丧失，这种情况被称为语义性痴呆（Hodges & Patterson，2007）。

2.1.5　内隐记忆

从进化的角度来看，学习是一种非凡的技能。它使我们能够适应多样化的且不断变化的环境，做出预测来指导我们决策，发展对我们有益的技能，并提出创造性的解决方案来与我们的环境互动。学习能力为拥有这种能力的人提供了明显的优势。难怪所有的动物都表现出某种形式的学习能力。甚至有证据表明，像变形虫这样的单细胞生物也可以对刺激产生关联反应（De la Fuente et al.，2019）。毫无疑问，人类已经发展出一种独特的学习能力，这种能力以我们显性记忆的特殊性质为特征。但是我们也有其他更原始的记忆系统。这些记忆系统属于我们所说的内隐记忆，包括所有形式的学习，我们可以通过经验获得，而不需要有意识地察觉到它。这意味着内隐记忆不遵循模态模型，因为与外显记忆不同，它不需要有意识的回忆。

在这方面，内隐记忆系统确实在调节对刺激的自动反应方面发挥了重要作用。与外显记忆需要人们有意识地付出努力去提取信息不同，内隐记忆在适当的刺激下可以独立于意识进行操作。换句话说，一旦内隐记忆系统学习了某些东西，我们很难避免不去像它们所学的那样行动或做出反应。

在我们所知道的内隐记忆系统中，与本书的目标和观点最相关的是程序性记忆。经典条件反射和情绪条件反射也很有趣。接下来我将讨论它们。

2.1.6 程序性记忆

程序性记忆指的是我们学习各种技能的能力（Foerde & Poldrack，2009）。它是一种内隐记忆。正如亨利·莫莱森和其他无法形成新记忆的病人告诉我们的那样，即使在没有导致其发展的有意识的记忆存在的情况下，程序性记忆也会起作用。它也不需要人们有意识地努力去找回。当我们骑自行车或系鞋带时，我们真的不需要明确地记住要做什么——我们只是做而已。事实上，要解释我们如何协调肌肉运动来完成这些技能所需的所有动作是相当具有挑战性的。教授这些技能最好的方法是演示如何做，而学习这些技能的最好方法是通过实践。

用球拍击打飞向你的网球需要进行大量的计算，而我们在打网球时显然没有意识到这一点。我们的大脑负责这些计算，并通过练习微调其精度。当然，这并不意味着通过有意识的策略来提高我们的技能是不可能的。事实上，我们经常从明确的指导开始，我们有意识地应用这些指导来发展某些技能（比如我们学习开车的时候）。然而，如果没有我们的内隐学习能力，这些有意识的策略是不够的，内隐学习能力会逐渐使它们变成自动的、下意识的行为。事实上，有意识的策略可能适得其反；有时候，不去刻意思考做事的方式反而更明智。

技能学习是隐性的，因为在我们付诸实践之前，我们无法确定自己是否记住了这些技能。如果你已经有一段时间没有练习某个技能了（比如骑自行车），你怎么确定你还会做得很好？唯一的办法就是去做。这是因为这种类型的知识通过我们的表现和行为的变化表现出来。而且，如前所述，只要环境中存在合适的刺激，我们甚至会下意识地做出反应。

例如，试着看以下的单词，不要读出声音：绝无可能。

事实上，阅读涉及程序性知识，因此，当我们看到单词时（如果我们是专业读者的话），我们不可能避免这样做。

前面的例子也说明了程序性记忆并不局限于学习运动技能（比如骑自行车、跳舞或打网球），它还包括阅读或下棋等认知技能。在某种程度上，这两种技能通常同时是执行任何操作所必需的。

程序性记忆和外显记忆的一个显著区别是，后者可以立即产生学习，而前者通常是缓慢的和渐进的（Ullman，2016）。发展一项技能需要大量的练习，而学习新的显性信息往往只需要一次接触。

2.1.7　经典条件反射和情绪条件反射

另一种令人感兴趣的内隐记忆系统是经典条件反射。你可能听说过巴甫洛夫的狗。伊凡·巴甫洛夫（Ivan Pavlov，1927）在他著名且残酷的实验中证明，当两种刺激在不同场合同时出现时，一种最初对个体没有意义的刺激（铃声）可以引起与另一种具有内在意义的刺激（一盘食物）相同的反应。例如，如果我们在喂狗之前按铃，并重复这个过程几次，狗最终会把铃声和吃饭时间联系起来，一听到铃声就会分泌唾液，就好像它已经看到了食物一样。

人类也表现出这种类型的学习，我们知道它是独立于有意识的回忆的，因为即使我们不记得为什么一个特定的刺激会引发一个特定的反应，我们也依然会做出反应。事实上，情绪条件反射是经典条件反射的一种，其中一个刺激与情绪反应（通常是恐惧）相关联，因为它是唤起这些情绪的经历的一部分（Phelps，2006）。与经典条件反射不同，在这种情况下，如果所经历的情绪非常强烈，刺激和反应之间的联系可以通过一次经历建立起来。相反，消除这种联系需要一个缓慢而渐进的过程，例如，克服车祸后对驾驶的恐惧通常就属于这种情况（Hofmann，2008）。

自 20 世纪初以来，我们已经知道条件反射学习独立于外显学习，尽管它们在正常条件下相互作用。具体来说，最重要的证据来自瑞士神经学家爱德华·克拉帕雷德（Édouard Claparède）在 1911 年报告的一个小型但有点残酷的实验，这在今天来看是无法想象的。克拉帕雷德治疗的病人患有顺行性遗忘症，与亨利·莫莱森情况很类似。这意味着她保留了她的知识和大部分记忆，但无法形成新的记忆。因此，克拉帕雷德每次去拜访她时都要跟她握手，并且做自我介绍。有一次，这位神经科医生手里藏着一根别针，刚跟她打招呼，就扎了她一下。第二天，克拉帕雷德又来看她，虽然这位病人认不出他，但当他伸出手时，病人犹豫了一下。当被问及为什么不情愿握手时，病人无法确切解释她为什么害怕和医生握手，但她感觉到那会很疼。

涉及参与者更为精细和道德的研究已经证实，我们的大脑拥有专门的机制，用于学习在再次面对刺激时哪些刺激应该引发情绪反应（例如，Bechara et al.，1995）。这些机制独立于有意识的记忆操作，尽管在健康个体中它们是协同工作的。事实上，我们现在知道，情绪条件反射学习使我们的大脑在触发这些刺激之前的十分之一秒内激活生理和运动反应。在威胁我们福祉并需要快速反应的情况下，这是一个至关重要的自我保护机制（LeDoux，2000）。

虽然还有其他内隐记忆系统，但与本书目标最相关的系统已经介绍过了。因此，本节到此结束。在本节以后的内容，我将研究我们作为教师更感兴趣的记忆组件。

接下来的四节将描述语义记忆是如何组织的，以及学习语义记忆所包含的知识类型所涉及的过程。之后，我们讨论了工作记忆，因为它是学习的关键过程。最后，本章侧重于深度学习，尤其是教育所针对的认知技能，如解决问题、批判性分析或创造力等。本书的其余部分继续讨论关于这里概述的记忆类型。这就是为什么在研究学习活动引人入胜且错综复杂的特性前，我选择先介绍记忆原理。

2.2 记忆的组织

2.2.1 人类记忆的类比

早在古希腊，柏拉图就把记忆描述为一块蜡板，我们的经历在上面留下了不同深度的印记。在之后的几个世纪里，记忆被比作各种各样的数据存储系统，从一个巨大的图书馆到 20 世纪中期出现的计算机硬盘驱动器。纵观历史，人们提出了各种类比来解释我们的记忆是如何运作的。然而，所有这些都与我们现在知道的记忆的真正工作原理有很大的不同。

最重要的是，我们的记忆并不像图书馆里的空书架，可以随意放新书。如果我们用这个类比，想象一下书架是由书本身组成的，即我们已经掌握的知识构成了基础，新知识便是在此基础上添砖加瓦的。

事实上，有证据表明，记忆的组织方式是这样的：我们的记忆和知识形成了一个网络，每个元素都与那些共享语义的元素相连。为了整合新信息，我们必须将其与现有的知识结构连接起来，并与之共享语义关系。

2.2.2 记忆模型

这个关于长期记忆如何组织的理论模型得到了认知心理学和发展心理学以及神经生物学研究的大量证据的支持（Carpenter，2001）。事实上，这是一种理解记忆的方式，对理解与学习有关的现象特别有用。

然而，这个想法并不新鲜。早在 20 世纪初，俄罗斯心理学家列夫·维果茨基（Lev Vygotsky，1896—1934）提出，人们通过将新学习的知识与已有的知识联系起来来解释新信息。瑞士心理学家让·皮亚杰（Jean Piaget，1896—1980）在 20 世纪中期进一步发展了他的建构主义学习理论，该理论认为，人们依赖于他们已有的知识来获取新知识，并通过这个过程使新接收的信息与他们先前形成的知识结构相适应。

1932 年，英国心理学家弗雷德里克·巴特莱特（Frederic Bartlett，1886—1969）在他的《记忆》（*Remembering*）一书中发表了一项著名的实验性研究成果，描述了人们如何依据他们的先验知识来记忆新学习的事物。具体而言，他分析了一组英国学生（巴特莱特是剑桥大学的教授）阅读并试图记住美国土著民间传说故事后的记忆表现。研究参与者并没有记住故事的原貌，而是根据他们的文化假设并重构了故事，省略了与他们已有知识不一致的部分。通过这项研究及其他研究，巴特莱特发展了图式理论，认为我们的知识以意义关系相互连接，并由此决定了如何吸收新知识的心理结构。总之，巴特莱特假设我们的图式构成了吸收新信息的基础，新信息被扭曲以更好地适应这些已有的图式结构。

2.2.3　先验知识

很容易看出，我们的先验知识如何影响我们的学习能力。例如，阅读以下城市列表一次，然后闭上你的眼睛，尽可能多地记住这些城市，不必考虑它们的顺序：巴黎、罗马、柏林、伦敦、马德里、阿姆斯特丹、布鲁塞尔。

现在，对以下其他城市也做同样的处理：霍尼亚拉、亚穆苏克罗、内比都、万象、利隆圭、梅莱凯奥克、布隆方丹。

你之前对第一组城市的了解会让你很容易记住它们。你甚至可以建立它们之间的意义联系，比如它们都是西欧国家的首都。相比之下，第二份城市列表就很难记了，尽管这份列表中的城市也是一些国家的首都。这些城市名称对你可能是全新的，你甚至可能不知道它们的地理位置。如果你对它们一无所知，记住它们就会更具挑战性，因为无法将新信息与先验知识联系起来，这会使记忆变得非常困难。实际上，为了更好地记住某个城市，你可能会尝试将不熟悉的城市名称与更熟悉的单词联系起来。这是因为大多数记忆策略涉及将新信息与已有知识联系起来。这些策略基于我们用来解释记忆如何组织和构建的模型。

此外，这种将新信息与现有知识相连接的学习模型有一个特别重要的结果：我们纳入网络或图式的每个元素，都会成为与该图式相关的新元素的基础。换言之，我们掌握某事物的相关知识越多（通过意义关系连接），我们能吸收的相关的新信息就越多，通过连接已有的知识片段能够构建的新想法也越多。我们知道的知识越多，学习新知识的能力也越强。这就是为什么学生之间最大的差异之一在于他们对所学课程的知识基础。

多项研究已经证明，在特定领域拥有广泛知识的人在给定的学习时间后，能够记住更多与该领域相关的新事物。例如，专业棋手可以在 5 秒内回忆起棋盘上所有棋子的位置，而新手棋手通常只能记住大约 8 个棋子（Chase & Simon，1973）。同样，专业技术人员可以比非专业人员更好地回忆电子电路图中的组件（Egan & Schwartz，1979），而棒球专家比不了解这项运动的人能回忆更多关于棒球的信息（Spilich et al.，1979）。

2.2.4　建立连接

我们通过将新信息与先验知识关联来学习，这些联系具有语义性质——基于经验产生的意义关系。当我们意识到学习对象与我们的先验知识共享某些属性、背景或因果关系时，这些联系就得以建立。例如，如果我告诉你上面提到的练习的第二组城市之一布隆方丹是南非的首都之一（南非有三个首都），并且以玫瑰节而闻名，同时还是《指环王》的作者 J. R. R. 托尔金的故乡，那么下次你记住它的可能性就会大大提高。当然，如果你不仅希望在列表中识别出这个城市，还希望能够主动回忆起这个城市的名称，那么你可能需要进一步找到这个城市名称与你熟悉的其他词汇之间的联系。

因为先验知识构成了我们学习新事物的基础，所以如果不先了解基本知识就试图学习新事物是徒劳的。当有人向我们解释我们不理解的事情时，通常是因为我们无法找到相关的先验知识来与该信息联系起来。有时我们确实缺乏这种先验知识；然而，在其他情况下，我们可能拥有这些知识，却未能识别它与我们接收到的信息之间的关系。例如，阅读以下文章，闭上眼睛，试着记住尽可能多的细节：

当我们进行这个过程时，首先要将它分成两组。先完成一个组，然后再处理另一个，从而避免不可逆转的问题。所使用的产品会根据每组的不同而有所差异，同时确保合适的温度至关重要。处理所需的时间将直接影响最终的结果。一旦完成，务必立即移除，因为如果留在那里，我们将不得不重新开始整个过程。

（摘自 Bransford & Johnson，1972）

当你试图回忆这篇文章的细节时，你可能会发现有些困难。但如果我告诉你这段文字的主题是"洗衣服"，你现在可能会记住更多关于这篇文章的内容。因为你可以利用先验知识，通过意义上的联系将标题和文章内容联系起来，从而更好地回忆起来。正如你所看到的，当你不知道主题时，记住文章细节的挑战并非源于对该主题的先验知识的缺乏；问题在于你未能激活这些知识，因为你未能识别它们与文本的联系。激活相关的先验知识对于建立促进学习的联系至关重要。

当我们激活相关的先验知识并将其与学习对象联系起来时，学习便会发生。我们建立的这些连接越多，学习就会变得越牢固，需要时也越容易回忆，因为不同的情境会激活这些连接。

那么，一个新的问题出现了：我们如何促进先验知识和新信息之间的联系呢？

2.2.5　加工层次理论

1973 年，托马斯·海德（Thomas Hyde）和詹姆斯·詹金斯（James Jenkins）研究了有意识记忆与无意识记忆策略对记忆力的影响。研究者将参与者分为两组，向他们播放了一组单词。一组被告知将参加一项回忆测试，而另一组则在未被事先告知的情况下突然进行了回忆测试。为了防止被告知后的小组采用记忆策略，所有参与者在听单词时需进行心理任务，如检测单词中某些字母的出现频率，或者对其含义进行愉快度评价。

研究结果显示，知道自己的记忆将被评估的组和不知情的组之间并没有显著差异，他们平均记住的单词数量相同。然而，研究人员注意到了一些非常有趣的现象：在两组中，参与者对那些从意义上进行处理的单词集合（即根据单词愉悦度进行评分的集合）中的单词记忆更牢固，相比之下，他们对那些检测字母出现频率（而没有考虑单词意义）的单词集合中的单词记忆则要少得多。

在这个实验中观察到的现象并非个别情况，其他研究者也曾发现并重复了这一结果（实际上，这种现象在非正式情况下也很容易观察到）。这一显著发现促使弗格斯·克雷克（Fergus Craik）和罗伯特·洛克哈特（Robert Lockhart）在 1972 年提出了他们的加工层次模型（Craik & Lockhart，1972）。这个模型可以概括为：我们对信息的意义处理得越深入，它在记忆中扎根得越牢固。换言之，我们通过深入理解所学习的内容来增强记忆。正如丹尼尔·威林厄姆（Daniel Willingham，2009）更富有诗意的表达："记忆是思考的灰烬。"

从本质上讲，克雷克和洛克哈特的理论与前面讨论的记忆和学习模型紧密相关：从意义的角度思考某事物涉及将新信息与我们已有的知识联系起来。毕竟，理解本身就意味着新知识与我们现有知识的联系。事实上，任何想法的意义都建立在我们先验知识的基础之上。在反思和思考学习对象时，我们与先验知识之间建立的联系越多，新的学习对象在记忆中的同化和巩固就越牢固。

通过思考来学习

以下练习是一个说明性的例子，展示了通过思考学习对象来增强其同化的意义：

凭记忆画一张 1 美元的钞票

大多数人可能已经见过很多次 1 美元的钞票，但如果让他们凭记忆画出来，他们通常只能正确描绘出几个细节。他们可能会说："我见过几百次了，但从未真正关注过。"他们所说的"关注"，指的是从未仔细思考过钞票的外观，也从未寻找过其元素之间的关系，以及这些元素与他们先验知识的联系。当然，他们之所以不这样做，是因为日常使用钞票时，只需识别其整体特征，并非复制它的细节。

这一现象说明，单纯看到或听到某些东西，即使是多次，也不能保证我们会记住它。而通过深入思考和反思，我们可以显著提升记忆的能力。

　　另一个很好的例子是记忆电话号码。我们常常只是在脑海中反复念诵，但不论重复多少次，一旦使用后就会忘记。单纯地重复并不够。要让这个数字长期留在记忆中，我们需要积极地思考，寻找熟悉的模式或建立与其他数字的联系。

　　这种促进更有效学习的信息处理方式在我们大脑中的相应表现甚至可以通过功能磁共振成像技术实时观察到。这些技术显示，在特定的认知任务中，大脑中某些特定区域的活跃度超过了某种阈值。例如，在处理单词的意义时（如前述的实验），大脑的额叶区域显示出显著的活跃性。相比之下，当对单词进行表面处理，比如简单地计算字母的数量时，这些区域的活跃度则显著降低（Buckner & Koutstaal，1998）。实际上，根据额叶区域的活跃程度，我们可以预测记忆这些刺激的可能性（Brewer et al.，1998）。

2.2.6　主动学习

　　这个简单而有力的观点强调了在学习过程中积极寻找意义的重要性。学生们努力将新学习的知识与他们的先验知识联系起来，并反思其如何影响他们已经掌握的内容。最终，这个思考过程形成了所谓的主动学习的基础。

　　主动学习经常与学生通过实际操作学习的教育实践相混淆，即所谓的"在做中学"。然而，主动学习更确切的定义为：通过深入思考来学习。这种方法包括学生积极地思考学习对象，寻找其中的意义，并将其与先前学到的知识进行比较（Prince，2004）。

　　从这个意义上说，给学生讲课或让他们阅读内容可以被视为主动学习的方法，前提是他们在听课或阅读时积极思考所学内容。然而，由于这些教学方法无法保证学生会自动进行思考（因为这通常取决于学生个体），所以它们并未被正式定义为主动学习方法。同样，学生参与的实践活动，比如在实验室进行实验，如果学生只是按照指令操作而没有理解自己在做什么，那么这并不算是主动学习。在这种情况下，他们可能无法真正学到东西。

因此，任何由教师发起的主动学习实践都必须确保学生思考他们正在学习的内容。这是教学和帮助学生学习之间的一个重要区别。

主动学习方法的优越性在教育研究中得到了充分的证明。当教师引导学生通过经验（可以是明确的或示范性的解释）进行推理和反思时，通常能获得最佳结果。当这种推理发生在小组环境中时，学生有机会在轻松的氛围中与同伴和教师分享、比较和讨论他们的想法，对学习的积极影响也是显著的。

简言之，为了更好地学习更多的内容，我们必须参与一些将我们正在学习的东西与我们的先验知识联系起来的活动。

注解

建构主义

建构主义并不是一种教学方法论，而是一种关于人们如何学习的心理学（以及哲学）理论。该理论认为，学习是在已有知识的基础上进行的，这一过程决定了我们如何获取新知识。在过去几十年中，支持建构主义的科学证据不断积累，使其成为认知心理学中关于学习的基本模型。然而，建构主义并不旨在定义具体的教学方法；它主要解释了我们的大脑如何对各种经历做出反应，而这些经历最终影响我们的学习效果。

因此，作为一种学习理论，建构主义不应与所谓的建构主义教学方法混淆。后者主张学生应通过发现而不是显性教学来建构知识

（Mayer，2009）。然而，这种方法与建构主义学习理论本身并无直接联系。建构主义理论更多地关注学习过程中个体如何利用他们先前的经验和新信息之间的关系来构建知识，强调了通过积极参与和意义建构来促进学习的重要性。

　　然而，理解建构主义的本质可以帮助我们改进教学方法，提高学习效果。最重要的是，我们要明白学生不是一张白纸，而是带着一些已有知识来到课堂的。最理想的情况下，他们会利用这些知识来理解新的信息。这正是我们应当提倡的符合学习本质的方法：学生将他们正在学习的知识与他们已拥有的知识联系起来以达到学习目标。当学生能够将正在学习的内容与已掌握的知识联系起来时，学习效果更好（Bransford & Johnson，1972）。

2.2.7　激活先验知识

　　对学生来说，要将他们所学的知识与已经掌握的知识联系起来，他们需要激活他们的先验知识，特别是与当前学习任务最相关的知识。然而，尽管有些学生可能会在各种类型的活动中做出反应，即使是在纯说明性的课堂上，但大多数学生如果没有适当的引导，往往不会将他们的先验知识应用到学习任务中。因此，设计旨在帮助学生激活先验知识的活动显得至关重要，这可以帮助他们更好地理解和应用新的学习内容（Gick & Holyoak，1980）。

　　例如，提出能够调动学生先验知识的问题有助于他们运用已有的知识来提升学习效果（Martin & Pressley，1991）。然而，仅仅通过一两个关于他们已知主题的问题便开始授课可能不够。我们需要更进一步，创造一个熟悉的情境，让学生自然地融入其中，即使他们可能尚未意识到这一点。在这样的情境中，教育者可以通过提问引导学生表达观点，并与同龄人分享和讨论。关键是，所提出的问题不仅要涉及事实，而且要能激励学生运用他们的思想来回答和解决问题。

将整节课的时间都投入到激活先验知识的练习上，可能会让人觉得是浪费时间，但研究显示，这种做法实际上比不做这种练习更能有效地促进新知识的学习（Peeck et al.，1982）。我们可以选择利用课堂上的时间尽可能多地教，或者也可以选择帮助学生尽可能多地去学。

2.2.8 先验知识的评估

考虑到先验知识是学生建立新知识的基础，显然，在开始学习一个单元时评估他们已有的知识对于实现有意义的学习至关重要。这与我们通常所说的"使课程适应学生的水平"有关。然而，正如我们将在后面的章节中探讨的，这个过程比表面上看起来的更为关键。

在教学中，检查学生是否具备开始学习一个新单元所需的基础知识，与调动他们关于将要学习的内容的先验知识是两回事。简言之，激活学生的先验知识是为了帮助他们把新知识和已有的知识联系起来，而确认他们已经掌握了基础知识则是为了确保他们能顺利开始新知识的学习。例如，当我们准备开始学习一个关于密度的物理单元时，我们可能会反复提到"物质"的概念，并假设学生已经了解了这一点。然而，实际上许多学生可能不认为气体是物质，这导致他们难以理解气体也可以有质量或密度（Séré，1986）。类似地，学生在学习光合作用的机制时也常常遇到困难，因为他们对气体的误解使他们无法正确理解二氧化碳在植物制造糖分过程中的重要角色（Simpson & Arnold，1982）。

因此，对学习目标和计划进行初步分析是十分有益的，这能帮助我们确定哪些知识被视为理应已经掌握的，哪些对于建立新的学习基础至关重要。一旦确定了这些要点，我们可以进行诊断性测试，以便评估学生是否已经掌握了必要的知识。如果他们尚未掌握，我们可以安排相应的初步活动来解决这个问题，或者至少确保学生对所学习单元有充分的准备。

2.2.9　基于理解的学习

当学生缺乏必要的先验知识，或者没有足够的时间将先验知识与学习对象联系起来时，在不得不面对单元末的测试时，学生最自然的反应是仅仅记忆内容，而不去理解其意义。换言之，不去建立联系。通常情况下，学生会通过机械地记忆教科书中的定义或步骤去应对传统的考试，这种做法催生了死记硬背的做法，学生习惯于在理解水平很低的情况下记忆事实或算法。这些知识与学生先前掌握的知识几乎没有联系，仅与学校环境和特定的教学单元（或考试）相关联，因此被称为"惰性"知识。这类知识在其他环境中无法被激活，最终注定会被遗忘。目前尚不清楚它们是会从长期记忆中消失，还是因缺乏与其他现有知识的密切联系而被永远遗忘。无论如何，学生再次使用这些知识的可能性很小，即使在相关情境下也是如此。

因此，花时间去深入理解学习对象是非常有必要的。这并不意味着我们要提供关于学习对象的越来越多的细节。深入理解意味着增加深度，而不是广度。也就是说，我们要花更多的时间在不同的背景下对相同的概念进行推理，让学生有机会从具体的实例中抽象出普遍规律，从一个特定的事实联想到学习对象适用的多种情境。这意味着将学习对象与许多既有的知识模式联系起来。与学习对象联系的先验知识越多，它在记忆中的根基就越牢固，将来也越容易检索到它，因为它会被更多不同的环境激活。

　　显然，无论是由于课程压力、行政要求还是其他原因，这样做都需要比我们通常分配给课堂上的每个主题的时间更多。然而，这一点值得反思，特别是考虑到施瓦茨（Schwartz）及其同事在 2008 年发表的一项研究。在这项涉及超过 8000 名学生的抽样研究中，那些在高中科学课上深入学习少数主题（而非广泛学习）的学生，在大学科学课程的第一年表现更加出色。当先验知识连接良好时，它为构建新知识提供了更为坚实的基础。因此，该研究的结论建议教师在判断上更为审慎，减少课程内容的覆盖范围，以便支持对某些主题的深入理解。

2.2.10　活动设计

　　如果我们希望学生能够更有效地学习并深入理解所学的内容，那么在设计学习活动时，我们必须考虑他们的学习动机。通常情况下，我们在设计活动时往往会忽视这一点。在我作为生物学教师的早期职业生涯中，我曾要求学生准备演示文稿，向全班同学解释血液类型、它们的生物学基础及其对献血活动的影响。然而，我后来才意识到，学生们只花了几分钟的时间从网上搜索和复制信息，而他们将大部分的时间和精力都投入到了设计演示文稿中，如搜寻有影响力的图片，为每一张幻灯片添加效果、动画、过渡和各种装饰。结果显而易见，他们对于如何制作演示文稿学到了很多，但对于血液类型的知识却了解甚少，这一点在我提问时他们表现得尤为明显。如果我的目标是让他们学习如何使用演示文稿软件，我会感到非常满意，但事实并非如此。

　　在设计课程或活动时，确立清晰的学习目标是明智的做法，即明确我们希望学生在学习结束时掌握的内容。为此，我们需要确定如何评估学生是否实现了这些目标。综合考虑这些因素，我们可以创建课程或活动以帮助学生取得这些预期的学习成果。

活动的设计应确保学生在思考学习目标时花费更多的时间，类似于我们稍后在评估过程中向他们提问的方式。这种设计避免了学生在不相关的细节中迷失，往往这些细节仅仅是为了活动提供背景或结构。这种清晰的设计决定了活动的成败。最有效的活动是那些引导学生通过分析、比较、解释、讨论或其他需要赋予意义的行动来思考学习对象。这些活动不仅促进了学生对知识的理解，还能帮助教师观察到他们的推理过程，从而确保学习的深度和质量。因此，设计课程或活动的关键在于确保学习目标清晰明确，并通过相应的评估手段验证学生的学习成果，从而在教学中实现有效的教与学。

在下一节中，我将概述其他一些应该被推广的行动方式，从而帮助学生以更持久和更易于迁移到新情境中的方式进行学习。

2.3　记忆的过程

2.3.1　容量无限的记忆仓库

著名的苏联心理学家亚历山大·鲁利亚（Alexander Luria）在 1968 年描述了所罗门·舍雷舍夫斯基（Solomon Shereshevsky）的病例，这是一个具有惊人记忆力的人，鲁利亚研究了他 30 年。舍雷舍夫斯基可以毫不夸张地说，可以记住他经历过的所有事情，包括其中的每一个细节。鲁利亚使用了一系列随机的单词、数字、无意义音节或声音等对他进行了测试。舍雷舍夫斯基只需要听一次就能够不费力地重复它们。更进一步的是，如果鲁利亚在几天、几个月甚至几年后要求他背诵它们，他也能够毫不费力地完成。用鲁利亚的话说，他的记忆似乎没有空间和时间方面的限制。

我们的长期记忆容量实际上几乎是无限的；它可能准备好储存我们一生中的所有记忆。如果大多数人并没有这种能力，这可能是由于生物学上的效率问题。我们不需要记住所有的事情才能生存，因此进化可能选择了那些拥有"足够记忆"的个体。值得注意的是，舍雷舍夫斯基由于自身状况，遭遇了各种认知问题。

然而，尽管积累大量信息似乎是一个巨大的优势，但它也有一个缺点：存储的信息越多，找到某个具体细节，并在需要时检索出来就可能越困难。从实际的角度来看，如果我们不能从记忆中提取出所学的内容，那么我们不能真正说自己已经学会了某样东西。

2.3.2 从记忆中提取所学内容

我们能够从记忆中检索出信息的轻松程度，可以帮助我们评估信息的不同"记忆层次"。这意味着，我们对某一信息的记忆不仅仅是关于它的存储量，还涉及我们能多快、多准确地从记忆中提取它。

- 最低层次的回忆发生在"熟悉"的情况下，即我们说某物"听起来很熟悉"。我们会觉得以前见过这个东西，但不确定是何时何地见过。我们对第一次遇到这个事物的具体情境没有记忆。

- 更高层次的是"识别"，这种情况发生在我们知道自己了解某个信息但无法自发回忆起来时。例如，当我们记不起某个演员的名字时，但当别人提到这个名字时我们能够确认。

- 再往上的层次是"有提示回忆"，这种情况发生在我们能够在得到适当提示后从记忆中提取信息。例如，当看到演员的照片时，只要提供名字的首字母，我们就能够记起他们的全名。

- 最后，最困难的回忆层次是"自由回忆"，这要求我们根据一个线索（比如，只向那个人展示演员的照片）来回忆信息。

虽然这种分级可能并不适用于所有情况，但它使我们能够理解记忆中存在某东西与能从记忆中提取某东西之间的差异。

有趣的是，一段记忆即使在我们的脑海中得到了很好的巩固，多年后仍然可被提取，但要提取它可能相当具有挑战性。相反的情况也可能成立，也就是说，即使记忆没有被牢固地巩固，我们也能轻松回忆起来，这种情况通常发生在记忆刚生成后的短时间内（Björk & Björk，1992）。这意味着巩固和提取是不同的过程。实际上，巩固过程在我们停止注意生成记忆的刺激后，仍会持续几分钟或几小时。而提取则是一个通常需要自觉努力的行为，尽管如后面所述，它可以通过练习得到促进（甚至自动化）。

总之，我们在谈论学习时，必须理解学习涉及三个过程：将信息输入记忆系统（编码）、保持信息（巩固或存储）以及在后续能够提取这些信息（提取），如图 2-5 所示。

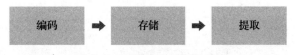

图 2-5　记忆的三个关键过程

实际上，我们在学校中评估的是学生检索和展示他们所学内容的能力——否则我们如何评估学习呢？然而，我们几乎没有在课堂上专门花时间进行这个过程。大多数时间都花在了编码上，也就是让学生获取信息。

2.3.3　记忆提取实践

对我们所有人来说，很明显，要学会骑自行车，就必须不断练习骑自行车。对大多数程序性知识来说也是如此，学习需要实践。然而，当涉及学习事实和概念时，我们应该练习什么呢？普遍的看法是，通过简单地关注所提供的信息，我们就会吸收它，并能够在之后提取它。这一观点大错特错。我们要求学生在考试中展示的，不是他们能否编码信息，而是他们能否从长期记忆中提取信息——这一点在实际操作中往往被忽视。

有趣的是，认知和教育研究提供了大量证据，表明练习提取已学信息可以使我们更好地学习这些信息（Karpicke & Roediger，2008）。至少，它能提高我们之后再次提取这些信息的能力，从而能够展示我们对其的掌握。

多项研究表明，在学习一节课后，进行一次记忆提取练习比仅仅重新学习该材料能在随后的测试中取得更好的结果（Rowland，2014）。也就是说，在一节学习课程后紧接着安排检索练习，比在学习课程后再重新学习材料对记忆更有益。图2-6展示了这两种学习方法的结果，这只是众多重复这一现象的研究中的一个例子。

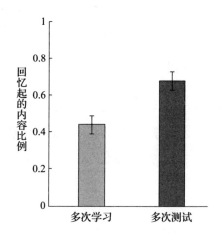

图2-6　多次学习与一次学习后安排多次测试在学习效果上的差异
（图改编自 Butler 的实验三，2010）

注：这是对一项测试结果的描述，该测试包括推理题，测试在课程学习一周后进行。
　　在学习过程中，一组学生只学习了一次，然后进行了多次测试，而另一组学生则
　　反复学习了多次。

然而，很少有学生会自发地进行记忆提取练习，更少有人相信这种练习能增强他们的学习效果。大多数学生将其作为一种"检查自己是否掌握了"信息的方法。不幸的是，调查显示，大多数学生并不使用这一策略（Karpicke et al., 2009），这一点也是可以理解的。

首先，因为没有人告诉他们这种练习更有效。一般来说，没有人教学生如何学习。因此，那些自发进行这种练习的学生往往比其他学生拥有更大的优势，但他们自己并没有意识到这一点。

其次，进行记忆提取练习比简单地重读课程材料要费力得多；从认知上来说，解释学过的东西比再读一遍更具挑战性。与其说这是时间问题，不如说这是脑力劳动问题。

再次，进行记忆提取练习时，尤其是在最初的几次，学生可能会产生挫败感，因为他们很快会意识到自己掌握的知识非常有限。相比之下，重新阅读课程材料会给他们一种掌握了知识的愉悦感（Karpicke, 2012），尽管这只是一种错觉。这种感觉只是对内容的熟悉，或者充其量只是认知。这些可能是意识知识中最基础的层次。然而，从这些基础的熟悉感到能够从记忆中提取学习过的信息以回答考试问题之间的差距是非常巨大的。难怪许多学生在完成考试或收到成绩后不明白为什么自己"明明知道这些内容"却考得这么差。知道某事的感觉和能够解释它或把它付诸实践是完全不同的。

最后，按照上述观点，学习和重复学习在短期内确实非常有效。当我们在学习后立即检查学生的学习成果时，那些进行了学习和重复学习的学生往往比那些进行了学习和从记忆中提取的学生取得更好的成绩。但如果我们在 2 天或 1 周后进行检查，结果则会发生逆转（见图 2-7）。与进行检索练习相比，重复学习在短期内似乎更有效，从而使我们产生"知道的错觉"。然而，刚学习完就能记住某个内容并不一定能保证我们在以后仍然能记住它。进行从记忆中提取的练习会增加这种记忆持续的可能性。

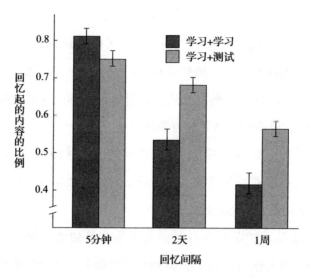

图 2-7　重复学习与检索练习在不同时间间隔带来的
学习效果的差异（Roediger & Karpicke，2006）

注：实验结果显示，三组学生分别学习了一段文本 7 分钟，然后进行重复学习或进行回忆测试以提取信息。每组学生在学习活动后 5 分钟、2 天或 1 周分别进行了记忆测试。

2.3.4　必要的难度

检索练习比简单地重复阅读材料需要更多的脑力投入，并常常令人沮丧。但事实是，我们越努力记住我们所学的东西，这种练习对我们长期记忆的影响就越大（Björk，1994）。此外，重复阅读、划重点或抄写等方法会欺骗我们，因为在短期内，它们会给我们留下一种学到了东西的满足感（Karpicke，2012）。然而，问题在于这仅仅是短期学习。记忆提取是一项具有挑战性的学习实践，但它会带来持久的学习效果。相比之下，像重复阅读这样要求不高的策略通常只会带来短期的学习效果。

这一原则与著名的记忆与学习研究者罗伯特·比约克（Robert Björk）和伊丽莎白·比约克（Elizabeth Björk）所称的"必要的难度"有关。简单来说，当我们将所学知识付诸实践时，面对一系列具体情境中的认知上的挑战——虽然这些挑战并非不可克服——将有助于实现更好的长期学习效果（Björk & Björk，2011）。从这个角度来看，记忆提取带来了认知挑战，而如果我们仅仅是"重复学习"，则不会面临这些挑战。此外，当我们在提取记忆时付出的努力越多，其对学习的影响也越显著。就好像大脑意识到我们试图记住的内容确实很重要（因为我们在提取记忆时付出了很多努力），因此，增强了我们下次更快、更轻松地提取这些信息的能力。

让我们来思考一下学习一门新语言的过程。拥有中等水平语言能力的人通常发现，阅读和听力比写作或口语要容易得多。阅读过程中培养的流利感可能会让我们产生整体上都流利的错觉，而一旦尝试口头表达时，这种错觉则会让我们变得沮丧。然而，正如巩固学习的最佳方式不是重复吸收而是尝试回忆，学习语言的最有效方法也不太可能是通过阅读或听力。自然，我们需要从这些方面入手，但当我们用这门语言开始创作时，无论是通过写作还是口语表达，进步会非常显著。练习写作，尤其是口语表达，要求更高，并且可能令人沮丧，但这种创作性的练习在提升新语言学习的各个方面都是非常有效的（Ullman & Lovelett，2016）。

2.3.5　当我们提取记忆或知识时发生了什么？

虽然人们常将记忆比作图书馆或计算机硬盘，以便解释记忆的工作原理，但这些比喻有其局限性。其中之一是，人类记忆并不像计算机那样精确地存储或再现内容。我们的记忆只保留了一些细节，然后利用已连接的各种其他记忆来重建完整的记忆。实际上，记忆不是再现性的，而是重建性的。

在读完这句话后，花点时间在脑海中想象一辆白色的跑车。然后，试着将同一辆车想象成不同的颜色（如红色、黑色、黄色、绿色）。这很简单，对吧？我们的记忆能够将各种元素结合起来，创建出脑海中的单一图像。我们不仅能够通过所谓的想象自主地做到这一点，而且我们的记忆也会一直不自觉地进行这一操作。

为了使记忆与图书馆之间的类比更加准确，我们应该将书架上的书想象成单个信息的载体，而非完整的记忆。因此，为了检索一个完整的记忆，我们需要同时查阅多本"书"，并使用所有信息来重建记忆。这些书之间的连接模式构成了记忆的真正内容。

但构成记忆的书并不是在图书馆的同一区域整齐地排列在一起。它们根据所含数据类型（视觉、听觉等）被分散在不同的区域。它们与其他的书保持相互连接，正如前面提到的，新的数据还必须与其他知识或记忆相关联。因此，每本书都与许多涉及其他记忆的书相连。

根据我们的模型，检索记忆需要激活在记忆中分散的片段集合，这些片段通过意义关系与其他来自之前或之后经历的片段相连接。这自然会导致一个结果：在不同时间检索记忆时，能够激活的数据集合可能会自发变化，从而使我们的记忆在不自觉中发生变化。因此，每次我们检索记忆时，它都可能会带上其他记忆中的新元素，并丢失一些组成部分。

事实上，每次激活记忆时，与之通过意义关系相连接的所有其他数据也可能被激活，从而导致不同的重建。这些记忆的新元素也可以通过被一起检索得到强化，成为记忆中牢固确立的一部分。这就是我们所有记忆和知识通常发生的情况。因此，在进行检索练习时，从比自身记忆更可靠的来源获取反馈是至关重要的：学生应确保（借助教师、书籍或笔记等资源）他们检索的内容忠实于原始学习内容。实际上，接收这种反馈可以增强记忆提取练习的积极效果（Roediger & Butler，2011）。

2.3.6　记忆提取不仅能促进事实性学习

记忆提取练习最吸引人的方面在于它不仅如人们预料的那样，仅能改善事实性学习（即事实和数据的记忆）。当然，如果练习的是这类知识的记忆提取，比如欧洲国家的首都或细胞的各个部分，那么这种学习会得到加强。但记忆提取练习的作用远不止于此。

从记忆中提取所学内容涉及广泛的实践，从背诵诗歌到在新情境中运用新概念或新想法解决问题。在这个意义上，记忆提取练习可以促进对知识的理解以及知识的迁移能力，即在新的情境中运用所学内容的能力（Karpicke，2012；Karpicke & Blunt，2011；Butler，2010；Carpenter，2012）。这是因为，当学生通过用自己的话解释所学内容（而不仅仅是逐字重复）或用它来解决问题时，他们不得不为其赋予结构和意义，这就意味着将其与其他知识联系起来。每次这样的记忆提取过程都是将所学知识融入我们有意义的知识结构的一个新机会。

记忆提取练习还有其他好处，比如帮助学生意识到自己的在学习方面的弱点。当然，它也有助于教师识别需要改进的领域。

2.3.7　练习记忆提取的方法

已有多种记忆提取的方法经过科学分析，显示出有益的结果。一般的规律是，记忆提取所需的认知努力越多，对学习的影响就越大。这意味着，通常情况下，自由式回忆比识别式记忆提取对学习的影响更大（Carpenter & DeLosh，2006）。学生调动知识寻找答案的程度越高，获益也就越大。然而，基于识别的练习，如多项选择题，也足以提供显著且不可忽视的改善效果（Smith & Karpicke，2014）。

在每节课结束时简要回顾所学内容是一个简单却效果显著的练习，特别是如果在下一节课开始时进行这样的回顾。虽然这可能看起来有些反直觉，但记忆提取练习在我们开始遗忘所学内容时进行更为有效。当这种情况发生时，记忆提取变得更加具有挑战性，正如前面提到的，挑战越大，记忆提取通常就越有效。

如果目标是提高理解力和知识迁移能力，记忆提取练习可以包括学生在新情境中尝试应用所学知识的活动。在这种情况下，教师作为引导者的角色至关重要，因为教师可以提供提示，帮助学生发现他们已学知识与新情境之间的联系。一般来说，将所学知识应用于不同的情境是巩固学习的最有效的方法，尤其是在多种不同情境中进行应用时。在概念性和程序性学习方面，这种方法能显著促进理解和知识迁移（Markant et al.，2016；Perkins & Salomon，1992）。

增强学习效果的一个非常有效的实践方法是评估测试（Roediger & Karpicke，2006），虽然我们经常使用这一方法，但几乎从未将其用于这一目的。我们通常赋予评估测试两个功能：一个是总结性功能（评估和认证学生达成学习目标的程度），另一个是形成性功能（获取关于学生学习目标的信息，以便做出后续决策来帮助他们改进）。前者是我们最常赋予的功能，尽管它对学习的贡献微乎其微。后者在学习中扮演着关键角色，因为它允许教师向学生提供反馈（或学生决定下一步行动）。此外，评估测试还有一个常被忽视的直接功能：它们通过记忆提取来促进学习。因此，如果设计得当，评估测试可以成为非常有用的学习工具。

在字面理解最后这一陈述之前，需要注意的是，评估测试的某些因素可能会削弱它们作为学习促进工具的潜力。首先，如果评估测试在学生学术成绩中占很大的权重，它们可能会成为学生焦虑的源头，从而掩盖测试可能带来的教学收益。与此同时，如果学生没有实质性的收获，他们的注意力和参与度（或努力程度）可能也不会达到最佳状态。因此，建议进行更多的评估测试（种类更多），以使这些测试成为常规学习实践，这样可以逐步整合课堂上所学内容，并针对之前测试中的不足之处进行改进。由于测试数量较多，每次测试在学业成绩中的权重也会变得相对较低（即低风险测试）。目的是让学生认真对待这些测试，因为它们会影响最终成绩，但又不至于造成高度的焦虑或让学生只关注分数。

在这方面，重要的是这些测试应该帮助学生识别需要改进的地方。因此，反馈应集中在如何避免在下一次测试中犯同样的错误上。这样做的一个重要效果是，学生必须意识到评估测试是累积性的，即相同的学习目标将在多个测试中被评估，尤其是那些最具挑战性的内容。因此，关注错误的反馈非常重要，以便在下次测试中避免重复这些错误。（我将在关于反馈和评估的章节中对这些方面进行更深入的探讨。）

2.3.8　间隔式记忆提取

我要再重申一下：从记忆中提取已学知识的认知难度越大，对记忆的影响也越大。这意味着我们下次提取时的能力会更强。记忆提取练习的难度可以根据自由式回忆、提示回忆、识别式回忆进行调整。但还有其他因素会影响记忆提取的难度。

例如，我之前提到过，当我们部分遗忘所学内容时，记忆提取变得更具挑战性。从这个角度来看，将记忆提取练习分散在一段时间内，对长期学习的好处是显著的（Karpicke & Roediger，2007）。实际上，无论是记忆提取还是复习，分散学习时间本身都有积极的效果。有趣的是，每次成功地从记忆中提取相同材料之间的间隔时间越长，从长期来看效果越好。图 2-8 展示了一项研究的结果，其中 3 组受试者完成了 6 节课的学习（每节开始时都有测试），并在最后一节课结束一个月后参加了测试。每组之间的区别在于每次学习之间的间隔：不到 1 天、1 天或 30 天。

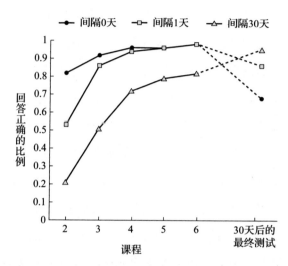

图 2-8　课前测试与最终测试中回答正确的比例的差异（Bahrick，1979）

注：本图展示了 3 组受试者在每节课之前的测试中回答正确的比例（共 6 节课），以及在最后一节课后的 30 天进行的最终测试中回答正确的比例。每节课之间的间隔为 0 天、1 天或 30 天。

其他研究，如 Budé 等人的研究（2011）显示，相同数量和类型的课程，如果分散在一段时间内（间隔式练习），会产生更好的学习效果。图 2-9 显示了两组学生在统计课程中的得分，这两组学生只在课程间隔时间上有所不同：一组是课程分散在 6 个月的时间里，另一组的课程集中在 8 周内。

尽管间隔式练习本身就具有积极效果，但研究表明，假如间隔式练习涉及记忆提取，其对学习的影响远大于仅仅用于复习（Carpenter et al.，2009）。

间隔式练习显然得益于其所包含的重复，但其效果还与这样一个事实有关：将学习或练习时间分散开来比集中在一起更为有效。例如，每

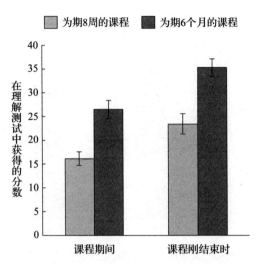

图 2-9　在为期 6 个月或 8 周的统计学课程结束时的
理解测试中获得的分数（Budé et al., 2011）

注：班级数量和活动类型是相同的。

天学习 1 小时且持续 5 天，要比连续学习 5 小时更有效。换句话说，进行较短但更规律的课程学习比在一次或几次课程中集中学习更有效。即使只有一次复习机会，也最好在课程学习和复习之间留出一些时间，而不是立刻进行复习。此外，在下一节课程学习开始时尝试回忆所学内容，比在同一次课程学习结束时回忆要更有效。事实上，后者往往具有欺骗性（Soderstrom & Björk，2015）。

　　无须多言，许多学生并不选择分散他们的学习时间。大多数学生往往会拖到最后一刻，在考试前集中进行学习。这可能是通过考试的一种有效方法，但这种学习效果不会持久。就像复习一样，集中练习在短期内有效，但对长期学习有害。图 2-10 展示了反映这一事实的实验结果（Keppel，1964）。当测试在 24 小时后进行时，集中复习的学生取得了比间隔式复习的学生更好的成绩，但在 1 周后的测试中，他们的表现则相去甚远。

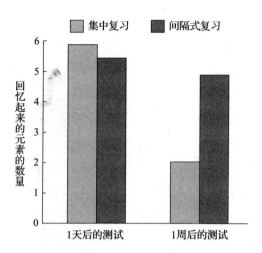

图 2-10　集中复习和间隔式复习在学习 1 天后和
1 周后进行的测试中的效果差异（Keppel，1964）

2.3.9　交错式记忆提取练习

大量证据表明，交错式记忆提取练习（Kang，2016）是一种有效增强记忆提取的练习方法，虽然这可能听起来有些反直觉。交错式记忆提取练习指的是将不同的内容混合在一起进行学习，而不是先掌握一种内容再转向另一种内容。研究表明，这种方法比集中练习单一内容更为有效，因为它能够帮助学生在面对相关但不同的内容时，更好地进行区分和应用。然而，这种方法只有在学习的内容可以独立且并行地进行时才有效。也就是说，只有当学习的一项内容不依赖于之前学习的其他内容时，交错式记忆提取才能发挥其优势。

例如，学生在学习解决数学问题时，将各种类型的问题（涉及不同的解题方法）混合在一起练习，比起先集中学习每种问题类型再转到下一种类型要更为有效。交错式记忆提取练习可能看起来有些反直觉，因为在短期内，学生似乎学得不如那些集中解决每种类型问题的学生。参与交错式记忆提取练习的学生通常会觉得自己学得较少，认为效果不如集中练习。然而，研究表明，这是一种错觉。虽然交错式记忆提取练习在短期内可能让学生感觉掌握得不如集中练习，但实际上，它能产生更持久且灵活的学习效果。换句话说，交错式记忆提取练习在中长期内比集中练习产生更好的学习成果。

例如，在罗尔（Rohrer）和泰勒（Taylor）2007 年的研究中，学生学习了四种几何体积的计算。关于每种几何体的学习活动包括一个关于如何计算其体积的教程和 4 道练习题。一组学生逐个学习这些几何体，先阅读对应的教程，然后解题。另一组学生则连续观看所有四个教程，然后随机解这 16 道题。一周后，学生参加了对所学内容的考试。图 2-11 显示了学生在学习课程时解练习题的表现以及期末测试的结果。

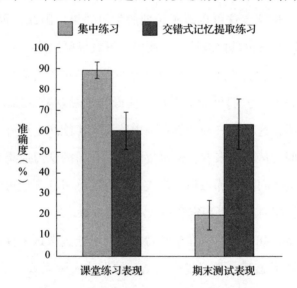

图 2-11　两组学生在学习期间和期末测试中
完成的练习的结果（Rohrer & Taylor，2007）

注：两组学生的学习是基于交错式记忆提取练习和集中练习。

如图 2-11 所示，集中练习会导致短期表现较好，但长期表现却较差。

在这种情况下，交错式记忆提取练习的有益效果可能与该策略所提供的学习灵活性有关。这意味着交错式记忆提取练习有助于概念的抽象化，并减少对单一情境的依赖。通过交错式记忆提取，学生在回忆所学内容时可能不容易依赖于无关的情境。这里我解释一下，当学生重复练习同一种类型的练习题时，他们不需要考虑使用哪种策略或知识。但如果练习题混合在一起，他们必须思考哪种策略或知识是适用的。实际上，正如第 1 章解释的，思考我们所学的内容也有助于巩固学习（Willingham，2008）。

此外，交错式记忆提取练习虽然增加了学习任务的复杂性，但这种方式是有益的，因为它增强了执行任务所需的认知努力。根据"必要的难度"的理论框架，这可以改善长期的学习效果。因此，再次强调，交错式记忆提取练习更具挑战性，从而使学习效果更加持久。

间隔式练习和交错式记忆提取练习的有效性可能看起来相当反直觉，因为从短期来看，我们可能觉得自己获得的学习效果不如集中练习。但需要再次强调，这只是一种错觉；集中练习确实能产生更好的短期效果，但仅限于短期。从长期来看，通过集中练习获得的学习成果会逐渐消失。相比之下，虽然间隔式练习和交错式记忆提取练习一开始可能令人沮丧，但它们能在长期内产生更稳定和持久的学习效果。

所有这些让我们明白，在学年特定时间段通过考试来评估学习成绩，并以这些考试标志某一学习过程的结束的做法实际无效。学生往往通过在考试前的几个小时内紧张学习来准备考试，确实，他们的表现可能会很好。但是，通过这种方式学习，所学的内容很快就会被遗忘。

2.3.10 重复

我之前提到过，间隔式练习因其包含的重复而带来益处。你一定同意，通过重复来巩固所学内容并使其在记忆中留存持久，这是显而易见的。然而，这真的如此吗？重复是否真的能带来更持久的记忆？对此，简单的回答是：这要视情况而定。正如我们在 2.3.9 节中看到的，尽管我们多次见过 1 美元的钞票，但这并不意味着我们能够牢牢记住它的样子。

仅仅谈论重复本身并没有多大意义，重要的是要看重复的是什么。强化学习的重复行为能对记忆产生额外的效果。但是，这些行为是什么呢？

正如通常情况一样，这取决于我们想要学习的内容。如果我们学习的是程序性知识（例如运动技能或认知技能），那么一旦掌握了如何执行（并且最好能得到反馈），就需要进行实践。这一点是显而易见的。然而，如果我们要获取的是事实性知识（如数据、事实）或概念性知识（如理念、概念），那么加强记忆中的重复动作并不是再次学习它们，而是从记忆中提取它们。而且，我们不仅要有效地提取这些知识，还要在实际应用中"使用"它们。

这是什么意思呢？你可能还记得，根据我们对学习过程的理解，学习实际上是将已有知识与新信息通过有意义的关系连接起来。在实践中，做到这一点的有效方法是对正在学习的内容进行思考。毕竟，思考就是在已有知识的基础上解读并整合新信息。

在这方面，我们在学习时通常会通过以下方式进行思考：举例说明自己的经验，想象所学内容对其他事实或观点的影响，或者将其与其他概念或对象进行比较，分析它们的相似性和差异性。我们还会考虑新知识的可能应用，尝试基于这些新知识解决问题，同时也包括寻找图式并最终赋予所学内容意义。

在学术界，这种围绕意义进行的学习思考被称为"精细加工"（Cornford，2002）。因此，相比于反复接触或学习，记忆提取和精细加工对学习更加有效——当然，反复提取和反复精细加工的效果会更好。

然而，过度提取或过度精细加工也并不可取。研究表明，在同一学习阶段成功完成这些任务后，重复它们并不会进一步增强记忆。例如，在罗尔和泰勒（2006）的一项研究中，216 名学生学习了一个数学概念。然后，其中一半学生用这一概念解了 3 道题，而另一半学生则解了这 3 道题和另外 6 道题。结果发现，两组学生在解决第三题时的表现相似，90% 的学生能够解决这类问题。因此，那些在同一学习阶段多做了 6 道题的学生被认为是进行了"过度学习"。

一周后，所有学生都参加了一次基于同类问题的测试，结果显示，无论是只练习了 3 道题的小组，还是练习了 9 道题的小组，两者之间的测试成绩并没有显著差异。四周后再次进行测试时，结果依然相同。简言之，在同一学习阶段对同一概念进行 6 道题的额外练习是浪费时间。集中式的重复并不特别有效，尤其是在材料已经被证明掌握的情况下。

相比之下，分散在一段时间内进行间隔式练习，效果更好。如果我们让所学的东西稍微遗忘一点，然后再练习，记忆将变得更加持久。部分出于类似的原因，在同一节课中进行的练习在交错进行时也更有效——也就是说，交替学习对象，而不是在进入下一个之前一直专注于每个对象。

简言之，很明显，重复对于提高学习效果至关重要。然而，并非任何重复都是有效的，也不建议集中进行重复，最好将它们间隔开并交错进行。此外，我们必须记住，虽然重复对学习有效，但它可能会对动机产生不利影响（Willingham，2014）。

2.3.11　遗忘的原因：信息丢失或无法检索?

我们的大脑不断从所有经验和行动中学习，无论我们是否有意去学习。这就是即使我们不记得具体细节，但仍然能够回忆起今天早上吃了什么早餐的原因。然而，大多数经历与我们的生存或目标并无直接关联，最终可能会被遗忘。比如，你还记得四天前吃了什么晚餐吗？

在学校环境中，遗忘确实是一个实际的问题。这是因为遗忘不仅影响那些我们不太在意的事情，还影响那些我们希望记住一辈子或至少几年的内容。

但对于我们忘记的所有信息，究竟遗忘的原因是什么呢？显然，遗忘并不总是不可避免的。有时，我们可能会努力记住某些信息，但过了一段时间，它却突然在脑海中浮现。这让我们不禁思考一个问题：遗忘是因为我们所学的信息不再存在于记忆中，还是因为我们无法在记忆中找到并提取它？这个问题一直是科学界对遗忘过程的激烈争论的核心。

确实，有研究者认为我们所有的经历都会在记忆中留下永久的痕迹，但这些痕迹往往非常微弱，以至于我们很难自发地提取出来。这意味着，即使我们认为已经遗忘了某些东西，它们仍然可能在记忆的某个地方（或多个地方）潜伏着。

最早对记忆和遗忘进行科学研究的是德国心理学家赫尔曼·艾宾浩斯（Hermann Ebbinghaus）。在 19 世纪末，他进行了一系列开创性的实验。他观察到，一旦我们学会了某些东西，遗忘就会开始，特别是在最初的几个小时内，遗忘的速度较快，之后的遗忘速度则减慢。然而，他也发现，虽然某些信息看似完全被遗忘，但它们在记忆中依然留下了一定的痕迹。这是因为重新学习这些内容通常比从未学习过它们要容易得多。换句话说，某些看似全新的信息，由于我们曾经学过，所以比完全从未学习过的内容学得更快。

这些结果在许多实验中得到了证实，尤其是在学习内容作为某个具有意义的体系的一部分时更是如此。也就是说，当学习过程中伴随着理解，并且这些内容与许多其他知识或记忆有联系时，遗忘的规律表现得更为明显（Arzi et al., 1986）。

在神经生物学层面，有证据表明，在学习过程中形成的神经连接（突触）即使在不再使用时也可能被保存（Hofer et al., 2009），这可能解释了重新学习以前学过的东西会更加容易的原因。

当前关于遗忘的共识是，我们实际上无法确定记忆中的所有内容是否依然存在。一般认为，有些内容可能因其他学习活动的干扰而被遗忘，这种干扰会形成更强、更容易检索的替代性连接。同时，也有人认为，不使用这些内容会削弱提取已学知识的能力，最终导致无法提取。至于是否不使用会导致所学内容的完全消失，从认知心理学的角度来看，这仍然是一个值得探讨的问题。

在学校环境中，学习的内容可能很容易被遗忘，这常常与学生只将所学内容仅与少数几个图式（即少数几个语境）相联系有关。在这些语境之外，学生可能无法有效地访问记忆中的知识，因为他们接收到的线索与他们所拥有的线索不匹配。他们可能无法看到所学内容与实际要求或要求的语境之间的联系。此外，学生常用的学习策略（如重复学习、集中学习等）也容易导致学习内容的遗忘。

2.3.12 记忆不像肌肉

在结束本节之前，我想讨论一个关于记忆工作原理的普遍信念。这个信念将记忆比作肌肉——如果我们使用它，它就会变得更强壮。这种对记忆的高度直观的理解在教育实践中有所体现，通常被用来证明需要通过要求学生记忆大量的数据（即使他们可能永远不会再需要这些数据）或背诵诗歌等活动来评估学生的必要性。然而，尽管这个想法似乎没有错，但它并不准确；记忆的工作原理并非如此。

　　实际上，记忆并不是一种仅仅通过训练就能提高的一般性技能。正如前一节讨论的，随着我们获得更多的知识，记忆会变得更加有效，即我们知道的越多，我们学到的就越多。这些知识需要被赋予意义；它必须与之前的内容相联系，并获得可迁移性。没有理解或仅仅依靠临时的联系进行记忆，并不能有效地增强记忆。这样的知识不会成为新知识的基础，事实上，它可能很快就会被遗忘。

　　然而，获得有意义的知识也不一定会增强记忆。例如，学习大量生物学知识并不会使你在学习地理时占有优势。记忆并不像一块单一的肌肉，通过获取任何领域的有意义知识而变得更强。更准确的类比是，将记忆比作由数百万块肌肉组成的系统，每块"肌肉"都通过获取经由有意义联系串联的特定知识而得到增强。好比学习生物学增强了你左脚的大脚趾肌肉，而学习地理增强了颈部肌肉一样。

　　例如，从表面上看，一个能够在听一次后记住 70 个以上随机数字的人似乎具备了强大的"记忆肌肉"。在 20 世纪 80 年代早期，瑞典心理学家安德斯·艾利克森（Anders Ericsson）及其同事训练了一名大学生，直到他掌握了这种技能（Ericsson et al.，1980）。该学生能够在听过包含多达 79 位数字的随机数字序列后记住这些数字。然而，当使用字母序列而不是数字序列时（即使仅使用 10 个不同的字母），和大多数人一样，他只能记住 7~8 个字母。因此，记忆的强度实际上取决于学习对象本身。

　　因此，深入学习生物学及其相关知识，并对这些知识进行理解，可以使我们在学习更多生物学内容（以及医学等与生物学有意义联系的领域）时表现更好。然而，我们不应期望这种能力会使我们在学习宪法等其他领域时变得更加优秀。

　　希望学生的记忆能力得到提高并没有什么错。事实上，期望学生成为更好的学习者是值得赞赏的。然而，仅仅因为要求他们记忆事实而指望他们的记忆能力普遍增强，这种期望是不切实际的。

如果我们真正希望他们提升作为学习者的整体技能，就需要明确教会他们如何更有效地学习。就像把孩子丢进游泳池并不能保证他们学会游泳，更不用说学会有效地游泳了。仅仅让学生被迫进行记忆训练，并不能有效地增强他们的学习能力。然而，我们可以通过教授他们适用于任何学科的学习策略和习惯来提升他们的学习效果。本章中讨论了几种这样的策略，如间隔式记忆提取和交错式记忆提取练习等。

总之，我们在希望通过记忆训练帮助学生成为更好的学习者时，应考虑教授他们有效的学习策略和促进良好的学习习惯。与其等待学生在面对考试时自发地掌握这些技能，不如主动教会他们这些策略和习惯，这样更有可能取得成功。研究表明，成功的学生和不成功的学生之间的主要区别在于他们的自我调节学习策略，这一点将在书中的第 4 章进行详细讨论。

2.4 记忆的重构

2.4.1 想法的持久性

一部来自 20 世纪 80 年代末的教育纪录片（Schneps & Sadler, 1988）以哈佛大学的毕业典礼开场，哈佛大学是世界上久负盛名的学府之一。众所周知，被该大学录取并顺利毕业的学生，通常是在学业上表现优异的学生。在纪录片中，研究人员随机挑选了 23 名刚刚毕业的学生（见图 2-12），并向他们提出了一个简单的问题：四季的存在原因是什么？换句话说，为什么夏天热而冬天冷？

图 2-12　由 Schneps 和 Sadler 于 1988 年拍摄的纪录片
《私人宇宙》（*A Private Universe*）的画面

这个科学问题可以通过天文学模型来解释，这些学生在小学、中学和高中时期可能都学习过这一模型，如图 2-13 所示。鉴于这些学生能够进入哈佛大学，极有可能他们在基础天文学的考试中表现优异。然而，纪录片中的 23 名受访者中，有 21 名学生给出的答案是错误的，涉及了地球与太阳的距离问题："地球的轨道是椭圆形的，因此，地球在夏天离太阳近，在冬天离太阳远。"

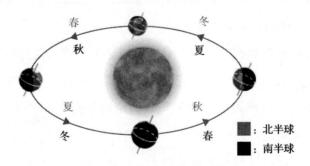

图 2-13　一年四季的科学模型

注：地球的自转轴相对于绕太阳公转的轨道平面是倾斜的。这意味着，在轨道的一个端点，北半球面向太阳，接收的太阳能量单位面积更大。在轨道的另一端，南半球由于其朝向的不同，接收到更多的阳光。在中间位置，两个半球接收的阳光量相同，分别经历春季和秋季。

简言之，这些学生给出的解释与他们在学校首次学习四季科学模型之前可能已有的直观解释相同。尽管这个例子只是一个个案，但它作为一种典型案例，展示了人们在真正尝试理解所学内容时，所形成的观念是多么持久，即使这些观念是错误的。这也反映了学生在学校中对知识的学习方式往往没有带来真正的学习成果，未能改变他们的先入为主的观念。事实上，学生可能学会了应付考试，但很快就会忘记他们所谓的所学内容，回到最初的观念（顺便提一下，他们其实从未真正放弃过这些观念）。当这些观念与学科的正式知识不符时，我们称之为误解或替代理念。

2.4.2　学习事实与学习概念

如前几节所述，学生在进入课堂时通常已经具备一定的先验知识。这些知识可以帮助他们理解新的信息和经历。如果学生能够将新信息与其先验知识相结合，或者以新的方式将这些知识片段连接起来，他们就能够扩展自己的认知框架，也就是构成概念和记忆的相互关联的知识网络。简言之，他们就学到了知识。

然而，将新的数据（事实、背景、情感等）纳入认知框架与重新组织这些元素之间的关系以赋予它们新的意义是两回事。当学生对某个主题（如四季的形成原因）的理解与我们希望他们学习的知识不一致时，就会发生这种情况。改变这些观念不仅仅是增加新的联系，还需要改变现有的联系，这一过程既缓慢又费力。这种情况在学生的认知框架已经非常牢固时尤为明显，因为这些框架中的许多联系是由多次经历强化的。例如，四季形成原因的错误模型受到了学生对接近或远离热源的多次经历的影响，他们将太阳视为地球上的主要自然热源，并且一些教科书中的太阳系示意图往往夸大了地球轨道的椭圆形状，暗示地球在轨道的一个端点远离太阳，而在另一个端点接近太阳。这些观念相互联系，形成了一个非常牢固且一致的四季模型，使其在面对新的解释时很难改变。

最终，当学生的观念与我们试图教授的正式解释或程序发生冲突时，阻碍学习的往往不是他们尚未掌握的知识，而是他们已经掌握的知识。

2.4.3 学习新概念

我们在前面的章节中谈到，为了使学习发生，新信息必须通过基于意义或背景的联想关系与我们的先验知识相连接。在许多情况下，学习涉及累积新的数据和事实，并扩展我们的概念网络。这些信息通过"传递"到达学习者的大脑。为了保留这些信息，学习者必须通过语义关系将其连接到他们的先验知识网络中。这样，概念就会随着更多的数据扩展，变得更加强大和灵活。这通常是学习最常见的形式。

然而，通常情况下，我们并不希望学生仅仅学习他们已经理解得很好的概念的新事实或新数据。相反，我们希望直接教给他们一个新的概念。在这种情况下，重要的是要认识到，概念的"传递"教学是不可能的。概念是在学习者的大脑中基于其长期记忆中的知识构建起来的。通过我们的努力，我们只能希望促进学习者在其知识之间建立新的关系，并提供一些新的连接（新的数据），以便帮助他们构建概念。然而，正如前面提到的，这种"重新接线"并不是简单的过程，它需要时间、多次机会和学生的动机。

认知和发展心理学的研究者将导致新概念学习的心理框架的转变称为概念变化。尽管对其性质和发展尚没有绝对的共识，但显然这是一个缓慢且复杂的过程。然而，关于促进概念变化的教学策略和不太有效的策略，人们已有一定的共识。

2.4.4　概念变化的类型

的确，概念变化的形式有很多种，其发生的深度和难度各不相同（Carey，1991）。目前，该领域的研究人员对于如何最好地将学习过程中可能发生的各种概念变化进行分类仍然存在持续的讨论。

大多数专家将概念变化分为两类：一种是相对容易发生的变化，另一种则较为困难。这种分类涉及学习者原有观念的深度重构或仅停留在表面。一些研究者还提出，更复杂的变化可以根据所需的重新组织程度以及挑战学习者最基本的本体论信念（他们对世界如何运作的最基本想法）的程度来区分。

在学校中，我们追求的不同学习目标可能需要不同类型的概念变化，这些变化的复杂性各不相同，因此处理这些变化的方式也应有所不同。不幸的是，教师往往未能意识到这一点，因此可能没有相应地调整他们的教学方法。

概念变化的最基本也是最简单的形式涉及通过添加新特性来扩展一个概念，而无须撤销它已经具有的任何特性。这是一种微妙的概念变化形式，以至于一些研究人员甚至不认为这是一种真正的概念变化。例如，学习新类型的动物通常不需要学生对动物的概念进行更改。学生已经知道动物在大小、形状、栖息地和饮食等方面的多样性。因此，如果他们观察到具有这些特征不同组合的新动物，可能有助于他们拓宽对动物多样性的理解，而不必质疑他们对动物概念的基本原则。然而，这些新的动物标本必须具备学生用来定义这个概念的特征。否则，这就代表了一种更深层次的概念变化，涉及学生概念网络的重组（这可能发生在将海绵归为动物时）。

当需要重大重组的概念变化发生时，现有的相关概念将不再有效。

它们的变化不是因为扩展，而是因为它们的意义发生了改变。这种情况发生在原始的概念被两个或多个不同的概念取代时，这些新概念与原始概念都不再一致。例如，孩子们最初将"死亡的""不真实的""无生命的"概念合并为一个不加区分的"非生命"概念，随后他们才将这一概念区分为描述本质上不同类型物体的三个不同概念（Carey，1985；1999）。

在其他概念重组的情况下，新想法将之前被视为根本不同类型的概念结合在一起。例如，学生最初将固体和液体视为不同于气体的物质（Stavy，1991；Smith et al.，1997），但引入"物质"这一概念后，他们可能会认识到固体、液体和气体实际上是物质的不同形式。

另一种典型的概念变化形式发生在概念的中心特征或附属特征被修改时。例如，为了发展包括植物、真菌、微生物和动物在内的生物学"生命体"概念，学生必须放弃将"自主活动和运动"视为定义生命体的基本要素的想法，转而关注其他特征，如生命周期（包括繁殖、成长和死亡），以及维持生命的基本过程，如进食和与环境互动。这些变化需要与繁殖、成长、死亡、营养和环境互动相关的概念同时发生改变，因为这些概念必须获得更广泛的意义，以便能够应用于动物、植物、真菌和微生物等不同的生物体（Duschl et al.，2007）。

总之，理解性学习要求学生修改他们最初的概念，尤其是当这些概念与我们期望他们学习的概念不一致时，以达到描述对象、事件或解释模型的目的。最初的概念越根深蒂固，与要学习的概念差异越大，概念变化（即学习）就变得越具有挑战性。

在这一点上，我想重新讨论一下第 1 章提到的一个现象——确认偏误。确认偏误是指当我们遇到与已有观念不符的信息时，会产生认知失调，从而产生的一种偏见。在这种情况下，确认偏误促使我们不惜一切代价保护我们的观念，例如，重新解释信息以使其适应我们的原有观念，或者忽略、遗忘这些信息，甚至寻找支持我们观念的证据，从而排斥新信息。的确，确认偏误这一现象揭示了我们维持已有概念框架的倾向，并反映了引发概念变化是多么具有挑战性。

2.4.5　观念的改变和讲座

我们常常将课堂教学的能力与提供结构化和清晰解释的能力联系在一起，特别是当这些解释包含大量例子并能激发学生兴趣和注意力时。这当然是有效教学的一个关键方面（这将在关于教学的章节中讨论）。然而，一些研究提供了证据，表明良好的解释通常不足以引发某些类型的概念变化。

例如，斯特拉·沃斯尼亚杜（Stella Vosniadou）和威廉·布鲁尔（William Brewer）在 1992 年采访了 60 名一、三、五年级的学生，了解他们对地球形状的看法。当被直接询问时，大多数学生都回答地球是圆的，这是他们在学校学到的。但当研究人员通过间接提问或要求他们绘制图画来深入探讨他们的想法时，他们呈现出的观念差异极大，许多观点仍反映了地球是平的这一观念，比如人们、动物和房屋被放置在地球表面上（见表 2-1）。

表 2-1　学生们为沃斯尼亚杜和布鲁尔（1992）的研究绘制的一些地球模型

地球模型		
球体		科学模型
扁球体		综合模型

（续）

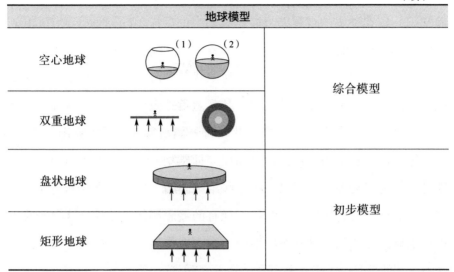

地球模型		
空心地球	（1）（2）	综合模型
双重地球		综合模型
盘状地球		初步模型
矩形地球		初步模型

这个观察结果促使沃斯尼亚杜描述了综合模型：一种当学习者尝试将他们收到的新数据整合到先前的观念和模型中时，会出现的解释性模型。在他们的研究中，学生们发现，无论教师和其他成年人如何强调，他们依然很难摆脱"上"和"下"的观念，也很难把地球想象成是圆的。

邓巴（Dunbar）等人在 2007 年提供了另一个例子，说明通过解释引发深刻的概念变化是多么困难。在一项涉及 50 名大学生的研究中，一开始他们发现只有 3 名学生正确地使用科学模型来解释季节现象。大多数学生给出的解释与本章开头提到的哈佛学生相同——地球与太阳的距离——或者认为地球的自转轴是倾斜的，夏天发生在离太阳较近的半球。但最令人惊讶的是，在向他们展示了一段美国航空航天局（NASA）制作的、以最生动方式解释有关季节的科学模型的信息量极大的视频后，只有 1 名学生将解释改为科学上准确的说法。然而，其他学生则更多地提到地球自转轴的倾斜以及与地球每个半球相对太阳距离相关的解释："夏天发生在离太阳较近的半球。"

研究人员还使用功能性磁共振成像技术观察学生在接触到与其先验知识一致或冲突的观察结果时，大脑中的反应（Fugelsang & Dunbar，2005）。具体来说，他们注意到，当参与者接收到与其观念一致的数据时，一些与学习相关的大脑区域（如尾状核和海马旁回）显示出高于基线的激活水平。但当他们接收到与其观念不一致的数据时，被高度激活的区域则是前扣带回皮质、楔前叶和背外侧前额叶皮质（见图2-14）。前扣带回皮质被认为与错误检测和反应抑制相关，而背外侧前额叶皮质则是工作记忆的关键区域之一。这些结果表明，学生在接收到与先验知识一致的信息时，较容易将其融入现有的概念网络。此外，这项实验也提供了概念变化如此具有挑战性的一个证据：当人们接收到与其先前观念不一致的信息时，学习并不会轻易发生。

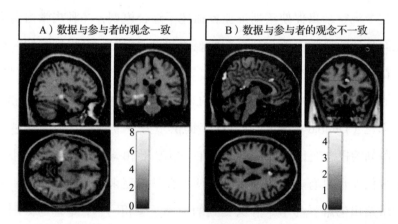

图2-14　参与者接收到与其观念一致或不一致的数据时，大脑的功能性磁共振图像
（Fugelsang & Dunbar，2005）

注：A）数据与参与者的观念一致：尾状核和海马旁回。
　　B）数据与参与者的观念不一致：前扣带回皮质、楔前叶和背外侧前额叶皮质。

2.4.6　促进课堂上的概念变化

　　我们已经看到，概念变化不仅仅是通过更多信息在已有观念的基础上进行扩展，还可以通过课堂讲授有效实现。概念变化涉及的是重建学生用来理解世界的观念（以及他们接收到的新观念）。这些观念通常是更大概念结构的一部分，具有内部的一致性。要改变一个与其他多个观念相吻合且能解释众多现象的观念，仅凭讲座是难以轻易实现的。并不是说这完全不可能——事实上，有些学生可以自发地实现这一点。但单靠讲座这种方法并不是非常有效的，尤其是当教师没有意识到概念变化的难度时。不幸的是，虽然有证据表明一些策略比其他策略更为有效（Brown & Clement，1989；Smith et al.，1997；Stewart et al.，2005），但概念变化无法通过其他教学方法轻易且立即引发。

为了促进概念的变化，首先建议学生明确认识到他们之前的观念存在缺陷，或者这些观念在所有情况下无法提供令人满意的解释。在讲解季节变化时，学生最常提供的解释是"夏天更热是因为地球离太阳更近"，但当他们被告知季节更替在地球的不同地区并非同时发生时，这一解释就会受到质疑。当北半球是夏天时，南半球则是冬天，反之亦然。这种"违背预期"的现象可能成为鼓励学生寻找新解释的起点。然而，考虑到学生倾向于发展合成模型，寻找新解释的过程可能会显得更加重要。例如，为了将南半球与北半球季节不同的事实以及地球轴倾角的关键信息纳入他们的模型，学生往往会采用一种合成模型，将一个半球视为"离太阳更近"而另一个半球则更远。

要使学习者接受新的解释，它必须满足一定的标准——不仅要能够解释原有模型能够解释的情况，还要能够解释原有模型无法解释的情况。换言之，新解释必须在所有情况下都令人满意。此外，新模型必须对学生来说是可理解和连贯的，能够与他们的先验知识相符合，并且具有预测能力，能够成功解释之前未曾考虑的新情况（Posner et al.，1982）。

此外，我们还必须记住，为了促使概念变化发生，学生必须有足够的动机，因为这一过程需要投入时间和精力（Pintrich et al., 1993）。

2.4.7　引导学生的概念变化

发展新的解释性模型需要教师提供指导，教师可以通过了解每个概念中最常见的先入为主的观念和通常的合成模型来寻找灵感。教师的角色不仅仅是传授新知识和经验，还包括引导学生进行概念重建，并提供实现这一过程的基本条件。为此，教师可以使用基于实证的策略，例如在引导性探究框架内进行教育对话。

因此，为学生提供有意义的情境体验，使他们能够外化、分享和讨论他们对特定主题的想法，同时要求他们为自己的推理提供依据，是一种促进概念变化的教学策略。当对新情况的分析按逐步推进的方式组织时，效果会更加显著：让学生从现有的模型出发，通过一系列有组织的新体验，逐步在原有想法的基础上建立新的模型。

例如，支持力的概念——任何表面对静止在其上的物体施加的与重力方向相反的力——对于许多学生来说都是难以理解的。实际上，接受物体静止在桌面上时，桌面对物体施加了一种抵消重力的力，从而防止物体向地球中心移动，这并不是非常直观的。然而，我们可以通过另一个场景来帮助学生概念化这种情况：在这个场景中，他们用手握住物体。握住的物体越多，他们需要施加的力就越大。接下来，我们可以将这种情境转移到学生们都认同的会"施加力"的非生命支撑物上，如弹簧。

最后，使用弹簧和桌子进行实验将帮助学生理解，桌子确实像弹簧一样对放在其上的物体施加力。为了使这一过程有效，教师必须在每一步促进班级小组反思和讨论，让学生们分享他们的想法，进行论证、辩论并进行检验。最终，邀请学生明确应用新模型来解释新情境或解决实际问题将有助于巩固概念变化（Brown & Clement，1989）。

为了促进概念变化，为学生提供在多个实例和情境中使用新解释的机会可能是最为有效的方法（Markant et al.，2016；Perkins & Salomon，1992）。你可能会记得，每次回忆起一个事物（或知识）时，它都会经历一个重构的过程，这个过程增加了它被改变的机会，因为与之相关的新细节会被纳入，而它原先包含的其他细节可能会丢失。换言之，记忆提取练习是一个过程，在这个过程中，构成图式、概念或记忆的元素之间的连接模式可能会被改变。因此，从记忆中提取新概念或新模型可能显著促进概念变化（Karpicke，2012）。

2.4.8　自我解释

一种促进概念学习的记忆提取练习方法是自我解释，这是学生尝试用自己的话解释他们所学内容的练习（Chi et al.，1994）。当然，向第三方解释他们所学的内容也会产生这种效果。因此，学习的最佳方式之一就是教导他人。无论如何，重要的是迫使自己解释所学内容的行为，会促使学生对他们的知识进行结构化并将其理顺。这个过程促进了先验知识与新信息之间的联系，迫使学习者将新信息融入现有的知识框架，并在必要时对这些框架进行调整。换言之，自我解释揭示了概念冲突，并为学生提供了解决这些冲突的机会（Chi，2000）。

对自我解释的研究最初是在以解决问题为目的的学习背景下进行的。研究发现，当学生被要求一步步解释如何解决问题或已经解决了一个问题时，他们的学习效果会更加持久，并且能够更好地应用到新问题的解决上。（Berry，1983）。之后的研究显示，自我解释也有助于学生获得概念性知识，改善理解，并提高知识的迁移性（Chi et al.，1994）。在这方面，需要注意的是，当学生明确地尝试将他们所学的内容与已知的知识联系起来时，自我解释的效果更为显著——例如，当他们尝试提供与所学内容相关的例子、将其与其他类似的观点进行比较，或者反思其可能性时。这与 2.4.7 节介绍的精细加工一致。

值得注意的是，有证据表明，表现优秀的学生往往会在学习时自发地使用自我解释（Chi et al., 1989）。此外，当学生在学习过程中被要求进行这种练习时，他们的成绩会有所提高（Bielaczyc et al., 1995）。在这方面，我们可以教学生在自学时自主进行自我解释，或者创造一些情境来促使他们这样做。例如，我们可以教学生在阅读时定期停下来解释他们所阅读的内容，或者我们为他们提供一些他们在阅读后必须回答的问题。正如在学习调节部分讨论的那样，虽然为学生创造有效学习的情境对教师来说非常重要，但从长远来看，让学生自己养成创造这些情境的习惯更为有益。

2.5　学习的迁移

2.5.1　学习与迁移

为了开始这一节的内容，我将请你解决一个经典的问题，这个问题出现在我们即将讨论的主题的一项最著名的研究中（Gick & Holyoak, 1980）。这个问题是这样的：

一个将军想攻占某个堡垒，他需要整个军队才能完成这个任务。所有通往堡垒的道路上都布满了地雷，这些地雷只有在大群人通过时才会爆炸。假设这些地雷无法被排除，将军如何能够将他的军队安全地带到堡垒的城墙外？

显然，最直接的解决办法是将军队分成几个小组，将每个小组派往不同的道路，然后让这些小组在堡垒附近汇合。

但这个问题与教育有什么关系呢？显然，我们并不想在学校教授军事战略或类似的内容。然而，我们常用的教学情境与知识实际应用的情境往往大相径庭。让我来解释一下，在前一个问题中，具体的情境是一个将军围攻一个堡垒，但这个活动的实际目标是让人们明白，在面对某些问题时，解决方案是将力量分散，从不同角度接近目标——这在军事中被称为"钳形攻势"。因此，作为教师，我的目标并不是让我的学生学习如何攻占堡垒，而是希望他们能够将解决这个问题的原理应用到其他类似的问题中，即使这些问题的背景大相径庭。

每位教师都希望课堂上教授的知识能够在课堂之外（或其他课程中）对学生有所帮助。正规教育的目标之一，是为学生提供他们能够在未来应对生活中各种情况的知识和技能，无论是个人、社会、学术还是职业方面。

这一崇高目标假定，学生在课堂这样的特定情境中所学到的知识，会对他们在相关的但通常截然不同的情境中的表现产生影响。换言之，这涉及对学习迁移的信心，即相信他们所获得的知识可以迁移到其他情境中。

实际上，学习迁移发生在学习者能够将特定情境或通过特定活动获得的知识或技能应用到其他情境中，从而实现新的目标，如解决新问题、回答新问题或学习新概念或技能（Perkins & Salomon，1992）。因此，正规教育是在假设学习迁移的基础上运作的。

不幸的是，基于一百多年的研究，我们发现学习迁移并不像人们想象的那样自发发生。与之相反的是，将学习从一个情境迁移到另一个情境具有很大的挑战性，因此也并不常见的。

2.5.2　形式训练说

在 20 世纪初，人们普遍认为学校的一些科目，如拉丁语或希腊语，是教育中不可或缺的，因为它们有助于"磨炼思维"——它们被认为能够增强一般认知技能的发展（如注意力、推理或记忆），进而对学生在任何其他科目的表现产生积极的影响。这一观点被称为形式训练说，并且已经存在了相当长的时间。实际上，几世纪前，柏拉图就已经提出了这一观点，他提出学习某些学科，如算术或天文学，是为了发展思辨性推理，而非这些学科本身的实际价值。历史上，教育界也一直采纳这种观念，认为学习迁移是理所当然的，就像约翰·洛克（John Locke）在 17 世纪所说的那样：

如果你希望一个人思维敏捷，就必须……锻炼他的思维……没有什么比数学更能做到这一点，因此我认为应该把数学教授给所有有时间和机会的人。

出于某种原因，人们认为某些学科有助于一般认知技能的发展，这种观念非常直观。有些人可能会说这是"常识"。但这种直觉是否正确呢？

在 20 世纪初，爱德华·桑代克（Edward Thorndike）及其同事对形式训练说的假设进行了调查（Thorndike & Woodworth，1901）。为了解决这个问题，他们开展了一系列科学研究，并很快对这些假设提出了质疑。在早期实验中，他们发现，在相对类似的活动之间，学习迁移罕见发生。此外，他们在比较了学习拉丁语（被认为对其他学科有迁移效益的学科）的学生与未学习拉丁语的学生在其他科目的表现后，发现没有显著差异（Thorndike，1923）。这些研究被其他研究人员多次复刻，突显了关于学习迁移的普遍假设站不住脚。

　　基于此，桑代克对从一个情境中获得的学习能力是否能够迁移到其他情境中表现出了非常悲观的态度。他认为，迁移依赖于学习活动和应用活动之间的"共同元素"；也就是说，学习的可迁移性取决于学习和应用情境的相似程度。他区分了近迁移——在相同或非常相似的活动或情境之间发生的迁移，以及远迁移——在看似不同的情境或活动之间发生的迁移。前者并不太罕见，但后者极为少见。

　　桑代克及其同事开创了一种研究方法，迄今为止已经产生了数百项关于学习迁移的研究。尽管这些研究总体上让我们比桑代克更乐观一些，但它们仍然强调，远迁移的确是非常罕见的（Barnett & Ceci，2002）。

　　然而，形式训练说中的某些残余观点在今天仍然具有相关性，比如认为学习计算机编程有助于提高学生的一般问题解决能力的观点（Wing，2006）。尽管在计算机无处不在的世界中，编程能力可能特别有用（类似于熟练掌握打字技能），但研究并未发现确凿证据表明学习编程能够提高在其他任何情境中解决问题的能力（Grover & Pea，2013）。

　　虽然我稍后会补充一些细节，但证据表明学习编程有助于培养与编程相关的技能。例如，学习使用特定的编程语言有助于学习其他编程语言——尽管有时它在最初阶段会阻碍其他编程语言的学习，这被称为负迁移。

　　根据现有证据，学习编程并不能明显提高我们在任何情境下解决问题的能力（Perkins & Salomon，1992）。证据表明，解决问题的能力——就像其他认知技能一样——不是一种可以应用于任何情境的一般技能，而是在很大程度上依赖于情境和相关知识的技能。事实上，那些可以在多个学科中迁移的通用问题解决策略被称为软方法，而特定领域的策略则被称为硬方法。这些术语指的是它们对问题解决能力的贡献（Mayer & Wittrock，1996）。

无论如何，你可能认为当我们需要解决的问题与我们学习解决的其他问题的深层结构相同时——也就是说，它们基于相同的原理，即使它们看起来不同——迁移应该会发生。虽然在理论上是这样的，但实际并不容易实现。例如，努内斯-卡拉赫（Nunes-Carraher）和同事在 1985 年进行的一项经典研究描述了巴西儿童在街上贩卖东西的过程中展现出的与日常货币交易相关的出色的数学计算能力。然而，当这些数学问题以抽象的形式呈现或者以虚构情境中的问题形式出现时，他们发现解决这些问题要困难得多，尽管这些问题包含相同的数字和运算。例如，一个儿童可以很容易地计算出一个买家想要购买 6 公斤西瓜，每公斤 50 克鲁赛罗（当时巴西的货币单位），他应该收取多少克鲁赛罗，但他难以解决写成"6 × 50"的运算问题或在一个不同情境中需要相同运算的问题——比如，"第一位渔夫捕获了 50 条鱼，第二位渔夫捕获的数量是第一位的 6 倍，第二位渔夫捕获了多少条鱼？"

另一项经典实验展示了在解决问题时跨情境迁移的挑战性，这项实验由吉克（Gick）和霍利奥克（Holyoak）于 1980 年进行。研究人员向一组大学生提出了一个问题，其内容可以总结如下：

假设你是一名医生，必须治疗一位惠胃部恶性肿瘤的患者。患者无法进行手术，但有一种射线可以用来摧毁肿瘤——只要射线的强度足够高。然而，这种射线也会摧毁它经过的所有健康组织。你能提出什么解决方案来治疗患者的肿瘤？

只有少数学生能够解决这个问题。你能解决吗？如果我告诉你，解决方案与本节前面提到的将军和堡垒的故事类似，你会有什么想法？吉克和霍利奥克的研究中的学生在面对肿瘤问题之前几分钟刚刚读过关于将军和堡垒的那个故事，但他们没有意识到这两个问题的相关性。实际上，这两个问题都可以通过相同的原理来解决，即将力量分散并从多个角度攻击，将所有的力量集中于目标上。对于肿瘤，如果从不同的位置发射低强度的射线，并使其汇聚于肿瘤上，就可以在不对周围组织造成太大影响的情况下摧毁肿瘤。这实际上就是放射治疗在某些情况下的应用方式。

这些以及许多其他研究反映了这样一个事实：我们的大脑有很强的倾向从具体的事物中学习，并将学习与获取知识的具体情境联系起来。我们主要从具体的事物中学习。毕竟，在解释概念时提供实例对于促进理解至关重要；我们的大脑进化到能够从事例中学习（Willingham，2002）。正如桑代克早在 1901 年就指出的那样：

思维是……一种对特定情况做出特定反应的机器。它工作得非常细致，会根据自己已有的经验来适应特定的数据……任何单一的思维功能的改善通常都不会导致其他任何功能的相同程度的参与，因为每个特定情况下的思维功能组的工作都受其数据性质的制约。

根据当前的认知心理学模型，这一现象可能是学习操作方式的结果。当我们学习时，我们将新信息与一组先验知识关联起来，这些知识在语义上是相关的。你可能还记得，这些通过意义关系联系起来的知识组被称为图式，因此我们可以说新信息是与特定的图式关联的。为了在未来提取所学内容，某些刺激必须激活与新信息关联的图式。如果关联是基于示例的表面特征（例如军事战术）来建立的，那么在需要检索与其他图式关联的知识（例如医学治疗）的情况下，这些知识不太可能被激活。总之，将知识迁移到新情境中的能力依赖于在适当应用时是否能够激活学习过程中与知识关联的图式（Morris et al., 1977）。

这种记忆操作方式的一个缺陷是，这使我们很难意识到将一个情境中获得的知识应用到其他不同情境中。因此，即使两个情境是类似的，并且可以使用相同的知识解决，如果它们在表面上看起来不同，意识到这一点是不太可能的。

然而，好消息是，远迁移并不是不可能发生的。事实上，如果提供一个提示说明两个看似不同的问题是相关的，迁移的可能性就会增加。在吉克和霍利奥克 1980 年的实验中，当研究人员告知参与者第二个问题与堡垒的故事相关时，90% 的参与者能够解决这个问题。或许你也刚刚经历了类似的情况。因此，尽管我们倾向于通过将所学知识与非常具体的情境联系起来去学习，但这并不意味着我们应该放弃远迁移，它只是比我们通常认为的更具挑战性。在这方面，远迁移的可能性会在满足一些特定条件时增加。现在我们来探讨一下这些条件。

2.5.3 促进迁移的因素

正如我之前解释的，学习迁移之所以如此具有挑战性，是因为我们所学的内容通过意义关系与我们的先验知识片段相连接，而这些特定的知识决定了学习在未来情境中被激活的背景。如果我将所学的内容与军事成就相关的图式联系起来，那么我很难在医学背景中回忆起它。因此，解决这个问题的方法是将学习内容同时与其他情境相关联。

确实，当我们在学习过程中将知识与多种情境相联系时，知识的迁移性会更高（Gick & Holyoak，1983；Bransford et al.，1990）。然而，这不可避免地需要时间和机会。在每次学习时，由于工作记忆中能同时容纳的知识有限，我们只能将所学的内容与几块先验知识相联系。有限的工作记忆容量成了一个瓶颈，导致的结果是，除非我们提供足够的时间在多个情境中运用所学内容（最好是分散在一段时间内），否则很难发展出灵活且高度可迁移的知识。当学习者被挑战在不同情境中识别或使用相同的概念或程序时，他们更可能自发地抽象出其基本原理，使其不再依赖于所学知识的表面情境。

此外，当我们在不同情境中运用具体实例，并明确展示这些实例所共有的抽象原则时（这一过程旨在清晰地引导和促进抽象思维），迁移性将得到进一步提升（Schwartz et al., 1999）。例如，在教授学生历史事件时，建议帮助他们提取和识别这些事件的基本原理，并将其与来自不同时间或地点的事件（包括现在的事件），联系起来。如果我们教学生测量矩形物体（如桌子、足球场、屏幕、墙壁等）的面积，尽管这可能看起来很明显，但明确说明这些案例共同的抽象原理——它们都是矩形的——仍然不失为一个很好的方法。简言之，这并不是在使用具体示例教学和抽象教学之间做出选择，而是将这两种方法结合起来（Schwartz et al., 1999）。

据我们所知，使用具体示例或情境进行学习在学习的早期阶段是有益的（Bransford et al., 1990）。然而，从这一点开始，适当地用其他案例来丰富学习体验，可以防止学习过度情境化——学习过于依赖单一的情境，使迁移几乎不可能发生。在这个意义上，项目式学习、案例式学习或基于问题的学习等方法应当解决这种由于学习性质带来的问题，并引入一些"补救"活动。例如，我们可以通过提出挑战来解决一系列问题，而不是专注于一个特定问题，包括让学生思考改变某些问题变量的"如果……会怎样"的活动，或者扩大应对挑战的可能视角，或者简单地将活动扩展到在新情境中应用所学知识（Bransford et al., 2000）。

注解

形式训练和专家盲点

形式训练说主张某些学科的学习，如计算机编程或拉丁语，能够培养学生可转移到不同情境中的通用技能。这一观点可能看起来很直观，但实践证明，它并不完全准确。

形式训练说的前提之所以看起来正确，其中一个原因是专家能够以超越其学科的方式运用他们的知识。然而，这只有在专家对其专业领域有非常深入的了解，并且这些知识丰富多元、与无数应用情境相联系时，才能实现。这使他们能够在与自己学科背景截然不同的情境中识别和抽象出熟悉的模式。相比之下，学生如果没有进行同样的深入学习，很难拥有这种迁移能力。换言之，在形式训练说的预设下，仅仅将一门学科添加到课程中，并不一定能够帮助学生实现其期望实现的通用性迁移目标。

在关于深度学习的章节中，我将讨论专家盲点（也称为知识诅咒），指出专家往往未能意识到他们所做的事情的难度。他们没有意识到为了达到这个水平，他们需要掌握的所有知识。这一现象有助于验证形式训练理论，在学生未能达到所期望的深度知识水平的情况下，预期的迁移能力很难实现。

————————————————

总之，远迁移更可能发生在深度学习的情境下，也就是说，当学习与多个知识结构相关联，并且涉及一定程度的抽象时，即当学习伴随着理解时，才能实现。因此，如大量实验所证明的，当我们教学的目标是理解而不仅仅是再现事实或程序时，我们更能促进知识迁移的产生。

其中最早期的实验之一是由肖克洛（Schoklow）和贾德（Judd）在20世纪初进行的（Judd，1908）。研究者让两组学生练习投掷飞镖以击中位于水下几英寸的目标。其中一组学生还接受了光从水传到空气会发生折射，导致光线弯曲的讲解。两组学生都持续练习，直到他们能射中位于水下12英寸的目标为止。然而，当他们在水下目标距水面4英寸的情况下进行准确度测试时，理解折射效应的那一组表现得更好。

教师们可能会对韦特海默（Wertheimer，1959）的研究更感兴趣。
他研究了教授某些几何图形面积计算方式如何影响后续知识转移的能力。
他比较了计算式（再现性）教学方法和概念性（理解性）教学方法。他
特别研究了那些知道矩形面积计算公式的学生，并教他们如何计算其他
平行四边形的面积。一组学生被教导应用基于底边和高度的乘法公式，
其中高度是从底边到多边形上侧的垂线的长度（见图 2-15）。

相比之下，另一组学生则学习了如何将非矩形平行四边形重新排列，
以显示其面积实际上与具有相同底和高度的矩形的面积相等（见图 2-16）。

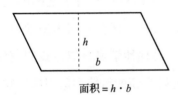
面积 $= h \cdot b$

图 2-15　平行四边形的面积

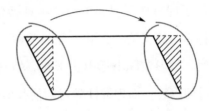

图 2-16　平行四边形到矩形的变化

然后学生们参加了一个评估测试来评估他们对该知识的掌握情况。
虽然两组在解决典型的平行四边形面积问题时表现相似，但只有第二组
能够解决如图 2-17 所示的情况。

此外，只有第二组的学生能够区分可解和不可解的问题，如图 2-18
所示。

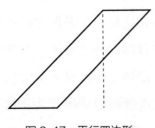

图 2-17　平行四边形

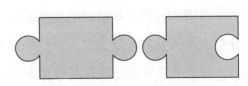

图 2-18　不可通过图形变形求面积与
可通过图形变形求面积

在学习计算面积但不理解公式基本原理的小组中，一些学生表示他们"还没有学习过如何解这类题"。

由此可见，学生对待学习的方式（以及教师如何促进学习）会影响他们对知识的理解程度，从而影响知识迁移的潜力（Mayer，2002）。正因如此，我将在此讨论促进理解的学习活动类型。

2.5.4　理解式学习

前面提到的两种不同的平行四边形面积测量教学方法的例子，清晰地展示了理解性学习和单纯的再现性学习（即死记硬背）之间的区别。如果将学习定义为知识和技能的获取，那么这一区分不同类型学习的方式表明，学习实际上远不止于此。的确，再现性学习只能让我们记住之前学过的内容，而理解性学习则使我们能够在新的情境中运用这些知识。我们可以说，前者生成的是面向过去的知识，而后者关注的则是面向未来的知识（Mayer，2002）。例如，前者使我们能够描述生态系统是什么，而后者则使我们能够解释特定物种消失对某一生态系统可能产生的后果。因此，只有后者才能实现知识迁移，因为知识的迁移需要理解所学的内容并能够使用它（Bransford et al.，2000）。

最终，理解性学习基本上等同于我之前提到的有意义的学习，它使我们能够进行一系列超越单纯回忆的认知活动。从这个意义上说，你可能对布鲁姆的分类法（1956）有所了解，这是一个根据我们可以用所学知识执行的认知活动类型来定义学习目标的分类系统。布鲁姆的分类法因其分层的分类方式而广受欢迎。记忆（即再现一条信息的能力）位于基础位置，支持其他所有与深层次理解相关的行动。在不深入探讨这些更高类别是否应该分层解释（原始的分类法并非分层结构）的前提下，它为与有意义学习相关的活动类型提供了一个特别有用的分类框架。当涉及促进知识迁移时，我们应当以这些类型的活动为学习目标。

为了让大家更具体地了解各种学习目标包含的不同类别，表 2-2 是布鲁姆分类法的更新版本，该分类法是一个多学科研究团队（由认知心理学家、教学和学习专家以及评估专家组成）于 2001 年根据教育科学的进展发布的。它详细介绍了与每个类别相关的各种认知过程（注意，这个修订版本也不存在层次结构）。

表 2-2　基于获得的知识所达到的灵活性，利用这些知识进行的认知活动
（改编自 Anderson et al.，2001）

类别及认知过程	替代名称	定义
1. 记住——从长期记忆中提取相关信息		
1.1 识别	确认	确认呈现的信息已经存在于长期记忆中
1.2 回忆	再现	从长期记忆中提取信息以应对某些刺激
2. 理解——赋予正在处理的信息以意义		
2.1 解释	澄清，释义，表述，翻译	从一种表示形式（例如，口头的）切换到另一种表示形式（例如，数字的）
2.2 举例	说明	举例说明一个想法或原则
2.3 分类	分组，归类	确定某物属于一个范畴（一个概念或原则）
2.4 总结	提炼，概括	从信息中提取主要观点或数据
2.5 推断	总结，外推，插值，预测	从提供的信息中得出结论
2.6 比较	对比，映射，关联	发现两个想法、物体或事件之间的对应关系
2.7 解释	建模	建立因果模型
3. 应用——在特定情况下使用程序		
3.1 执行	实施	将程序应用于熟悉的任务
3.2 贯彻	使用	将程序应用于不熟悉的任务

（续）

类别及认知过程	替代名称	定义
4. 分析——将学习对象分解成不同部分，并确定各部分之间以及它们与整体之间的关系		
4.1 区分	鉴别，辨别，选择，聚焦	区分相关元素和不相关元素
4.2 组织	整合，结构化，建模，解剖	确定元素在结构中的位置或功能
4.3 归因	解构	确定信息的视角、偏见或双关语
5. 评估——根据标准或准则做出判断		
5.1 检查	协调，检测，监控，测试	在一个过程或产品中检测内部的不一致性或错误，并评估该过程的有效性
5.2 批评	判断	根据外部标准检测过程或产品中的不一致性，并评估某个程序解决特定问题的便利性
6. 创造——将元素组合成一个连贯的或功能性的整体；将元素重新组织成新模式或结构		
6.1 生成	假设	基于某个标准生成替代假设
6.2 计划	设计	构思一个完成某个功能的过程或对象
6.3 生产	构建	精心制作产品

　　显而易见，除"记住"之外的认知过程之间也有着密切的联系；它们之间的区别有时只是细微的差别。无论如何，重要的是任何涉及这些过程的活动都会促使学生理解他们所学的内容，从而促进有意义且可迁移的学习。此外，这种类型的活动还提供了评估学习迁移的机会，也就是说，它对促进和评估可迁移学习都很有帮助。总而言之，那些让我们能够发展迁移能力的活动，也是那些能够检验这种能力的活动。

　　从这个意义上说，值得注意的是，当我们只评估学生再现知识或技能的能力时，两种学习活动可能看似同样有效。然而，当我们评估学生迁移所学知识的能力时，实际情况可能会有很大差异（Bransford & Schwartz，1999）。

环境和迁移

我们所学知识的关联也依赖于我们所处的环境。事实上，我们将所学内容与学习时的地点、时间、方式或学习对象相关联。

就这一问题，一项实验比较了两组学生在两次考试中的表现，一组学生是在他们学习的同一间教室进行考试，另一组学生在另一间教室进行考试（Smith et al., 1978）。如我们所料，第一组学生的表现优于第二组学生。当学习和评估的情境相似度较高时，即便这种情境是由我们所在的外部环境所决定的，学习内容的迁移也会更容易发生。

在另一项实验中，一组学生在不同的教室进行了多次学习，而另一组学生则在同一个教室进行了所有学习。两个小组都在一个新的教室接受评估，结果前者的表现更好（Smith，1982）。这可能与不同学习环境的结合有助于促进知识的灵活性有关。在这种情况下，它有助于避免将所学内容与学习情境中无关的知识（如学习地点或所读教科书的章节）关联起来。因此，结合不同的学习环境使我们能够从所学的东西中抽象出重要的原则。

尽管这些研究结果相当引人注目，但物理环境对知识迁移的影响通常较小，很多时候甚至难以察觉（Smith & Vela，2001）。因此，与其采取大规模的措施去改变教育机构的组织结构以提供多样化的学习环境，不如更有效地专注于提供丰富的例子或应用情境，从而帮助学生更好地联系所学内容。

2.5.5 学习就是迁移

在本节的结尾，我想强调一个隐含在学习与迁移关系中的有趣事实。

认知学习模型显示，我们在学习时，实际上也在进行知识迁移。这是因为学习的过程涉及激活与所学内容相关的先验知识，以便建立联系。学习要求我们将已知的内容应用到新的学习活动中。

事实上，迁移的一个重要证据是学习新事物的难易程度。迁移不仅仅发生在我们利用已有知识来回答新问题或解决新问题时，它也发生在已有知识帮助我们学习新知识时。具有讽刺意味的是，迁移也会在已有知识阻碍我们学习新知识时发生。例如，掌握英语语法可能会干扰我们正确构造西班牙语句子，或者使我们在记忆那些在两种语言中非常相似但意思不同的单词时遇到困难。正如前面提到的，这种现象被称为负迁移，通常发生在学习的早期阶段。

总之，主要的结论是，学习就是将我们之前学到的知识进行迁移的过程。

2.6 工作记忆

2.6.1 超越短期记忆

我们可以储存在长期记忆中的信息的数量几乎是无限的。然而，我们无法意识到我们知道的所有信息，因为我们只能同时提取出有限的几个细节。当我们提取一些知识或记忆时，这些信息会被放入所谓的工作记忆。此外，当我们关注环境中的信息并将其暂时储存以供使用或操作时，这些信息也会被放入工作记忆，例如，在我们写下电话号码之前将其记在脑海中。

在心理学中，工作记忆这个术语用来描述我们在短时间内有意识地维持和在大脑中操作有限数量信息的能力（Baddeley & Hitch，1974）。

这个术语替代并超越了经典的短期记忆概念，因为它强调了这一能力不仅允许我们在短时间内保存信息，还允许我们操作这些信息并将其与长期记忆中的信息结合起来。

例如，我们可以将单词"dinosaur"保存在工作记忆中，同时我们也可以在脑海中重新排列字母，形成新单词，如"radio"或"sound"，我们知道这些词的存在是因为它们已经在我们的长期记忆中。接下来，我列出了我们在日常生活中使用工作记忆的其他例子。

操控像"dinosaur"这样的单词中的字母只是我们可以利用工作记忆进行的活动之一。我们还可以用工作记忆做很多其他事情，比如：

- 记住在回答问题时被问到的问题。
- 想象如果重新布置家具，我们的客厅会是什么样的。
- 计算如何分摊一份团体礼物的费用。
- 记住一个电话号码、电子邮件地址或车牌号码，同时寻找纸和笔来记录这些信息。
- 利用手头的资源应用逻辑原则解决问题。
- 分析和解读报纸上的图表数据。
- 按照口头指示的步骤操作，例如："把面粉倒入碗中，加入两勺水，然后混合成浓稠的面糊。"
- 记住我们刚刚读完的句子或段落的开头。

总之，工作记忆使我们能够在有意识地处理信息的同时保留有价值的信息。换句话说，它是一个认知功能，作用于我们在任何时刻所关注的信息，无论这些信息来自外部世界还是我们的长期记忆。尽管从技术上来说，工作记忆被视为一种认知过程，但在我们的讨论中，将其视为一个心理工作空间更有帮助，它是一个我们有意识地感知现实、记忆、推理和想象的心理空间。

2.6.2　工作记忆的局限性

在本节中，我们将了解工作记忆对于学习来说是一个至关重要的功能。然而，它也有局限性，在我们最需要它的时候很容易出现问题。

首先，为了将信息保存在工作记忆中，我们不能停止对它的关注，必须避免分心。脑海中突然闪现的想法、有人与我们交谈、火警或电话铃声都足以分散我们的注意力，导致我们原本保存在工作记忆中的信息突然丢失。

实际上，我们的注意系统迫使我们将注意力转向环境中的任何显著刺激，无论我们多么专注，例如，当我们听到隔壁教室的巨大噪声时。这是我们大脑的一种古老适应特征。同样，对于我们来说，忽视某人突然对我们说的事情是困难的，比如"晚餐好了"——事实上，青少年有时会假装没听见别人对他们说的话，但实际上他们能听到。有人试图在别人记住电话号码时故意大声朗读随机数字的经典笑话正是基于这一事实。

然而，也许工作记忆最大的限制是其容量有限（Miller，1956）。事实证明，我们在工作记忆中能够保存的信息的数量是有限的。例如，大多数人可以相对轻松地计算43乘以5，而不需要计算器或纸和笔，但计算494与927的乘积可能会很有挑战性，因为在进行这个计算时需要在工作记忆中保持的信息量超出了大多数人的容量。当我们试图保持过多的信息时，工作记忆就会溢出，导致信息丢失。

此外，进行高强度的脑力活动时，如乘法心算，会减少工作记忆中用于存储信息的空间。这种减少可能导致我们最初保存的数据丢失，比如在处理两个大数的乘法时，如果我们忘记了要乘的数字，就可能需要重新开始。

最后，控制工作记忆中有限的心理空间所占据的内容并不总是容易的。我们之前提到过，我们无法避免来自显著刺激的干扰，例如当有人突然大喊"着火了"或当有人在你试图记住一个重要电话号码时朗读随机数字。此外，工作记忆对压力和焦虑非常敏感，这些情绪状态会使我们涌现出与正在进行的任务无关的思维——无论是学习新知识还是回答考试问题，几乎使我们无法有效执行任务。我们也非常熟悉那种奇怪的"耳虫"现象，即脑海中反复响起某段音乐，使我们不断哼唱我们熟悉（或最近听过）的旋律，即使我们并不想继续唱下去，并会竭尽所能希望它能从我们的工作记忆中消失。

注解　注意力和工作记忆

注意力和工作记忆这两个概念紧密相关。从认知的角度来看，注意力可以被定义为使我们能够选择进入并保持在工作记忆中的信息的过程。因此，当我们说在任何给定时刻我们只能注意有限的信息时，我们实际上是在暗示工作记忆的容量有限，它只能容纳少量信息。

注意力是一个动态的过程，无论我们是否愿意，它的焦点都在不断变化。如前所述，注意系统已经进化为优先关注任何显著的刺激，这关系到生存问题。即使在没有显著刺激的情况下，注意力也会继续来回转移。因此，在课堂环境中，除非在需要高度集中的任务中，否则谈论注意力的持续时间没有多大意义。在课堂上，注意力的持续时间并不像动机那样重要，动机才是真正引导我们反复将注意力转向学习活动的原因（实际上，除了身体疲劳，动机没有任何限制）。

当然，这并不是说注意缺陷障碍没有不利影响。维持对特定任务的注意力并避免干扰（抑制控制），以及迅速调整注意力焦点的能力（认知灵活性），是两个高级认知过程，连同工作记忆一起构成了所谓的执行功能（Diamond，2013）。这些功能与诸如计划、自我控制和解

决问题等技能相关。正如本书中多次提到的，执行功能在学习过程中
至关重要。

_____

2.6.3　工作记忆的组成部分

正如之前提到的，工作记忆可以被来自两个可能来源的信息填充：
一个是我们的感官，另一个是长期记忆。因此，我们可以用当前看到或
听到的信息填充工作记忆，比如你现在正在阅读的内容；或者我们也可
以用从长期记忆中提取的信息填充工作记忆，比如当我让你想象一只熊
猫时——现在你的工作记忆中的熊猫图像来自你的长期记忆。

你可能已经注意到了，你可以想象一只熊猫，同时继续阅读，对
吗？尽管工作记忆有其局限性，不能一次性保存太多信息，但实际上它
包含不同的、相对独立的"隔间"，用于处理不同类型的信息（Baddeley
& Hitch，1974）。具体而言，工作记忆包括一个处理视觉信息——例如
熊猫的图像——的组件，以及一个处理听觉信息——比如"内心默读这
些词"的组件。有趣的是，工作记忆可以同时处理这两种类型的信息，
而且两者之间几乎没有干扰。相反，尝试同时执行两个或多个相同类型
的信息的心理任务会迅速导致处理能力过载。

这一工作记忆的特性带来了一个明显的启示：我们可以通过同时利
用视觉和听觉"隔间"来优化学习，尽可能地同时使用这两种信息类型
（Mousavi et al.，1995）。这一现象与所谓的双重编码理论有关，这一理
论对学习有重要启示（Paivio，1971；1991）。总而言之，当口头或书面
解释与视觉资源结合，或者当学生被鼓励将所学的内容与图像联系起来
时，他们的学习效果会显著提升。这不仅是因为更高效地利用了工作记
忆，还因为在长期记忆中形成了双重编码，尤其是图像的编码。

工作记忆的双重特性还有一个启示，在播放幻灯片时，如果屏幕上显示多于一行的文字，同时演讲者又在朗读这些文字或者继续他们的讲话，这实际上不是一个好的做法。尽管书面文本通过视觉进入我们的思维，但熟练的读者会自动将这些文本转化为听觉信息，这种信息会在我们的工作记忆中以"内心朗读"的形式出现。因此，我们无法同时阅读和倾听他人的讲话；工作记忆会因此过载，使同时理解文本和演讲者所传达的内容变得困难。在播放幻灯片时，建议将文本限制为非常简短的单词或短语，并利用视觉资源（如图像、图表或动画）来丰富口头讲解。

2.6.4　认知负荷理论

考虑到工作记忆的局限性对促进学习至关重要。的确，工作记忆作为一个瓶颈，决定了我们的学习能力；我们有意学习的一切都必须通过它。在这里，我们可以将已有知识与新的经验和信息结合起来，构建新的见解。因此，可以说，工作记忆是使与学校相关的学习类型得以发生的认知功能。

从这个角度来看，关于我们如何学习的理论中，最具实证依据并在课堂上具有实际应用价值的是认知负荷理论（Sweller，1988；1994）。这一理论承认了工作记忆在学习中的关键作用，并认识到其局限性。从本质上讲，它认为，为了使学习有效，避免工作记忆过载是至关重要的。

该理念的支持者指出，认知负荷有三种类型（见表 2-3），占据我们工作记忆中的心理空间，并可能导致认知过载（Sweller et al.，1998）。第一种是内在认知负荷，它与学习对象本身相关。学习对象对于学习者来说，包含的成分越复杂、越新颖，施加在工作记忆上的认知负荷就越高。减少内在认知负荷的最佳方法是将学习对象分解为更小的部分，并安排逐步学习，最小化学习者必须同时考虑的新成分的数量，以便达到学习目标。

　　第二种类型是外在认知负荷，这种负荷源于一些多余信息的侵入，这些信息对实现学习目标并非必要。这些元素占据了一定的心理空间，而这些空间本应用于支持和处理真正重要的信息。因此，我们应该尽量避免外在认知负荷。

　　第三种类型的认知负荷是相关认知负荷，它是指在将新信息与我们已有知识关联以及识别新知识之间关系的过程中产生的负荷。因此，这是一种有利于学习的认知负荷，因为它有助于深层次的理解和知识的整合。

表2-3　认知负荷的类型

内在认知负荷	当特定于学习对象的信息在工作记忆中保持时发生的认知负荷
外在认知负荷	当多余信息侵入工作记忆并干扰学习目标时发生的认知负荷
相关认知负荷	由于处理必要信息以赋予其意义、将其与已有知识连接起来，最终促进学习而发生的认知负荷

　　认知负荷理论认为，这三种类型的认知负荷可以同时存在，并且它们在工作记忆中占据的空间是累积的。如果总的认知负荷超过了学习者的工作记忆容量，学习效果就会受到影响。实际上，当工作记忆不堪重负时，学习者会感到挫败，从而可能会立即放弃当前的任务。

2.6.5　作为学习者属性的工作记忆容量

　　我之前强调了工作记忆在学习过程中的重要性。不出所料，学生的工作记忆容量与他们的学业表现之间有显著的相关性。一些研究表明，大约70%的阅读困难儿童在工作记忆测试中的得分非常低（Daneman & Carpenter，1980）。实际上，工作记忆容量可能比智商更能预测学业成功（Alloway & Alloway，2010）。

　　确实，工作记忆的限制，尤其是容量方面，因人而异；每个人的工作记忆容量在一定范围内相对固定。因此，对于某些人来说，一项特定活动可能在其工作记忆容量之内，而对于其他人来说则可能超出其工作记忆容量。

　　此外，工作记忆容量在一生中并不是恒定的，而是在儿童时期显著增加（随后在成年期逐渐下降）。因此，幼儿的工作记忆容量起初非常小，随着年龄的增长逐渐增加——在最初阶段增长得更快——直到青少年时期。在这一阶段，他们达到了相当于成人水平的工作记忆容量，通常是 4 岁儿童容量的两倍以上（Gathercole et al.，2004）。这一发展似乎与大脑前额叶皮质的成熟有关。前额叶皮质支持工作记忆（以及其他高阶认知功能），通常是最后成熟的部分（Sowell et al.，2003）。图 2-19 展示了具有平均工作记忆容量的个体与同龄中工作记忆容量较低的个体的成长曲线。

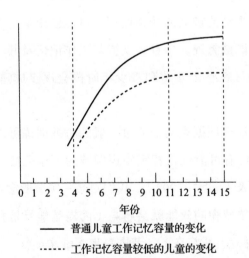

普通儿童工作记忆容量的变化

工作记忆容量较低的儿童的变化

图 2-19　具有平均工作记忆容量的个体与同龄中工作记忆容量较低的个体的成长曲线（Gathercole & Alloway，2007）

　　在同龄儿童之间，工作记忆容量的差异可能非常显著。例如，某些研究表明，在一个典型的 30 名 7~8 岁儿童的班级中，预计至少有 3 名儿童的工作记忆容量相当于 4 岁儿童的水平，有 3 名儿童可能具备接近 11 岁儿童的工作记忆容量，几乎达到成人水平（Alloway & Alloway，2014）。

从图 2-19 中可以看出，工作记忆容量较低的儿童在成熟过程中通常无法赶上同龄人。尽管他们的工作记忆容量随着年龄增长而增加，但增长速度不足以使他们赶上同龄人的水平。实际上，这些差异往往会变得更加显著（Gathercole et al.，2004；Gathercole & Alloway，2007）。

个体间工作记忆容量差异的产生原因仍未完全明了。尽管人们可能会认为环境因素——比如智力、家庭、社会因素或学前教育的质量——对工作记忆容量有很大的影响，但研究表明，工作记忆容量并不受到这些因素的显著影响。相反，涉及支持工作记忆的前额脑区的发育和功能相关的基因可能起着主导作用（Ando et al.，2001）。尽管如此，环境因素如长期压力或主动或被动的药物使用，可能会影响这些脑区的成熟过程，这一点也不能被忽视。毕竟，支持与工作记忆及其他执行功能相关的认知过程的脑区在整个儿童和青少年阶段会逐步成熟（Gathercole et al.，2004）。

此外，目前没有证据表明，通过一般的心理训练可以扩展工作记忆容量。然而，学习有可能优化特定知识领域的工作记忆功能并克服其局限性（Hambrick & Engle，2002）。我们对某一领域的学习越深入，我们的工作记忆在该领域中的效能就会越高（前提是学习是有意义的，即建立在理解的基础上）。我将在下一节进一步探讨这一点。

2.6.6　工作记忆与学校学习

我之前提到过，工作记忆是学习发生的心理空间。但并非所有的学习任务都需要相同的认知资源；有些任务较为轻松，而有些任务则会给工作记忆带来相当大的负担。

学校的学习活动通常要求学生在工作记忆中保存一定量的信息（如关于问题的陈述），同时进行智力挑战（如应用他们所学的算法来解决问题）。当活动要求较高的认知资源时，工作记忆较弱的学生往往难以完成这些任务。他们常常无法正确完成任务，因为无法保留必要的信息来指导他们的行动，从而错失了同龄人所能获得的好处。正如之前提到的，当工作记忆超负荷时，我们的即时反应往往是放弃我们正在尝试做的事情。

一个典型的情况是，当学生需要按照一系列相对较长的指示来完成任务时，工作记忆较弱的学生常常会遇到困难。在这些情况下，他们往往在任务进行到一半时忘记了部分信息，从而不知道如何继续进行。我们可能会觉得他们没有认真听讲，但实际上，他们只是忘记了需要做的事情。

类似的情况还发生在学生忘记自己在任务过程中的位置时。实际上，工作记忆也有助于我们在完成复杂的心理活动时记住自己处于任务的哪个步骤。例如，想象一个工作记忆容量较低的学生尝试在笔记本上解决一个相对复杂的数学运算问题。学生需要在工作记忆中保持学习过的算法指示的动作序列，同时还需要记住自己进行到哪个步骤，并且可能需要使用的其他知识，例如乘法表。这可能会让他们的工作记忆不堪重负，导致他们在任务进行到一半时迷失方向。突然间，那个开始做得很好的学生陷入了困境，不知道如何继续。他们简单地迷失在过程中，需要重新开始，这无疑会影响他们的动机。

工作记忆容量减少的儿童通常表现出以下特征（Alloway，2006；Gathercole & Alloway，2007）：

- 他们很难记住一份声明中的所有指示或一项活动的目标。

- 他们的行为看起来好像没有集中注意力，例如忘记了部分或全部指示。

- 他们经常在复杂的任务中迷失，最终放弃它们。

- 他们似乎注意力不集中，容易分心。

- 他们很少主动回答问题，有时也不回答直接的问题。

- 他们更喜欢集体活动。

- 他们的学习成绩很差，尤其是在阅读和数学方面。

- 他们不一定有社会融合问题。

注意：表现出部分或全部这些特征的儿童，其工作记忆不一定减退；这可能是由其他因素造成的。

2.6.7　测量工作记忆

我们认为学业表现与学生的工作记忆容量之间存在着显著的相关性（Alloway & Alloway，2010）。因此，你可能会想知道如何测量个体的工作记忆容量。

有许多方法可以帮助我们推断个体的工作记忆容量水平。通常，这些方法要求受试者在短时间内尽可能多地储存和处理信息。

最简单的方法包括朗读或展示逐渐增长的数字、字母或物体序列，并要求受试者按相同或相反的顺序重复这些序列。能够记住较长序列的个体，工作记忆容量通常较高。

更复杂的方法涉及朗读一系列句子，例如"那只狗捡到了最大的球"，然后在每个句子之后提出问题，例如"谁捡到了最大的球"（受试者必须正确回答），并指示个体在句子序列的末尾记住每个句子的最后一个词。记住的词汇数量越多，工作记忆容量就越大。

由于这些测试的表现可能会受到环境或情绪因素的影响，因此建议多次在不同时间间隔重复测试，并结合使用不同的测试以获得更准确的诊断。

2.6.8　工作记忆与学习困难

工作记忆容量减少的学生可能在学习任务上遇到困难，而这些任务对其他学生而言并不会构成显著挑战。然而，并非所有在学业上有困难的学生都存在工作记忆问题。这些困难可能还与其他因素有关，如情绪和行为障碍。

无论如何，工作记忆在学业失败的许多案例中都是一个需要考虑的因素。正如我们看到的，工作记忆对于学习至关重要，因为它提供了一个心理空间，使我们可以在处理和理解信息的同时储存这些信息，并将其与已有知识连接。此外，工作记忆在进行创造性、分析性或解决问题的活动时也同样重要。

工作记忆容量低的学生在这些活动中遇到困难，因为他们无法保留和管理完成任务所需的信息。在这种情况下，他们的工作记忆会超负荷，导致他们丢失完成任务所需的关键信息，例如他们正在进行的活动的目标、需要遵循的指令或帮助他们理解的元素。此外，工作记忆过载会导致挫败感，进而对动机产生负面影响。由于工作记忆容量低的学生在许多不同类型的活动中都存在困难，他们的整体学业进展通常会较差。为了支持这些学生，教师可以监控他们的学习活动，并进行必要的调整，从而确保他们在工作记忆容量的范围内进行操作。这种主动的方式将帮助学生成功完成任务，随着时间的推移积累知识和技能，增强他们未来的学习能力。在下一节中，我将论述获取有意义的知识如何帮助我们应对工作记忆的限制。在此之前，我将提供一些关于如何管理学习任务中的认知负荷的建议。

2.6.9　课堂上的认知负荷管理

了解工作记忆在学习中的作用对教育实践的最大优势在于能够有效管理课堂活动中的认知负荷。

简言之，我们对工作记忆在学习过程中的作用及其局限性的认识，引起了我们对认知负荷理论的关注，其目的是减轻工作记忆负荷对学习产生的干扰。

以下建议既适用于指导有工作记忆问题的学生的学习活动，也有助于提升所有学生在课堂上的表现。这些建议的目标是减少学生因工作记忆过载而未能实现学习目标的可能性。

（1）减少额外的认知负荷　尽管某些无关的认知负荷——那些对实现学习目标并非必要的负荷——可能难以控制（例如，学生经历的情感问题带来的负荷），但仍有几个措施可以用来尽量减少这种负荷。例如：

- 避免提供与当前学习活动目标无关的额外信息：集中注意力于学习目标，避免分散学生的注意力。
- 避免给出与学习目标无关的例子：例子应直接支持学习目标，避免引入无关话题。
- 提供清晰且结构化的活动纲要：确保学生明确在活动中将要做什么，以及覆盖的内容。
- 提供简单的评分标准：帮助学生关注在活动评估中需要强调的方面，减少不必要的认知负荷。
- 在空间和时间上同时提供所有必要的信息：确保学生能够在同一

时间和空间内处理所有需要的信息，从而更有效地实现学习目标。

- 避免认知冗余：避免让学生从两个不同的来源处理相同类型的信息，例如一边阅读一边听另一个第三方的阅读。

（2）调节内在认知负荷　同时为学生引入许多新元素的活动对工作记忆提出了很高的要求。同样，包含长指令序列的程序很容易使工作记忆容量超负荷。为了管理活动中的内在认知负荷，我们可以：

- 尽量减少在一项活动中同时追求的学习目标的数量。
- 分解学习目标以减少学生必须保留在工作记忆中的新材料总量，例如，减少理解一个概念需要考虑的新元素的数量。
- 将活动分解为多个步骤，逐步获取新知识。
- 经常重复重要信息。
- 简化口头材料的语言结构，例如避免过长和复杂的句子。
- 提倡使用作为工作记忆外部支持的工具和策略，如解决问题指南、概念图或图表。

（3）优化相关认知负荷　在评估学习活动的认知需求时，有一点很重要，我们要考虑到处理需求也会增加工作记忆负荷。尽管学生可能能够在一种情况下存储特定数量的信息，但处理任务的难度会增加对工作记忆的负荷，可能导致这种记忆类型的失败。为了优化相关的认知负荷，我们可以这样做：

- 明确说明所学内容和学生先验知识之间的关系。
- 使用具体的例子，让学生依靠已知的元素来识别概念或应用所学的程序。
- 用如何解决特定任务的详细示例为学生提供明确的解释。

- 在适当的时候，为学生同时呈现视觉和听觉信息。
- 鼓励使用能够释放部分认知负荷的工具和策略，如计算器、操作材料或利用笔记本进行分步解决问题的程序。

2.7 深度学习

2.7.1 天赋还是苦功？

当沃尔夫冈·阿玛多伊斯·莫扎特（Wolfgang Amadeus Mozart）年仅七岁时，他与父亲一起开始了欧洲的音乐巡演，这标志着他传奇的职业生涯的开始。他在如此年幼时就精通小提琴和其他弦乐器，无疑是非凡的。在他众多的音乐才华中，莫扎特拥有一种极为罕见的能力，这种能力只有万分之一的人才具备：绝对音感，即能够在听到任何音符后识别其音高，无须参照其他音符。

莫扎特独特的音乐天赋可能使我们相信他的才华是与生俱来的。然而，令人惊讶的是，我们现在知道，绝对音感并不是一种只有天赋的人才能拥有的技能。几乎任何年龄在 2~6 岁的孩子，在接受正确的训练后，都能培养出这种技能（Sakakibara，1999；2014）。正如技能发展领域的领先研究者之一艾利克森（Ericsson et al.，1993）所写：

人们认为，由于专家的表现与普通人的表现本质上存在差异，因此专家级表演者必定具有与普通成年人本质上不同的特征……我们同意专家的表现与普通人的表现确实存在本质上的差异，甚至专家级表演者具有一些与普通成年人本质上不同或至少超出普通成年人的特征和能力。然而，我们否认这些差异是不可改变的，即并非源于天赋。只有少数情况例外，最显著的是身高，它是由基因决定的。相反，我们认为，专家与普通成年人之间的差异反映了他们在特定领域内经历了长期刻意努力以提升表现的过程。

莫扎特的音乐天赋可能并不像看上去那么独特；他的精湛技艺在很大程度上可能归功于他的成长环境。他的父亲利奥波德（Leopold）是一位经验丰富的作曲家和音乐教师，从莫扎特出生开始，他就全身心地投入到对儿子的培养中，特别是在音乐领域。据传记作者记载，尽管利奥波德是一位严格而要求苛刻的老师，但小莫扎特对自己的要求更为严格，他的练习时间甚至超过了父亲的要求。莫扎特从小就对音乐着迷，这激励他从小就长时间地学习和练习。尽管他可能天生就具有一定的音乐天赋和其他有助于他高超技艺的品质（比如出色的记忆力），但正是他父亲对他的训练和他自己的奉献精神，使他达到了音乐创作和演奏的巅峰。事实上，直到莫扎特开始密集练习十年之后，他才开始创作出专家级的作品（Hayes，1985）。

尽管确实有些人具有非凡的天赋，但大多数在特定领域取得卓越成就的人最初并没有不寻常的优势。即使是在一些领域的顶尖人物，也往往是那些充分利用学习能力的普通人，而这是一种我们所有人都具备的天赋（Ericsson et al.，1993）。同样重要的是，没有强有力的练习和训练，天赋本身无法带来任何成果。虽然拥有天赋的人可能比其他人起步更早，但目标总是更远大，而要实现这一目标则需要具备相应的学习能力（Hayes，1985）。事实上，在许多领域，获得国际声誉的大多数人，在 6 岁之前已经进行了大量的训练（Ericsson & Crutcher，1990）。

2.7.2　专家和初学者的区别是什么？

区分专家与初学者的特质以及了解初学者成为专家的过程，已经引起了心理学和学习神经科学领域研究者的广泛关注。这无疑是一个与教育密切相关的重要研究主题。

专家技能的发展已经在许多需要大量运动技能的领域（如体育、舞蹈等）以及以认知技能为主的领域（如数学、科学、历史、语言学、国际象棋等）中得到了研究。本节将主要关注认知技能的发展，因为这些技能在学校环境中更为突出，并且最终涉及所有学习领域，包括体育教育。而且，这两种技能的发展也有许多共同之处。

研究表明，各种学科中专家与初学者的特征对比，始终强调专家并不是因为具备非凡的天赋而与众不同。相反，专家之所以脱颖而出，是因为他们在自己领域内拥有大量知识，这些知识围绕核心原则进行了良好的结构化和组织化，从而赋予了这些知识意义、连贯性和灵活性。这种知识使他们能够以不同的方式感知、理解和处理信息，从而提高学习、推理和解决问题的效率。专家不仅拥有广博的知识，更重要的是拥有深厚的知识。

即使在一些看似知识不那么重要的领域，如国际象棋——许多人认为这只与智力有关——也有充分证据表明，世界级棋手与业余玩家之间的区别在于他们通过无数小时的练习获得了大量知识。据估计，一位大师能够掌握多达 50000 种可能的棋盘局面，这些知识帮助他们选择最佳的棋步（Chase & Simon，1973）。

2.7.3　感知

深层次或极具意义的知识（即那些充满意义、结构良好、相互关联并与多个应用情境相关的知识）为专家在其专业领域内提供了多种认知优势。首先，专家能够识别出初学者无法察觉的模式。这是因为专家将数据集整合成对他们有意义的更大单元。例如，一个具有丰富国际象棋知识的人可以查看图 2-20 中展示的棋盘，并描述棋子的布局：

虽然白方在空间上占据了明显的优势，而且双方只有两枚轻子，但黑方并没有陷入太大的困境。白方的棋子更加活跃，位置也比黑方的棋子更有利。关键在于黑方是否能够在有利的条件下推进 c6-c5。如果黑方成功推进这一步棋，他将能激活自己的棋子，并与白方争夺空间。

图 2-20　国际象棋

相比之下，初学者的见解连专家的一半都达不到（Chase & Simon，1973）。同样，一个魔方专家在看到图 2-21 中的魔方时，会立刻识别出当前的状态，并想道："要解决这个问题，我只需要执行半个角块翻转算法，即 R'D'R D R'D'R U。"对于初学者来说，这个魔方可能看起来只是处于一个随机的状态。

图 2-21　魔方的超过 43 万亿种组合中的一种

现在，让我们来看一个每人都十分熟悉的领域的例子。请观察以下字母的顺序并试着读它们：

N R A S O D U I – R E H P Y S I O R T – E Q A T K U R E A H

作为一名专家，你当然能够识别这些字母，并将它们解码成声音并存储在你的工作记忆中。然而，你的模式识别能力可能就此止步，仅仅是将每个字母与其语音相匹配。

现在观察同样的字母，以不同的顺序呈现：

D I N O S A U R – P R E H I S T O R Y – E A R T H Q U A K E

这一次，你立刻识别出了字母排列中的模式，这些模式对于专家来说形成了有意义的单元，即单词。对这些单词及其图形构成的深刻知识使专家能够立即、自动且轻松地识别它们。相比之下，初学者缺乏这种能力，必须逐字解码才能识别完整的单词，就像你在处理第一组字母时所做的那样。

同样，当专家和初学者在给定的 5 秒内查看一个棋盘时，专家能够几乎复原出棋盘上所有棋子的布局，而初学者则只能记住大约 8 个棋子的位置。然而，这种情况只发生在棋盘上的布局来自实际比赛时。也就是说，当棋子随机放置在棋盘上时，专家在记忆棋子位置方面并不比初学者更优秀（Chase & Simon，1973）。专家只能识别有意义的模式。

2.7.4 推理

专家的广博且组织良好的先验知识使他们在推理和解决与其学科相关的问题或情境时更加高效。他们围绕重要概念和思想组织知识，使他们能够更有效地利用工作记忆。

你可能还记得，工作记忆是我们进行有意识推理的心理空间，不幸的是，它在处理信息时的容量有限，一次只能处理几个元素。平均来说，工作记忆能够容纳大约 7 个项目（Miller，1956）。但什么是项目呢？项目是具有意义的单位。因此，字母 N、R、A、S、O、D、U、I 可以构成 8 个项目，你在看过这些字母一次后，可能会费点劲记住它们。相比之下，单词 DINOSAUR 可以让你轻松地记住这 8 个字母，因为你对这个单词的知识让你可以将它们组合成一个有意义的整体。

有意义的知识在推理中的优势是至关重要的。为了更好地理解其重要性，我们可以考虑执行以下心理操作：891 × 32。你会发现，如果可以用笔记本写下计算步骤和中间过程，你会觉得这个操作更容易解决。正如我们可以通过依赖外部支持来减轻工作记忆的负担，长期记忆中巩固良好的知识也能减轻工作记忆的负担（Sweller et al.，1998）。换言之，我们的知识使工作记忆能够同时处理比没有这些知识时更多的信息。但这种知识必须是有意义的，它应该是包含强有意义的连接和适用条件的固有框架的一部分。

当学习新知识时，我们已经掌握的相关知识和需要运用的内容将不再占据工作记忆的空间。相反，一切我们不知道的，或者说没有很好巩固在长期记忆中的信息，会作为"新信息"占据工作记忆的空间，从而限制我们的学习能力。

总而言之，优化工作记忆容量的最佳方式是获得与特定任务相关的有意义的知识。正如我们将在本章末尾看到的，最极端的情况是当我们将涉及该任务的认知过程自动化时。

2.7.5　解决问题

专家们广博且有意义的知识对他们在各种情境中解决问题和提出解

决方案的能力也有重要影响。

当处理与其学科相关的问题时，专家依赖于围绕关键概念组织的知识以超越问题表象，识别潜在的基本原理。例如，池（Chi）及其同事（1981）曾要求学生和物理教师根据问题的类型对一组物理问题进行分类。教师根据解决这些问题所需的物理原理（如牛顿第二定律、能量守恒定律）进行分类，而学生则根据问题的表面特征（如是否涉及斜面、自由落体等）进行分类。

抽象出问题情境中的基本原理的能力也解释了专家在将知识转移到全新情境中的更大能力。需要注意的是，专家的知识包括有关其适用条件的信息，这些信息来源于众多案例和不同情境，专家知道这些知识可以在这些情境中得以应用（Glaser，1992）。

此外，专家能够在需要时流畅地调动和使用他们的知识，而不会产生显著的认知负担（Anderson，1982）。在许多情况下，专家可以无须产生认知负担——无须刻意努力或甚至无须意识到这一点——就能运用他们的知识。例如，关于国际象棋大师的研究表明，在决定下一步棋时，无论是专家还是初学者都会分析所有可能的选择及其后果。然而，专家会立即并自发地将分析范围缩小到高质量的走法（Chase & Simon，1973）。

2.7.6 批判性思维

当然，我们可以教导学生建立批判性思维的态度，但在没有足够知识来验证收到的信息的情况下，很难将这些态度付诸实践。实际上，专业知识对发展批判性分析技能也至关重要。例如，在佩吉（Paige）和西蒙（Simon）1966 年的一项研究中，专家和初学者被要求解决以下数学问题：

我们把一块木板切成了两段。第一段的长度是原木板长度的 2/3，而另一段比第一段长 122 厘米。原木板在被切割之前的长度是多少？

专家们很快意识到这个问题没有意义。虽然一些初学者也注意到了这一点，但其他人只是应用了公式，得出了一个负数的长度。

罗伊瑟（Reusser）做了更有趣的研究（1988），他向一年级和二年级的学生提出了以下问题：

一艘船上有 26 只羊和 10 只山羊，那么船长年纪多大？

令人惊讶的是，3/4 的孩子试图通过对题目中给出的数字进行运算来解决这个问题。当试图解决一个涉及牧羊人而非船长的类似问题时，一个学生表明他的推理包括应用不同的算术运算，直到结果提供一个合理的年龄。

2.7.7　创造力

约翰·海耶斯（John Hayes）在 1985 年做了关于历史上伟大作曲家的创造力的研究，该研究表明几乎没有任何一位作曲家在不到十年的深入准备后就创作出大师级的作品。他们的创作成果是在这段专注练习时期之后形成的，这段时间帮助他们建立了扎实的知识基础（见图 2-22）。

创造力是指通过以独特的方式结合已有知识，生成对创作者而言全新的解决方案的能力。当然，识别问题和机遇的能力是创造过程中最为关键的步骤之一。

许多发明源于识别日常问题并将这些问题转化为开发有用产品或服务的契机的过程。

例如，外科医生亨利·海姆利克（Henry Heimlich）在阅读一份报告时发现了一个重要问题，该报告指出窒息是第六大意外死亡原因。虽然

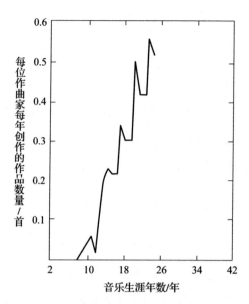

图 2-22　以作曲家音乐生涯年数为基础的杰作数量（Hayes，1985）

许多医生可能已经注意到了这个问题，但海姆利克将其视为探寻创造性解决方案的机会。他很快意识到，针对窒息者的两种推荐救治方法（用手指取出异物和拍打窒息者的背部）可能会将异物推得更深。海姆利克作为胸外科医生的经验帮助他意识到，如果有人按压患者的横膈膜，患者的肺部可能会有足够的空气来清除气道。他提出的解决方案——海姆利克急救法，如今被公认为拯救窒息患者生命的最佳技术，而这一切都离不开他的胸部解剖学知识。

2.7.8　如何获得专业知识？

正如前面提到的，当今备受推崇的高级认知技能（如专家所具备的认知技能），包括推理、问题解决、批判性分析和创造力，都必然依赖于一个广泛的有意义的知识基础。因此，当我们说"知识不重要"或"应该专注于开发高级技能"时，这种知识和技能的双重强调是没有意义的。

如果这些说法的目的是批评基于课程内容的死记硬背的做法，那么这种批评应该针对的是知识的获取方式。为了使这些知识与更高层次技能的发展相关，它们必须是富有意义的——也就是说，充分理解并且能够转移到多种情境中。然而，我们不能低估知识获取的需要，因为没有知识就不可能发展这些技能（Hayes，1985；Willingham，2008）。

简言之，专业领域的精通是通过获取有意义的知识来实现的。这引出了以下问题：我们如何促进学生获得有意义的知识？

这个问题可以用一句话简短地回答：通过为他们创造使用这些知识的机会。要获得更全面详细的答案，我们需要回顾本节前面的内容。首先，有意义的知识是与其他相关知识紧密联系的知识。为了建立这些联系，学生必须动用他们的先验知识，并根据这些知识思考他们所学的内容（参见 Craik 和 Lockhart 的加工层次理论）。正如前面强调的，这与主动学习有关，主动学习包括教师确保学生试图理解他们所学习内容的所有教学策略。你可能会记得，单纯的一对多讲授式课堂不被视为主动学习方法，因为它不能保证学生在思考他们所看到的和听到的内容（尽管有些学生可能会自发地这样做）。因此，为了促进有意义的学习，教师需要额外的活动来激励学生理解他们所学的内容。

此外，在多个情境中应用所学知识也有助于创造新的联系并鼓励利用抽象思维，从而使知识更加有组织和可迁移。指导学生识别模式并将所学知识应用于新情境中，明确展示其背后的（抽象）原则，是促进有意义学习的非常有效的方法（Willingham，2008）。这在关于学习迁移的2.5 节中已展开讨论。

同样，使用知识涉及提取知识。正如在记忆过程的 2.3 节中探讨的，提取能强化学习，并通过与其他相关知识创建新的联系来帮助学生更好地组织所学知识，从而增强知识的迁移性。

从广义上讲，学生在分析和解释情境、解决问题和创造各种解决方案时，会发展有意义的知识。这些情境和解决方案既可以是文本，也可以是大型科技项目。

综上所述，实践无疑对发展有意义的知识至关重要，但这一要求需要用到学校环境中往往稀缺的宝贵资源：时间。因此，反思教育目标的范围变得十分重要。在这个方面，证据一致支持选择较少但更深入的课程，而不是试图覆盖许多话题但理解不够深入的广泛课程——尤其是在所教内容与学生已有知识相矛盾的情况下（Bransford et al.，2000）。深层学习与浅层学习的重要区别将体现在学生能否将新获得的知识迁移到新情境中的能力上。

2.7.9 熟能生巧

熟能生巧。要精通一门学科，人们必须进行练习。然而，并不是所有的练习方式都是同样有效的。美国心理学家安德斯·艾利克森（Anders Ericsson）是专业知识发展研究领域的权威之一，通过"刻意练习"这一概念强调了这一观点（Ericsson et al.，1993）。

艾利克森的主要发现之一是，一个人在某个学科中发展的技能更多地与如何练习有关，而不是简单地重复该技能。根据艾利克森的说法，刻意练习是有意识的，并且服务于一个目的。未来的专家会将掌握所需技能进行分解，并在练习期间专注于提高每一项技能，通常还会得到专家教师的反馈。刻意练习的另一个重要特征是，它的难度会逐步增加以达到更具挑战性的水平，使学习者掌握所需技能。

虽然艾利克森是在竞争性领域（体育、舞蹈、国际象棋、音乐等）提出了他对刻意练习的观点，但正如其他研究者指出的那样，他的许多原则在学术学科中同样适用（例如，Anzai，1991；Patel & Groen，

1991）。首先，我们可以强调这样一个事实：对学习对象进行分解、分配和合理排序有助于其掌握所学对象。

2.7.10　分解与整合

任何我们希望教授或学习的概念、模型、程序或技能都可以分解成多个组成部分。专家往往对他们能够理解或精通某项技能的所有组成部分并不完全清楚，因为这些部分已经被深深地整合到他们的长期记忆中，他们在应用时已经不再经过工作记忆。例如，能够阅读的人已经忘记了大脑需要完成的所有步骤来执行这项非凡的技能。阅读技能中的所有过程都是组成部分。专家读者将这些过程紧密整合到长期记忆中，以至于他们在阅读时已不再意识到自己正在经历这些过程，因为这些过程不再需要经过工作记忆。这种"无意识的能力"被称为专家盲点，若要提高教学效果，教师必须充分认识到这一点。

因此，为了优化学习，我们可以将学习对象分解成其组成部分，并逐一学习这些部分，逐步巩固到长期记忆中。这样，已学到的内容不再占据工作记忆的空间，从而腾出空间来处理新的信息，同时如果学习序列连贯，也有助于新信息的学习。在掌握各个组成部分后，我们应逐步将它们整合起来，最后要提供多次机会来综合使用这些部分。然而，在这一过程中，建议不要忽视最终目标。

电影《空手道小子》（*The Karate Kid*，1984）就是一个很好的例子。丹尼尔·拉鲁索（Daniel Larusso）的空手道师傅宫城先生有一种相当独特的教学方法。他没有从第一天开始训练他的弟子空手道，而是让他给汽车上蜡、给栅栏上漆。一旦丹尼尔掌握了这些技巧，宫城先生就会教他整合并应用它们作为防御对手攻击的招式，然后继续学习其他空手道技巧。电影中的这句经典台词很好地概括了宫城先生的教学方法："先学站，再学飞。"

有大量证据表明，当学习对象的各个组成部分被暂时单独学习并逐渐整合起来时，学生的学习效果会更好（White & Frederiksen，1990；Salden et al.，2006；Wightman & Lintern，1985）。即使对学习对象的某个组成部分进行少量的练习，也会使整体学习显著改善（Lovett，2001）。

的确，把学习目标分解成各个部分，一次只学习一个，会对学习动机产生不利影响。在《空手道小子》中，丹尼尔·拉鲁索认为给汽车打蜡或粉刷栅栏没什么用，这让他一开始失去了动力。但当他开始运用所学，用同样的招式来抵御对手的攻击时，他的动力猛增。当学生开始运用他们所学的知识来理解他们感兴趣的想法或解决相关问题时，也会发生同样的情况。

按习得顺序排列的阅读技能组成部分［改编自威林厄姆（2017）］：

1）**语音意识**。认识到口语是由一组有限的声音组合而成的。

2）**字母顺序的原则**。理解书面语言通过字母或字母组合以图形方式表示语言的每一个声音。

3）**字母和音节的语音解码**。识别字母和音节代表的声音。

4）**对单词进行语音解码**。按照字素和音素之间的逻辑关系阅读完整的单词。

5）**词语的语义解码**。提取所读单词的意思。

6）**文本的语义解码**。基于字素—音素解码的文本语义提取。

7）**视觉词识别**。视觉识别完整的单词，并将其作为一个阅读单元进行语音解码。

8）**复杂文本的语义解码**。理解复杂的文本，这直接取决于读者的先验知识。

　　然而，不必等到各个组件整合之后才去激发对所学内容的动机。通常，我们可以将这些组件与具体的情境或目的联系起来，从而赋予它们意义，这些意义可能直接与最终的学习目标相关，也可能与其他外围或补充目标相关。例如，宫城先生本可以向丹尼尔解释打蜡和刷围栏如何有助于空手道练习，或者通过其他方式赋予这些活动自身的意义，比如让他去给养老院刷围栏。

　　适当分配和排序学习内容也是减少内在认知负荷（Sweller，2010）的一种方法。内在认知负荷指的是由于学习目标本身的复杂性而带来的认知负担。正如前文提到的，这种认知负荷取决于学生的先验知识。因此，"小剂量"的学习策略非常有效——每一次"小剂量"的学习都有助于下一次学习。虽然学生可以自行调节小剂量学习，但从教师的角度来看，干预内在认知负荷尤为重要。作为教学单元的设计者，教师可以将学习对象分解成各个组件，合理排序，并指导它们的整合。显然，教师（作为专家）在引导学习的过程中至关重要。然而，正如前文所提，他们必须小心自己的专家盲点。

2.7.11　在学校环境中练习

　　在学校环境中，练习可以从两个方面来理解。首先，它是指在多种活动中反复运用所学知识的机会。这种练习在不同的情境下进行以强化理解和灵活性（即迁移能力）。这同样适用于知识的学习，比如密度的概念、"活在当下"的意义或修辞手法的使用。练习可以帮助学生在不同的情境下应用这些知识。其次，练习可以培养某个学科内特定程序的流畅使用，例如阅读中的解码、算术运算或不规则英语动词的一般过去式用法。

　　在任何一种情况下，练习都是为了提高我们使用知识的流畅性，无论是概念性知识还是程序性知识。练习最大的成就是引导我们达到精通的水平，那样我们可以毫不费力地使用这些知识。这种高度理想的状态被称为自动化。

自动化是深层知识的另一个特征，特别是在认知和运动技能的发展中。如前所述，自动化涉及在环境刺激适当时，不需要有意识地思考就能提取知识或执行程序。这意味着自动化任务不会占用工作记忆的空间——我们不需要持续思考它们就能完成这些任务。鉴于一个人每次能够关注的信息量有限，自动化任务的某些方面可以让个体有更多的能力去集中注意力于任务的其他方面或其他任务（Anderson，1982）。

驾驶是一个很好的例子，说明自动化是如何通过练习来实现的。在第一节驾驶课上，初学者需要注意操作车辆所需的一切，遵守交通规则并采取一切必要的预防措施，这样他们甚至无法进行对话。随着经验的积累，驾驶技能变得自动化，以至于他们在全神贯注于道路的同时驾驶，而无须关注操作汽车的机制或每次操作中要执行的动作。他们甚至可以进行对话，或者思考到达目的地后会做什么（尽管我总是建议要时刻注意路况）。

同样，初学者在阅读时，由于对字母和单词的解码能力尚未熟练，往往无法专注于理解他们所阅读的内容（LaBerge & Samuels，1974）。而专家读者已经发展出如此高水平的自动化，以至于他们一看到一个词就会立即读取它。

心理学解释自动化的发展基于显性记忆和程序性记忆的双重性（Poldrack & Packard，2003；Ullman，2016）。显性记忆包含我们意识到的所有信息，这些信息可以用于推理和解决问题。程序性记忆则存在于我们未意识到的状态下，使我们能够在不考虑如何做的情况下执行动作，例如驾驶汽车或阅读文本（知道我们可以在不做这些事情时也能做到这一点是显性记忆的一个特征）。显性记忆允许我们快速学习，甚至一次接触就能掌握；而程序性记忆则需要更多的时间和多次接触。因此，当我们开始学习一项新技能时，有意识记忆占主导地位，但随着练习，程序性记忆可以接管，使我们能够实现自动化（Ullman，2016）。

毫无疑问，在教育环境中，自动化对于一系列基础技能尤为重要。阅读解码过程可能是重要的技能之一，但流利地使用第二语言或进行基本的算术计算也是值得追求的目标。无论如何，实现自动化并非易事，需要大量练习，而这可能会使学生气馁，这取决于教师如何安排这些练习。因此，关键在于决定哪些任务应当实现自动化，哪些则可以保留在显性记忆的范围内，以便学生掌握必要的知识，同时在执行时仍需有意识地思考他们正在做的事情。

第 3 章
学习中的社会和情感因素

当心理学与神经科学携手踏上探索学习奥秘的激动人心的旅程时，它们的焦点汇聚于学习的认知过程，试图深入剖析大脑如何从周遭环境中汲取信息，以及随后如何对这些信息进行加工、储存、提取与应用（Lachman et al., 1979）。20世纪50年代至60年代，计算机科学的蓬勃兴起及其技术成果——计算机的广泛应用，为认知科学领域注入了一股强劲动力，催生了一种影响深远的模型。这一模型不仅激发了科研人员数十年的探索热情，还促使他们以一种全新的视角审视大脑的信息处理机制。值得注意的是，该模型在构建之初，便有意识地剥离了与情感相关的复杂机制，这些机制在当时被视为理解大脑信息处理过程之外的冗余因素，从而被划归至其他研究范畴。

然而，随着研究的不断深入，大脑与计算机之间的简单类比模型逐渐显露出其局限性。首先，人类在处理、累积或检索信息的方式上与计算机或我们创造的任何其他机器工具存在着显著差异，这一点在前面的章节中已有详述。其次，科学研究揭示了一个重要事实：我们的大脑在做出决策或解决逻辑问题方面的能力并非无限，而是受到一定限制（Kahneman, 2011）。尤为重要的是，在20世纪末至21世纪初的这段时间里，神经科学与心理学领域的广泛探索开始明确表明，无论是感知还是推理，在任何信息处理任务的执行过程中，情感机制都扮演着至关重要的角色。这些突破性的研究成果强有力地指出，传统上将情感研究与认知研究截然分开的做法已不合时宜，要全面深入地理解诸如学习与记忆等认知过程，必须将情感因素纳入考量范畴。

此外，教育研究越来越强调人类的社会性质如何影响教学和学习过程。教学实践本身就是一面明镜，清晰地映照出我们作为高度社会化物种的本质，以及我们的学习方式如何在这一错综复杂的社会中逐渐塑造与进化。

本章将深入剖析教学与学习互动中不可或缺的社会与情感维度，聚焦于那些塑造学习体验与成效的关键要素。其中，动机作为连接心灵与行动的桥梁，无疑是探讨的核心之一，我特此以一节的篇幅详尽论述其重要性及其如何驱动学习过程。此外，我还将揭开情绪如何调控学习能力的神秘面纱。

3.1 情绪在学习中的作用

3.1.1 学习与情绪

除了针对考试焦虑的早期研究，关于情绪对学习和记忆的影响，相关研究近年来才开始兴起。因此，目前可供教育实践参考的严谨研究还相对较少。尽管如此，我们已经能够从科学的角度探讨一些信息，比如情绪如何调节学习过程，以及如何在课堂上有效运用情绪因素。其中，被广泛提及的观点之一是"情感在学习中的作用至关重要"，或者"情感能够使学习内容更加深刻、难以忘怀"。在探索情绪与学习之间的联系时，我们必须审慎对待那些看似具有迷人吸引力但却往往主观的结论。事实是，情绪确实能够深刻影响我们所谓的"理性"思考过程，科学家们也已经为此提供了确凿的证据。但值得注意的是，并非所有在媒体上流传（甚至包括某些教师培训课程）的信息都经得起科学的严格检验。鉴于此，本节将以现阶段已被科学证实并认可的理论为基础，简要概述情绪如何作用于教学和学习的过程。

3.1.2 何为教育中的情绪？

在关于教育中的情绪的讨论中，引起混乱和误解的因素之一可能是情绪这个术语的广泛和多样的使用。这可能会导致个人在讨论时思考不同的事情。比如，我们说"在课堂上需要注意情绪"是什么意思？谈论情绪作为学习的调节因素与谈论情绪教育是不同的。例如，讨论情绪作为调节因素是指教育活动是否应该为有效学习"注入情绪"——我们是否可以利用情绪来促进对课堂经历的更好记忆。它同样强调了创造顾及学生情感层面的学习环境的重要性，以便促进他们的学业和个人发展。此外，情绪教育侧重于教导学生认识和管理情绪的意义。

这两个层面均深刻影响着学习体验，然而，情绪教育触及的维度更为深远，它致力于一个更为宏大的目标：赋予学生一套关键的社交与情感技能，这些技能对于构建个人幸福与促进社会福祉至关重要。本书的核心聚焦于探索学习的机制与奥秘，鉴于这些议题已超越了情绪在学习过程中的作用范畴，接下来的讨论将聚焦于情绪如何具体地作用于学习流程，揭示其内在机制与影响路径。此外，为了更全面地剖析学习过程中的自我调节能力，本书的后续部分将特别设立一节，专门探讨情绪调节在自我调节学习中的核心角色。

现在，我们的焦点转向情绪在调节学习能力方面的微妙作用，这里需要明确一个至关重要的区分。在探讨情绪的语境下，动机这一元素常被提及并置于显著位置。学习动机之于学习成效的促进作用显而易见，它如同催化剂，激励着学生倾注更多的注意力、时间与精力于学习任务之上，进而提升整体学习效果，这将是后续两章中深入探讨的主题。然而，当我们谈及情绪对学习过程的"调节"作用时，其内涵远不止于此。这里的"调节"更侧重于学生在教学互动中所经历的各类情绪体验，这些情绪如同双刃剑，既能成为强化学习记忆、深化知识理解的助力，也可能成为阻碍知识吸收、削弱学习效果的绊脚石。关键在于这种调节效果并不直接依赖于学生投入的时间或精力的多少，而是情绪本身携带的力量，它以一种更为隐晦而深远的影响方式，塑造着学生的学习体验——让某些经历变得刻骨铭心，而另一些经历则可能被迅速淡忘。

在深入探讨情绪在教育领域中的核心作用之际，为了全面且清晰地阐明这一议题，我们有必要明确区分两种核心情境，这两种情境均关乎情绪如何塑造教育经历的记忆深刻度。一方面，情绪能够作为强化剂，深刻烙印课堂上发生的种种场景于学生的记忆中，即便这些场景并非全然聚焦于学习内容本身。另一方面，情绪也可能扮演干扰者的角色，当它们将学生的注意力从学习任务上牵引至无关紧要的刺激或思绪上时，便悄然破坏了学习过程的连贯性，比如学生因惧怕犯错或担心露怯而难以全神贯注于当前任务。

本节的核心在于系统地阐述情绪如何作为调节器影响记忆机制，特别是情绪如何作用于记忆的巩固过程。此外，我还将探讨情绪如何不经意间扰乱了我们所期望的学生在学习过程中应有的信息编码过程。在深入探讨这些议题之前，一个不可或缺的先决条件是明确界定"情绪"这一概念，以便为后续的讨论奠定坚实的基础。

3.1.3 什么是情绪?

情绪是我们的身体对被视为威胁或机会的某些外部或内部刺激所做出的自动的行为、生理和心理反应（Shuman & Scherer，2015）。尽管我们常常自信能够驾驭自身的行为，情绪却以它独有的方式提醒我们，自主控制之外，尚有更为深层的运作机制在默默主导。我们的身体，这位隐形的指挥官，悄无声息地调节着众多生命过程，这些过程往往超越了我们的意识控制范畴。然而，在面临关乎个体福祉或生存安全的情境时，身体也会毫不犹豫地介入那些我们通常通过意识来管理的活动，其决策依据在于如何解读外界刺激或内部生理状态所传递的信息。设想这样一个场景：当你满怀善意地想去抚摸邻居家新养的狗时，不料它却露出獠牙，发出阵阵咆哮。在这一瞬间，你的大脑迅速启动了一套情绪反应机制：手不由自主地撤回，身体本能地后退，注意力瞬间聚焦于那威胁的来源——狗的狰狞面容。这一系列动作几乎是在你意识到它们之前便已完成，展现了情绪反应的迅速与直接。同时，你的心跳骤然加速，呼吸变得急促，这些都是身体为了应对潜在危险而自动采取的生理调整措施，以便确保你能够迅速做出反应，保护自身安全。

上述实例鲜明地揭示了情绪的本质特征：它们是自发的、非意志所能完全驾驭的，并且其激活速度之快，往往能在我们明确感知到触发因素之前便已悄然上演。这一过程伴随着身体内部一系列生理指标的急剧变化，促使我们在瞬息之间做出本能的冲动反应，无须深思熟虑。更为深刻的是，当大脑将这些外部或内部的刺激判定为潜在威胁或诱人机遇时，情绪便化身为强大的驱动力，试图控制我们的意识，驱使我们采取逃避、对抗、僵住不动或主动接近刺激源等行为。在情绪达到如此强烈的地步时，它们仿佛一层厚重的迷雾，遮蔽了理性的光芒，让我们暂时性地"失去了对意识的掌控"，即所谓"情绪蒙蔽了我们的意识"。

在探索情绪及其如何塑造我们的意识时，人们倾向于将情绪视为可定义、可标签化的实体，正如我们对待周遭万物一般。这一过程，即我们努力诠释与理解情绪本质的行为，其产物被统称为"感觉"。这些感觉的诠释与合理化，实则是深植于社会与文化土壤中的产物，它们为我们提供了丰富多样的词汇与概念框架，用以描绘情感的细腻纹理。值得注意的是，情绪的描述与理解并非全球统一，而是呈现出鲜明的文化多样性。不同的人类社群，依据其独特的历史、习俗与价值观，发展出了各自独特的情绪表达体系（Shuman & Scherer, 2015）。即便在同一社会内部，随着时代的变迁与文化的演进，情绪的分类与理解也会经历微妙而深刻的变化。尽管情绪产生的生理机制作为人类共有的遗产，跨越了文化与时间的界限，保持着相对稳定的一致性，但我们对情绪的解释与概念化方式，却如同万花筒般绚烂多变，深受语言习惯与文化背景的影响。

与此同时，科学界一直试图识别和定义一系列普遍的情绪，然而，这一领域内的专家学者至今仍未就情绪的具体数量达成普遍共识，并且这一局面可能还将持续相当长的一段时间。在这一探索过程中，最为简约化的观点倾向于将情绪精简为四大基石，即恐惧、愤怒、喜悦与悲伤，认为所有复杂多变的情绪体验均可视为这四者不同组合与演变的产物（Jack et al.，2014）。而另一些更为详尽的假说则在此基础上进行了拓展，有的增加了厌恶与惊讶，形成了六情绪论（Ekman，1992）；更有甚者，将羞愧与自豪也纳入其中，提出了包含八种基本情绪的观点（Tracy & Robins，2004）。归根结底，关于哪些情绪应被视为基本或普遍存在，哪些情绪更多的是社会文化环境的产物，科学界尚未形成一致性的结论。

在教育领域的情绪研究中，一个尤为引人注目的现象是，多数心理学家倾向于采用双维度分类法来系统梳理情绪的多样性。具体而言，这一分类体系的一个关键维度聚焦于情绪所引发的激活或唤醒水平。在这一框架下，情绪被细分为不同层级，其中，那些能够强烈激发个体生理与心理反应的情绪状态，被明确界定为高唤醒情绪（见图3-1）。

此外，情绪承载着一种内在的价值色彩或效价，简言之，这一维度用以区分情绪体验的愉悦性或积极性（如欢乐、好奇、惊喜等正面情绪）与不悦性或消极性（如恐惧、焦虑、悲伤等负面情绪）。如图3-1所示，纷繁复杂的情绪体验在由唤醒水平与效价这两个核心维度交织构成的连续统一体中，各自占据着独特的位置，共同绘制出一幅丰富的情绪图谱。

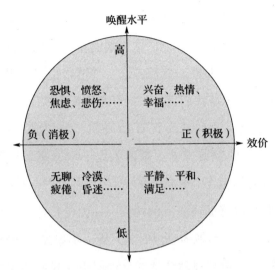

图 3-1　根据由唤醒水平和效价类型组成的二维分级模型划分的情绪类型

　　既然我们已经勾勒出了情绪的基本特征，那么是时候将视线拉回到我们当前探讨的核心议题上，并借此契机，抛出一系列引人深思的问题：情绪与学习之间究竟是什么关系？学习过程是否天然地呼唤着情绪的参与？某些情绪是否如同催化剂，加速学习的进程，而另一些情绪则如同绊脚石，阻碍着知识的吸收与内化？接下来，我将引领大家深入探索科学界的前沿洞见，特别是关于情绪如何微妙而深刻地影响着我们对过往经历的记忆编码与巩固。

3.1.4　情绪如何调节学习和记忆？

　　显而易见，那些伴随着强烈情绪冲动的经历，即高唤醒状态下的体验，往往更加根深蒂固地烙印在我们的记忆中。早在 1890 年，被誉为"美国心理学之父"的威廉·詹姆斯（William James）曾以生动的笔触描绘道，情绪激昂的事件仿佛在大脑这片复杂织锦上"镌刻下了一道深刻的痕迹"，隐喻其留下的不可磨灭之印象。这一古老而深刻的洞见，在当今认知心理学与神经生物学的精密研究中得到了充分的验证与深化。众多研究表明，情绪确实扮演着记忆增强剂的角色，显著提升了我们对特定事件的记忆强度与持久性。然而，这一"情绪记忆增强效应"背后的具体机制尚显模糊，亟待我们进一步揭开其神秘面纱。

前人已进行过一系列精心设计的研究，如鲁宾（Rubin）和科津（Kozin）在1984年的经典探索，邀请了数十位志愿者回溯并详尽描绘他们童年时期最为鲜明、刻骨铭心的记忆片段。研究结果显示，这些回忆往往聚焦于那些情感汹涌澎湃的瞬间——无论是至亲离世的哀伤、幸福满溢的喜悦还是惊心动魄的恐惧时刻，无一不彰显出情感的强烈烙印。此外，我们都同意，唤起强烈情感的事件似乎在我们的记忆中占有特殊的地位。事实上，这一独特的记忆现象，即所谓的"闪光记忆"，已引起了科学界的广泛关注。布朗（Brown）和库利克（Kulik）在1977年的研究中便提出了相应观点——他们认为，这类记忆之所以如此生动且难以忘却，关键在于它们拥有独特的编码与巩固机制。这种机制如同一位技艺高超的雕刻家，将情感与记忆的细节精妙融合，使每一次回顾都如同初见般清晰。

然而，情绪化记忆的独特性是否真如其表象那般显著？在控制严密的实验室环境中，深入探究强烈情绪如何塑造记忆，无疑是一项复杂而艰巨的任务。试想，通过虚构中奖百万的情境来激发受试者的情绪反应，随后再告知受试者真相，这的确不太合乎道德，但为了道德而找到一个人资助这项昂贵得离谱的研究也不太现实。

实际上，众多学者已巧妙利用突发的、极具震撼力的社会事件作为天然实验场，深入剖析了闪光记忆的独特属性。以塔拉里科（Talarico）和鲁宾（Rubin）2003年的研究为例，他们在2001年9月11日美国双子塔与五角大楼惨遭摧毁的次日，迅速对54名学生进行了详尽的访谈。对

于许多特定年龄段的人来说，那一刻的记忆或许依旧鲜明如初——记得
自己身在何处，与谁相伴，共同见证了这一历史性的悲剧。

在精心设计的调查问卷中，研究人员细致入微地询问了学生们在遭
遇这些重大事件时的具体经历，并特别关注了他们对自己记忆内容的自
信程度。此外，为了构建更为全面的情感背景，问卷还涵盖了当周内发
生的其他具有显著情感色彩的事件，如欢聚时光、浪漫约会及激动人心
的体育赛事等。随后，研究人员采取了多时间点的追踪策略，分别在 1
周、6 周及 32 周后再次与这些热心的志愿者取得联系，重复询问了关于
那些日子记忆内容的细节及他们对记忆准确性的自信评估。这一巧妙的
实验设计旨在探究时间流逝对记忆稳固性及人们对自己记忆准确性的自
信度的影响。图 3-2 以直观的方式展现了研究成果：左图揭示了志愿者
提供的记忆细节与初次记录相比，保持一致或发生变化的数量变化；而
右图则生动展示了志愿者对这些记忆准确性的信心的动态变化轨迹。

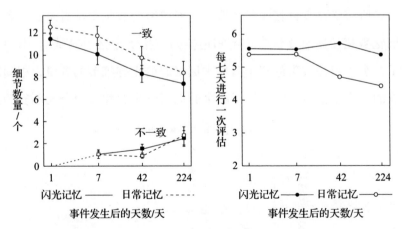

图 3-2 记忆稳固性与人们对自己记忆准确性的自信度（Talarico & Rubin，2003）

注：左图是闪光记忆和日常情感事件记忆中与最初事件回忆一致和不一致的细节数量。
右图是对记忆准确性的信心程度。

正如观察到的那样，对纽约双子塔遭受恐怖袭击当天的记忆准确度

和对中度情绪事件的记忆准确度都以相同的速度逐渐下降：一致的细节数量减少，而新的元素（虚假记忆）增加。也就是说，遗忘对这两个变量的影响是相同的。然而，受试者对9·11事件记忆准确性的自信度仍然很高，而对日常记忆的信念则有所下降。因此，高度情绪化的事件可能并不比中度情绪化的事件更容易被遗忘，但它们会给人造成一种更好记忆的错觉。类似的研究在许多其他事件中也得到了重复，并产生了类似的结果（如McCloskey et al.，1988）。

很明显，当一个事件引起情感共鸣时，它比没有引起情感共鸣时更容易被记住。在一项经典研究（Cahill & McGaugh，1995）中，有两组学生被要求观看一个简短的幻灯片，讲述一个男孩到他工作的医院探望父亲的故事。我们制作了两个不同的故事，每张幻灯片所配的旁白也各不相同。因此，当故事中间出现了触目惊心的手术场景时，一组被告知这是由演员表演的模拟场景，而另一组则被告知这是真实的生死案例。几天后，所有受试者都接受了访谈，以便研究者收集受试者对故事各部分的回忆数据（所有受试者都不知道他们将接受记忆力测试）。图3-3显示了每个小组在故事的三个阶段中回忆起的正确细节的数量，中间阶段对应的是手术情节。听了情感故事的那组学生对故事中令人不安的部

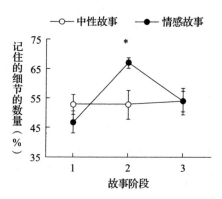

图3-3　在故事的三个阶段正确记忆的细节的数量（Cahill & McGaugh，1995）

分回忆起了更多的细节（在故事开头观察到的微小差异在统计学上并不显著）。

包括本项研究在内的多项研究均有力地支持了一个观点：刺激性情绪相较于中性情绪，更易于在记忆中留下深刻印记。然而，要确认这一现象是否直接源于情绪对记忆机制的直接影响，尚需深入探究。研究人员普遍倾向于认同这样一种解释：情绪刺激所触发的强烈情感反应，自然而然地引导了个体的注意力高度聚焦于该刺激上，从而促进了记忆的深度加工与巩固。这一理论框架得到了若干实证研究的支撑。具体而言，当个体遭遇如目睹开颅手术或犯罪现场等极端情绪唤醒事件时，其注意力被情绪力量牵引至最为震撼、具体的细节上，导致这些核心片段被深刻铭记。然而，这种注意力的高度集中也伴随着一个不容忽视的副作用，即对周围环境的边缘信息或外围细节的记忆力显著减弱。这一现象在司法领域，特别是目击者证词的可靠性评估中，具有深远的现实意义。由于目击者的记忆往往集中于那些情绪色彩浓厚的核心场景，而对于案件整体或其他关键要素的记忆则可能变得模糊或扭曲。当法律程序要求目击者详细阐述这些被遗忘或模糊的细节时，他们的记忆可能会不自觉地从其他相关或无关的经历中拼凑出"重构"的片段，这无疑增加了误判的风险，历史上不乏因此导致无辜者蒙冤入狱，甚至遭受极刑的悲剧案例。

简言之，大脑面对情绪强烈的刺激时，会本能地将其注意力高度聚焦于这些刺激上，从而在一定程度上忽视了周围环境的其他细节。这一机制在教育环境中同样有着鲜明的体现。试想，在实验室的课堂上，当我们精心策划并成功展示了一场引人入胜的实验，伴随着液体爆炸的震撼或颜色骤变的奇观时，学生们很可能就被这些直观且情感充沛的瞬间深深吸引。然而，这种强烈的情感吸引也可能伴随着一个潜在的风险：

部分学生或许只记得那些令人难忘的视觉或听觉效果（如液体爆炸、颜色变化），却未能充分吸收并理解实验背后的科学原理与逻辑解释。

幸运的是，促进记忆生动性的情绪因素似乎无须依赖极端或特定的刺激来激发强烈的情感反应并独占注意力。莱尼（Laney）及其团队在2003 年通过一系列精心设计的实验揭示了这一点：强烈的情感主题本身，而非仅限于某个单一的情绪刺激点，就足以深化人们对整个事件及其细节的记忆痕迹。具体而言，当故事被赋予情感丰富的背景时，其精髓与情节脉络均能更牢固地镌刻在记忆之中。

然而，这一发现并未直接解答情绪与记忆之间是否存在直接因果关系的谜题。情绪究竟是记忆生动性的直接驱动力，还是仅仅作为注意力的放大器，促使我们更加聚焦于记忆内容？又或者，情绪通过激发我们对记忆的深入思考与反复回顾，间接地强化了记忆的稳固性？毕竟，在记忆增强的认知机制中，检索与反思是两个至关重要的环节，它们单独作用或协同作用，对记忆的长久保持产生深远影响，而这一过程并不绝对排斥情绪因素的参与。那么，情绪的影响是直接的还是间接的？

有确凿证据表明，情绪因素在促进记忆巩固方面扮演着更为直接的角色。以尼尔森（Nielson）及其同事 2005 年的研究为例，他们巧妙地设计了一项实验来探究情绪对记忆持久性的影响。实验中，两组受试者被分配学习一串包含 35 个单词的列表，并在学习后立即进行了首次回忆测试，结果显示两组的平均记忆成绩相当。随后，他们被要求观看一段视频：一组参与者观看了一段令人不安的口腔手术视频，旨在引发强烈的情绪反应；而另一组则观看了情绪中性的刷牙场景作为对照。30 分钟后，受试者接受了一项突击测试，并被要求再次从最初的单词列表中写下尽可能多的单词。令人惊讶的是，这一次，那些看过引起强烈情绪反应的视频的受试者平均记住了更多的单词。24 小时后，当他们接受同样的测试时，情况也是如此（见图 3-4）。

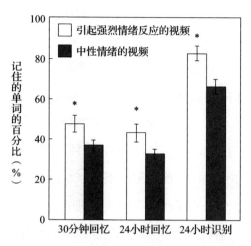

图 3-4 中性情绪与强烈情绪对记忆持久性的影响（Nielson et al.，2005）

因此，该实验及其众多成功复制相同效应的研究共同揭示了一个重要结论：情绪对记忆具有显著的增强效应，且这种效应并非仅仅源于情绪促使我们更加关注或反复思考情绪刺激本身。相反，它更像是情绪赋予了我们一种增强的记忆巩固能力，如同为记忆的编码与存储过程安装了高效的加速器。在这种机制的作用下，我们不仅能在情绪化事件中深刻铭记那些即时编码的信息，甚至能够回溯并稳固之前已经启动但尚未完全巩固的记忆内容，比如前项研究中参与者在观看引起强烈情绪反应的视频前所学习的单词列表。在深入探讨记忆过程的 2.3 节中，我曾提及记忆巩固是一个在大脑内部持续运作、不断深化的过程，它并不依赖于我们的主动思考与关注。即便是在工作记忆之外，即当我们不再直接聚焦于产生记忆的刺激物时，记忆的巩固仍在悄然进行。

在神经科学的广阔领域中，情绪对记忆增强的奥秘已被逐步揭开（McGaugh，2013；Phelps，2006）。今天，我们知道，在对情绪刺激（即与我们的生存或目标相关的刺激）做出反应时，我们大脑的一个区域杏仁核会被激活，它可以调节参与显性记忆形成的大脑区域海马体。具体而言，杏仁核与海马体之间建立起了微妙的联系，前者向后者发送强化信号，仿佛为记忆的编码与巩固过程按下了加速键。这种生理上的联动机制确保了正在经历的情绪化事件能够被更为深刻地刻在记忆中。值得注意的是，海马体内的巩固过程并非昙花一现，它在学习体验之后仍会持续数分钟乃至数小时，不断加深记忆的烙印。因此，杏仁核的激活不仅限于直接影响当前触发其活动的情绪事件的记忆效果，更以一种连锁反应的方式回溯并强化了先前的记忆痕迹。此外，这种影响还具有一定的时间延展性，这意味着即便是在情绪事件之后紧接着发生的经历，其记忆的形成也会受到杏仁核调节作用的波及，从而变得更加牢固和生动。

从进化的角度来看，杏仁核对记忆的影响非常有意义。试想，在远古的草原上，当我们的祖先骤然遭遇一头凶猛野兽的威胁时，这一瞬间不仅触发了对即时危险（即野兽本身）的深刻记忆，更通过杏仁核的激活，带动了对前后情境的全面回顾与巩固。这种能力，不仅限于对单一威胁事件的铭记，更将那一刻前后的所有细节——环境布局、逃跑路径、同伴反应等——都编织进记忆的网络中。在生存法则的残酷考验下，这样的记忆模式显得尤为宝贵。它不仅仅是对过去经验的简单存储，更是针对未来潜在威胁的预警系统。通过整合并强化这些细微却至关重要的记忆片段，我们的祖先得以在类似危机再次降临之前，提前预判形势，制定更为有效的应对策略。

除了影响由海马体生成的情节记忆的可记忆性外，杏仁核还会在我们不察觉的情况下自主学习（Phelps，2006）。在恐惧条件反射这一经典学习范式中，杏仁核展现出了其作为情绪记忆中枢的非凡作用。在这一过程中，大脑会自动将特定刺激与潜在危险建立联系，并在潜意识层面编织起一张恐惧反应的网。当个体再次遭遇这一刺激时，即便尚未进入意识的明确认知阶段，杏仁核也已迅速启动，触发强烈的情绪反应，如恐惧或应激。例如，如果邻居的新养的狗咬了我们，杏仁核会记住它，并在我们下次看到狗时引发恐惧或压力反应。杏仁核的这种学习能力独立于海马体，因此，它是隐性（无意识）记忆的一部分。如果一个人的大脑海马体遭受损伤，但保留了完整的杏仁核，他仍然可以将刺激与恐惧联系起来，并对其做出反应，但这个人不会有意识地回忆起为什么他对以前没有意识到的刺激感到恐惧。如果没有海马体，我们仍会对咬我们的狗感到恐惧，但我们不会有意识地记得曾经见过它。

同时，海马体的运作也独立于杏仁核。事实上，大多数储存在我们记忆中的东西并不是来自触发杏仁核的引起强烈情绪反应的情境，这点值得庆幸。海马体能够将各种刺激转化为记忆，引起强烈情绪反应并不是必要条件。海马体不断地存储我们所做的每一件事的信息（否则我们怎么记得今天做了什么呢）。要让这些记忆得到长久的保留，我们只需要思考它们，并在这个过程中将它们与已有的知识联系起来。杏仁核严重受损但海马体完好无损的患者可以像健康人一样产生记忆，但当受到情绪刺激时，他们不会经历记忆增强（Cahill et al.，1995）。

简言之，虽然情绪确实可以增强我们的记忆，但它并非记忆形成的必要条件。此外，今天大多数关于情绪如何加深记忆的研究几乎都局限于显著激活杏仁核的"强烈"情绪（具有高水平的唤醒）的情况。这些情绪是由强烈的个人经历引起的，或者是在实验室中使用令人不安的图像诱发的。在课堂上使用这些类型的情绪来促进学习有悖伦理。事实上，正如我们将在后面看到的，强烈的情绪往往会阻碍我们在学校里追求的学习效果。

然而，近年来，越来越多的证据表明，适当强度的情绪状态对学习有积极的影响——特别是那些与惊讶和好奇等有关的情绪。接下来，我将深入剖析这一现象。

3.1.5　惊喜和好奇对记忆的影响

最近的几项研究表明，没有必要唤起学生强烈的情绪来增强他们对课堂内容的记忆；即使是轻微的情绪也会产生影响。

据此，我们拥有了确凿的证据，表明在教育环境下，巧妙融入惊喜元素能够显著提升学习成效。尤为关键的是，这种策略无须追求令人瞠目结舌或惊愕万分的极端体验，仅仅是通过打破常规、出其不意的方式，就能达到预期的学习增强效果。更令人欣喜的是，惊喜所带来的情绪涟漪远不止于记住那一刹那的惊奇瞬间，它仿佛一座记忆的桥梁，将学生在这些非凡时刻前后所接触、所理解的所有信息都紧密相连，共同编织进他们更为牢固的记忆之网中。

以巴拉里尼（Ballarini）及其团队（2013）的研究为例，他们精心设计了一项实验，对象涵盖了 1676 名小学生，并将这些学生分为两组进行对比分析。实验中，两组学生均被安排聆听同一则故事，旨在后续评估他们对故事细节的回忆能力，时间跨度为 24 小时。值得注意的是，第一组学生在听故事的当天维持了常态，未做任何调整；而第二组学生则在听故事的前后一小时内，遭遇了如教室变更或授课教师更替等意想不到的变故。实验结果显示，次日当再次询问时，遭遇意外情况的第二组学生能够回忆起的故事细节数量，竟比未经历任何变化的第一组学生高出惊人的 40%。这一发现不仅在小学生群体中得到了验证，当研究团队将类似测试推广至不同年龄段的学生，包括大学生群体时，所得结论亦如出一辙：在引入新奇元素的环境下，学生们不仅对该惊喜事件本身记忆犹新，而且关于该事件发生前后一小时内的课堂内容及其他细节的回忆效果也显著优于常规教学场景中的表现。具体而言，这些精心设计的实验深刻揭示了一个现象：从新奇事件悄然降临的前一小时起，直至其影响力逐渐淡出的后一小时内，这段时间内所经历的一切，均使学生们对这些信息的记忆变得尤为深刻与持久（Ballarini et al.，2013；Nielson & Arentsen，2012）。

此外，近年来的研究成果进一步强调了与好奇心紧密相连的情绪状态对记忆能力的积极影响。具体而言，格鲁贝尔（Gruber）及其研究团队（2014）设计了一项实验，旨在探索好奇心如何促进信息的长期保留。实验中，受试者被呈现了一系列琐碎的问题，并被要求在揭晓答案之前，自我评估对每个问题答案的好奇程度。这一步骤巧妙地捕捉了受试者内在的好奇情感。随后，通过一项精心设计的惊喜测试，研究团队评估了受试者对先前问题答案的记忆效果。结果令人瞩目：对于那些成功激发了受试者高度好奇心的问题，他们平均能够回忆起高达 70.6% 的答案，这一比例显著高于那些未能触动其好奇心的问题，后者仅被回忆起约 54.1%。

当然，这一显著结果或许并非单纯好奇心的直接产物，而是与受试者的既有知识储备有关。普遍而言，我们往往对那些已具备一定知识基础的主题抱有更高的好奇心，因为这些话题更吸引我们。事实上，个人对某一事物的既有知识量，是其理解相关新知、拓展认知边界的基石。正如我们所知，学习过程本质上是一个不断将既有知识与新获取的信息进行融合与连接的过程。随着我们对某一领域知识的积累加深，我们便拥有了更加丰富的认知框架，这使我们能够更加灵活地将新数据、新想法纳入这一框架，构建出既稳固又便于提取的记忆网络。

然而，为了排除这种解释，在之前的研究中，研究人员还向参与者展示了他们等待琐事问题答案时的面部照片。在这个过程的最后，参与者还被评估了他们对这些面孔的记忆。参与者能够更好地回忆起他们在高度好奇状态下看到的面孔，似乎好奇心确实增强了他们记住当时呈现的刺激的能力。结果显示，这种影响很小，但具有统计学意义，为好奇心对记忆的影响提供了一些证据。

3.1.6 促进学习的情绪

考虑到所有这些，我们可以得出这样的结论：教师应该努力让他们的课堂充满激情以促进更持久的学习。诚然，情绪的力量不容忽视，它能显著增强记忆效果，这是无可争辩的事实。然而，值得深思的是，尽管强烈的情绪能够烙印在我们的记忆中，但这并不直接等同于在情感充沛的课堂活动中，学生就能自然而然地吸收更多知识。

为了解开这一看似矛盾的现象，我们需深入剖析记忆的复杂结构。记忆这一广泛概念，在技术层面上，被细分为多个维度，其中尤为关键的是显性记忆，它进一步细化为情景记忆与语义记忆两大支柱（Tulving，2002）。

具体而言，情景记忆（也称自传体记忆），如同个人历史的记事本，详尽地记录了我们生活中的点点滴滴——从日常琐碎的细节到那些意义非凡、刻骨铭心的经历。而语义记忆储存的则是我们的知识。

尽管这两种记忆类型紧密相连，但丰富的证据揭示了它们在功能层面上的显著差异。尤为显著的是，情景记忆的一个核心特征是它内在地包含了上下文参照，即记忆不仅保留了事件的内容，还紧密关联着其发生的具体情境细节，比如地点、时间乃至伴随的情绪体验。相较之下，语义记忆储存的信息则往往剥离了这些丰富的上下文参照，不特别记录信息获得的具体时间、地点或方式。因此，我们或许能清晰地界定"大象"这一概念，却不一定能追溯到关于大象知识的具体学习情境。

换言之，情景记忆紧密缠绕于特定的背景之中——那些催生记忆的个人经历与情境，而语义记忆则展现出一种更为"超脱"的特质，它摆脱了具体情境的束缚。实际上，语义记忆的精髓在于其信息的"意义化"，这些意义是经过无数经验的累积与提炼而逐步构建起来的。因此，语义记忆不仅囊括了具体的想法，还包含了更为广泛的概念范畴。

出于这一点以及其他原因，强烈情绪状态的记忆增强效应主要影响我们的情景记忆，而对语义记忆没有太大影响——语义记忆是我们最终希望在课堂上加强的记忆类型。因此，当学生在课堂上参与使他们情绪激动的活动时，第二天他们主要记得课上发生的事情，但经常记不起他们应该学的东西，如图 3-5 所示。

图 3-5　学生对课堂上发生的事情的记忆

此外，触发情绪反应的往往并非学习材料本身，而是活动边缘的某些元素，这些非核心要素不经意间吸引了学生的注意力，导致他们偏离了课程预设的核心目标。换言之，课堂上尤其是那些强烈的情绪体验，往往会引发不必要的认知负担，使学生难以将宝贵的注意力资源聚焦于真正的学习目标上。

尽管强烈的情绪触发的情景记忆增强机制，最终能够强化对特定学习目标的记忆回顾，其副作用却可能是抑制了学生对于概念和程序性学习至关重要的深度反思过程，这类学习的终极目标在于知识的迁移与应用（Vogel & Schwabe, 2016）。

然而，这绝不意味着情绪在教育过程中的角色无足轻重。恰恰相反，正如后续即将揭示的，无论教师是否刻意营造，学生在课堂环境中将持续经历着情绪波动——由课堂社交互动及学习挑战自然激发。这些情绪，正是对学习效果产生深远影响的关键因素，也是教育工作者应当给予深切关注的领域。它们不仅能在瞬时改变学生的学习表现，还能塑造他们的学习动机。在此，我们先聚焦于前者，即情绪如何调整学生的即时学习状态；而关于学习动机这一更为深远且复杂的议题，我将留待接下来的两节进行详尽探讨。

3.1.7　情绪与成绩

学生在课堂上面临的挑战，以及与老师和同龄人的大量互动，不断塑造着他们的情绪状态。由此产生的情绪会影响他们的学习和成绩。就动机而言，积极的情绪显然更有益。然而，当涉及学生在课堂任务中的成绩时，所有的情绪，无论是积极的还是消极的，都可能产生有利或不利的影响。影响学生表现的关键因素是他们所引发的生理和心理激活水平，即唤醒水平。

在本书的开篇，我们已详尽探讨了强烈情绪与中性情绪如何与学习成效紧密相连的复杂关系。转至教育的语境下，在探讨情绪的影响力时，一个不可忽视的重要变量是由情绪反应触发的激活或唤醒水平，以及这一状态对我们的认知功能与行为模式的影响程度。这一变量之所以至关重要，是因为它依据激活水平的高低，为课堂学习任务的效果铺设了增

强或减弱的双向路径。值得注意的是，即便是那些在传统观念中被视为
"负面"的情绪体验，如挑战所激发的焦虑、恐惧或压力感，只要能够控
制在适度的兴奋区间内，并维持在一个合理的短暂时段内，它们同样能
够转化为推动学习进程的有益力量。在此，我再次重申：关键在于掌握
"适度"的界限与"短暂"的尺度。

情绪的强度不同，其对认知功能的影响也呈现出多样化的面貌。一
个极端是强烈的情绪或高度警觉的状态所引发的过度激活，这可能导致
思维过度兴奋而难以聚焦；另一个极端则是放松至极乃至昏昏欲睡状态
下的激活不足，这会让思维陷入迟缓与沉寂。这两种极端情况，均会不
可避免地削弱我们执行那些需要高度注意力、深度思考与逻辑推理的任
务（诸如学习）的能力。然而，当情绪的激活程度恰好处于中等水平时，
我们便可以在此类任务中展现出最佳表现。

谈及压力与焦虑，自 20 世纪初起便牢牢占据了心理学研究的前沿阵
地。1908 年，耶克斯（Yerkes）与多德森（Dodson）提出了一个定律，
该定律揭示了人所承受的压力水平与执行认知密集型任务的效率之间错
综复杂的联系。他们指出，这一关系可形象地通过一条钟形曲线来描绘，
即著名的耶克斯 – 多德森定律曲线，如图 3-6 所示。

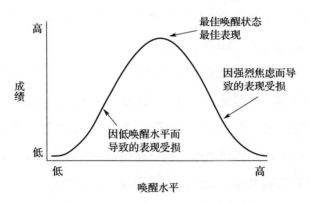

图 3-6 耶克斯 – 多德森定律（针对认知要求高的任务）

简言之，当唤醒水平适中时，人们表现最佳。唤醒水平过高或过低，都会对任务结果产生不利影响。

这一定律精妙地延伸至教育领域内可能涌现的各类情绪范畴。换言之，积极情绪固然对学习过程大有裨益，然而，其强度若超越适度界限，转变为过度的亢奋状态，则可能对学习成效构成不容忽视的干扰。试想，当你正致力于引导学生攻克一项需要高度专注与细致思考的难题时，学生却沉浸在一种极度兴奋的情绪氛围中。

一般而言，在学校这一学习场景中，过度强烈的情绪往往构成了一种不利因素，无论其性质是正面的还是负面的，均可能干扰学生的逻辑推理能力，并给工作记忆带来沉重负担。有时，强烈的情绪会在课堂上出现，如紧张的考试氛围、需公开呈现的演讲、协作完成的小组项目，乃至是简单回答教师提问时的失误，均可能成为触发点。此外，学生个人生活中的种种压力与情绪波动，也可能伴随其步入课堂，进一步加剧这一状况。不论是何种缘由导致的强烈情绪，它们均倾向于分散学生的注意力，使工作记忆中充斥着与当前学习任务不直接相关的纷杂思绪。这种心理状态的转变，不仅对学生的学业成绩构成挑战，长远来看，还可能对其身心健康造成不容忽视的负面影响。幸运的是，神经科学领域已对这一现象有了很好的理解，特别是关于杏仁核激活如何微妙地影响工作记忆功能的机制（Arnsten，2009）。

此外，至关重要的是要深刻认识到，每个学生对于刺激所引发的唤醒水平反应各异。举例来说，面对考试这一情境，有的学生可能会体验到高度紧张与压力，而另一些学生则可能相对从容不迫，几乎不受影响。同样，学生对于不同刺激所赋予的情绪价值也千差万别，这导致了一个学生在学习数学时可能沉浸于探索的乐趣之中，而另一位学生则可能对数学产生焦虑情绪。

　　因此，管理情绪的能力与学习成绩呈正相关也就不足为奇了（Mega et al.，2014；Graziano et al.，2007）。同样不可否认的是，旨在提高学生正确识别、理解、表达和调节情绪的能力的情绪教育干预措施可以对他们的学业表现产生积极影响（Jamieson et al.，2010）。鉴于情绪调节在学习成效中扮演的关键角色，我在"自我调节"这一节中，特别设立了一节来深入探讨这一话题。然而，除了情绪调节，还有另一至关重要的情绪因素不容忽视，即学习动机。接下来，我将聚焦这一核心要素，深入剖析其在学习过程中的影响与作用。

3.2　学习动机

3.2.1　一个被忽视的因素

　　著名教育学家、心理学家及哲学家约翰·杜威（John Dewey）在 20 世纪初指出："在某种层面上审视，义务教育实则是一种理念上的构想。我们虽能强制学生步入校园，但真正的教育，唯有当学生全心投入并积极参与学校活动时方能得以实现。"（Dewey，1913）这一洞见深刻揭示了学习动机作为学习旅程中不可或缺的驱动力。遗憾的是，尽管其重要性不言而喻，学习动机在数十年间的正规教育体系中，尤其是在中高等教育阶段，却往往未能得到充分的重视与培育。然而，正如我们将要细致探讨的，将这一至关重要的情绪因素——学习动机，提升至教育过程的核心地位，并将其作为教师职责中不可或缺的一环，本身就是一场小小的教育革命。

　　长久以来，科学界也忽视了学习动机在学习过程中的作用，几乎只专注于研究认知过程（Schunk et al.，2013）。这一现象导致，在 20 世纪的大部分时间里，教育研究的主流航向是致力于揭示"是什么促使我们学习"，即哪些行为模式与环境因素能够最优化地激发并巩固学习成效。然而，随着时间的流转与认知的深化，学界逐渐意识到，探索"是什么驱动我们渴望学习"以及"哪些力量促使我们采取行动学习"同样至关重要。这一认知上的飞跃，不仅拓宽了教育研究的边界，也使我们能够更加精准、全面地描绘现实课堂中的学习动态（Pintrich，2003a）。简言之，若忽视了学习动机这一核心变量，任何对教育现象的理解都将是不完整且难以触及本质的。

早期的科学研究在人类动机领域铺设了基石，提出了一系列基于内部驱动力的理论，这些力量促使我们满足基本的生理需求，平衡因心理或生理不适引发的张力，乃至纯粹地追求愉悦并规避痛苦（Weiner，1990）。诚然，这些源自实验室动物观察的理论框架，在阐释如饥饿驱使觅食、生理需求促使如厕等基本动机方面展现了一定效用。然而，它们很快便显现出局限性，特别是在剖析人类复杂行为模式——尤其是学校环境中学生的学习动机时显得力不从心。在此背景下，人们于20世纪后半叶见证了学习动机认知理论的蓬勃兴起。这一新兴视角显著区别于前人，它强调学习动机根植于学生如何有意识地解释与加工所接收的信息，并在此基础上做出决策。换言之，学习动机被视为一种深受认知因素调节的情绪反应，其深度与广度远超简单的生理或心理需求满足。随着研究重心从实验室转向真实的课堂环境，并积累了大量实证数据（Schunk et al.，2013），认知理论在学习动机教育领域已稳固且占据了主导地位。因此，本节的核心使命便是深入剖析并阐述在学校这一特定背景下，学习动机认知理论的核心观点。

3.2.2 什么是动机？

动机，作为一种深层的情绪驱动力，激发并维系着我们针对明确目标所采取的一系列具体行动。它引领我们朝着既定的方向奋力前行。动机的本质在于其目的性：若无具体目标作为指引，动机便无从谈起，因为它总是紧密关联于我们渴望达成或创造的具体事物。在教育领域，动机的作用尤为显著，它与学习及学术目标的达成紧密相连。简言之，当学生内心充满学习动机时，他们会以更加饱满的热情和不懈的努力去追求并实现学习目标。值得注意的是，虽然学习动机本身并不足以让学习过程变得难以忘怀，但它无疑是提升学习成效的关键因素，因为它能鼓励学生投入更多的精力、时间和注意力于学习之中。

关于动机的认知理论深刻揭示了一个核心观念：人类天生就携带着一种普遍的学习动机。然而，关键在于解析这一动机的具体指向：学习什么？我们究竟为何而学？又是什么微妙地塑造着我们的学习偏好？更进一步地说，是什么力量促使我们在某一学科领域内持之以恒，又是什么让我们逐渐对其丧失兴趣？当前的研究趋势并非仅仅聚焦于"动机"这一情感冲动的起源，而是深入探索那些决定其指向性、强度及持久性的复杂因素。本质上，我们渴望理解在特定学习环境下，学生是如何被激发去探求特定知识的。同时，我们也在探寻是什么机制促使他们坚持不懈地追求，或者最终导致他们放弃的转折点又是什么。这些知识可以有效地促进学生对学校各项活动的积极参与和深度投入。

因此，至关重要的一点是要认识到学习动机并非终极目标，而是通往成功学习之路的重要桥梁和手段。增加学生的动机不应该被认为是方法改变或学校项目改革的目标；动机应该被认为是实现学习目标的一种（非常强大的）手段。正如本节后续内容将深入探讨的，教师与学校积极采取改革措施以强化学生的学习动机，无疑是值得肯定的。但在此过程中，我们务必铭记，这些变革的终极愿景并非仅仅增强学生的学习动力，而是要引导学生将这股动力精准地投入到我们所倡导的学习内容之中。

毕竟，尽管激发学习动机的方法多种多样，但并非所有途径都能有效引导学生将注意力与精力聚焦于核心学习目标之上。我们的理想状态是，学生能够满怀热情地投身于认知活动中，从而开启一段深刻且富有成效的学习旅程。

3.2.3　目标

学习动机始终紧密围绕着明确且具体的目标或宗旨而构建。然而，一个不容忽视的现象是，教师为学生规划的学习目标与学生自我设定的目标往往并非总能完美契合。例如，教师可能致力于激发学生对所学科目的深刻理解和热爱，而学生却可能仅仅将焦点放在了分数与成绩上。这一现象凸显了目标设定之间的潜在分歧。因此，我们可以将学生可能追求的目标分为两类（Dweck，1986；Dweck & Leggett，1988）。第一类是真正的学习目标，这类目标源自学生对学科知识本身的浓厚兴趣与掌握新技能的渴望，是推动他们深入探索与学习的内在动力。第二类是成绩目标，这类目标则更多地反映了一种外在导向的动机，学生可能出于对展现自我价值、维护个人声誉或应对学业挑战的考量而行动。对于过分强调成绩的学生，这类目标往往占据了主导地位。

这些成绩目标又可进一步分为两类（Elliot，1999）：进取型成绩目标和规避型成绩目标（见图 3-7）。有进取型成绩目标的学生的典型特征是积极追求卓越，他们总是全力以赴以争取最佳成绩，并渴望在班级中保持领先地位。具有规避型成绩目标的学生只愿意付出必要的努力，以便确保自己的成绩不会过于落后，避免在班级中垫底。

当然，在义务教育阶段，不幸的是，也有一些学生并不追求这些目标，因为他们既不看重成绩，也不看重在学校里能学到什么（正如后面讨论的，这取决于他们对学习的信念）。

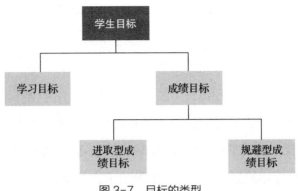

图 3-7　目标的类型

　　跨年龄段的广泛研究表明，学生所追求的目标的类型深刻影响着他们的行为模式，并最终反映在他们的学习成绩上。正如预期，那些制定规避型成绩目标的学生，往往表现出较低的学习成效，他们可能因害怕失败或负面评价而仅满足于最低限度的努力，从而在学习成绩上处于相对落后的位置（当然，这一结论并不适用于那些完全缺乏明确学习目标的学生群体）。然而，在学术表现最为卓越的学生群体中，并非全然是那些我们理想中追求纯粹学习目标的学生，而是那些设定进取型成绩目标的学生（Wolters，2004）。

　　为何那些对学习充满热情、以学习目标为驱动的学生，在学业成绩上却常常未能超越那些以成绩为唯一导向的学生呢？原因其实颇为直接：当前的评估体系，尤其是那些用于衡量学业成绩的测试，往往未能有效区分出深层次、持久性的学习成果（即那些能够深入理解知识并灵活应用于新情境的能力）与浅层次、短期性的学习成果（Wolters，2004）。在多数学习环境中，学习策略往往侧重于记忆而非深度理解，这促使了一种短期学习文化的形成，使得学生即便未能真正掌握知识，也能通过死记硬背等方式在考试中取得不错的成绩。简言之，学生有时能在没有实质性学习的情况下，仅凭应试技巧获得学业上的"成功"，但这种成功往往是短暂且难以持久的。然而，当评估方式转变为更加注重学生对学科知识的理解和迁移能力时，情况便截然不同。研究表明，在这种评估模式下，以学习目标为导向的学生展现出了显著的优势。他们的学习不仅更为深入和持久，而且他们更加积极地投身于各类学习活动中，采用多样化的积极策略来促进自己的学习和成长。这些学生不仅在校内积极寻求学习机会，还乐于探索校外的知识资源，勇于面对包括可选择性挑战在内的各种学术难题，并持续不断地追求新的学习机遇（Harackiewicz et al.，2002；Barron & Harackiewicz，2001）。这些特征与以成绩为导向的目标不相关。

务必澄清的是，学习目标与成绩目标并非相互对立的两个极端；学生完全有可能同时拥有这两种目标，只是它们在不同学科中的比重可能有所差异。实际上，当学习目标融入了方法论的精髓，并与成绩目标相辅相成时，这样的结合尤为值得推崇，因为它们能够相互促进，产生更为积极的学习效果。反观之，规避型成绩目标则显得消极被动，缺乏促进学习进步的正能量（Pintrich，2003b）。

综上所述，学生选择的目标类型无疑会对其学习动机产生深远影响。但是，正如接下来讨论的，学习目标本身的性质对学习动机的影响更为关键。

3.2.4 决定学习动机的因素

依据有关学习动机的认知理论，驱动学生积极采取行动以实现学习目标的两大核心要素分别为：主观价值与期望（Wigfield & Eccles，2000）。主观价值这一概念深刻关联着学生对学习目标的内在重视程度，它反映了学生对学习内容的价值的深刻认同与追求；而期望则聚焦于学生自我评估的能力范畴，即他们对自己成功达成目标的信心与预判。简言之，当学生深刻认识到学习内容的价值所在，并坚信自己具备实现这一目标的能力时，强烈的学习动机便油然而生。值得注意的是，学习目标为这两个关键因素赋予了实质性的内涵与方向。因此，脱离具体学习目标来空谈学习动机，无疑是空洞且缺乏针对性的（尽管具体程度可能因情况而异）。

接下来，我们将分析主观价值和期望在学习动机中的基本作用。

1. 主观价值

学生对学习对象的重视程度将决定他们的学习动机（Wigfield & Eccles，1992）。这个结论乍一看似乎很明显，但如果我们深入研究，就能更好地理解它的细微差别及其对学习和成绩的影响。

首先，学生为学习目标赋予价值的原因纷繁多样，教育心理学领域将其精髓分为三大类别（见图 3-8）。其中，内在价值占据了举足轻重的地位，它源自学生对即将探索的学习内容本身所持有的浓厚兴趣与热爱。以孩子们对恐龙的痴迷为例，他们甘愿投入数小时沉浸在恐龙知识的海洋中。也就是说，当学生的学习动机完全来自于对自己感兴趣的事物的渴望时，他们就受到了所谓的内在动机的驱动。

图 3-8　与学习目标相关的主观价值类型

传统观念中，教师往往将学习动机视为学生个人兴趣的产物，进而认为其难以通过外界干预进行调控。当课堂主题未能引发学生的兴趣时，教师或许会陷入一种无奈与沮丧之中，将传授知识的责任凌驾于学生个人兴趣之上。然而，兴趣并不仅仅取决于每个个体的偏好；它可以根据情境进行调整和提升（Hidi & Harackiewicz，2000）。在此背景下，我们有必要区分两种不同类型的兴趣：个人兴趣与情境兴趣。个人兴趣，根植于学生的天性与信念之中，是内在而独特的；而情境兴趣，则如同一块待雕琢的璞玉，其光芒闪耀与否，很大程度上取决于教师如何巧妙地组织与呈现学习活动。换言之，情境兴趣为我们提供了一个宝贵的契机去激发那些可能尚未被点燃的学习热情。为了有效利用这一契机，我们手握一系列具体而有效的策略，旨在精心培育与激发学生的情境兴趣。这些策略不仅是教育的智慧与艺术的结合，更能在实践中展现出惊人的力量。尽管此刻你可能尚未对这些策略产生浓厚的兴趣，但我诚挚地希望通过后续的探讨，能够点燃你内心探索与了解的火花。

另一个能使学生赋予学习对象价值的依据是其效用。因此，外在价值或工具价值并不直接来自于学习某事物的满足感，而是来自于学习该事物可能带来的理想结果（或不学习的不良后果）。例如，学生学习英语的动机可能是因为他们想与网上的朋友交流；他们参加选修活动的动机可能是因为他们想取悦老师；他们取得好成绩的动机可能是因为他们觉得这是他们的责任，这会给他们带来个人的认可或让他们向往特定的更高层次的学习。大家可能已经注意到，外在价值与成绩目标有关，而内在价值与学习目标有关。

诚然，外在价值在直观上或许不如内在价值那般纯粹与诱人，但其在教育体系中的作用却不容忽视。特别是在内在价值相对匮乏的情境下，外在价值更是成为不可或缺的补充与替代力量。实际上，对于许多学生而言，外在价值往往是他们初次接触并认识某一学科或主题时所能感知到的唯一价值所在。因此，我们不应简单地将基于外在动机的学习视为次优选择或错误路径。相反，这为学生提供了一个宝贵的起点，一个能够逐步深入探索，进而可能发现并培养个人兴趣的机会（Hidi & Renninger，2006）。

我们务必铭记，外在价值不仅与寻求奖励（例如，好成绩、奖品、表扬）或避免惩罚有关，它还涵盖了那些更为深远且"崇高"的目标，如与知识成果的实用性、对社会的贡献、对环境的影响相关的目标。换言之，当学生意识到一项学校任务（如参与某个项目）不仅旨在达成学术上的学习目标，更承载着服务社会的使命或是对更广阔教育社群乃至整个社区（邻里、城镇、国家乃至全球）产生积极影响的潜力时，他们的学习积极性与参与度将会得到显著提升。因此，在设计超越课堂甚至学校的活动时，我们要依靠这些互补目标提供的外在价值。当我们通过将所学知识与学生生活的各个方面联系起来来展示其实用性时，我们也会利用外在动机。

最终，教育心理学领域还深入探讨了成就价值的概念，即我们基于学习任务的感知难度而赋予其价值的现象。具体而言，相较于那些看似容易的学习内容，我们更倾向于为那些挑战性强、看似困难的任务赋予更高的价值，因为我们认为克服这些困难将带来更大的成就感与收获。因此，学习一些被视为简单得可笑的东西会导致缺乏动力。

尽管如此，当学习对象极其复杂时，我们也会缺乏动力。事实上，无论某项学习内容在主观上显得多么引人入胜或意义非凡（即我们为其赋予了多少内在价值或外在价值），一旦我们认为其难度超出了自身能力范围，最终都可能选择放弃。这里，主观价值虽然在学习的初期选择中扮演了重要角色，引导我们踏上学习之旅，但真正决定我们能否持之以恒、坚持到底的，往往是我们对成功掌握该知识的期望与信念。鉴于此，我们有必要深入探讨学习动机的另一个关键要素——期望。

2. 期望

人们之所以有动力去追求目标，往往源于他们内心深处对自我能力的信任，相信自己能够通过不懈努力实现既定目标，这种信念深深植根于他们对这些目标所赋予的主观价值之中（Wigfield & Eccles, 2000）。因此，当学生面对一项学习任务时，他们的第一反应往往是对自己成功完成该任务的能力进行一番自我评估。如果他们觉得自己难以胜任，那么他们的积极性与热情便会迅速消退。

这一现象的根源，在于人类天性中对失败的抵触与对成功的向往。我们本能地排斥失败带来的挫败感与负面情绪（Carver & Scheier, 1990），而与之相反，成功带来的喜悦与成就感则是我们乐此不疲追求的目标。因此，在面临挑战时，我们会不自觉地权衡成功与失败的可能性，一旦感知到失败的风险大于成功的希望，便会倾向于采取回避策略以保护自己免受潜在伤害的侵扰。然而，在学校等教育环境中，许多学习任务往往是无法回避的。在这种情况下，部分学生可能会采取一种消极应对的态度，即不投入必要的努力与专注，以此作为避免直面失败的一种手段。他们可能认为，只要不真正尝试，就无法被贴上"失败者"的标签。

研究人员将期望分为两类。一类是效能期望（Bandura, 1997），即学生对自己实现学习目标的能力的判断。另一类是结果期望（Carver & Scheier, 2001），即学生相信一组特定的行动——例如，教给他们的新的学习策略或向他们提出工作计划——会帮助他们实现学习目标。当然，如果他们的效能期望不存在，他们也不会有任何结果期望：对他们来说，没有任何方法可以通向成功。这种情况被称为习得性无助（Maier & Seligman, 1976）。但是，如果效能期望只是很低，我们就可以在学生的结果期望上下功夫，例如，让他们相信一种新的学习策略能够取得成功，如果他们通过这种策略取得了一些成功，反过来又可以提高他们的效能期望。

效能期望这一概念，与自我效能感这一在教育心理学中占据举足轻重地位的心理学概念紧密相连。自我效能感不仅广泛关联于学习与学业成就的方方面面，更因其深刻的内涵而显得尤为有意义（Bandura，1997）。在此语境下，学生的自我效能感——需明确区分于自尊——是衡量学生个体对于自身能否达成特定学习目标所持有的信心的标准。它并非泛泛而谈，而是针对具体领域或学习对象（正如主观价值也具有领域特异性）进行细致评估，意味着每位学生对于不同学科或学习任务均可能持有不同水平的自我效能感。此外，自我效能感仅限于对学习具体事物的能力做出理性判断。相比之下，自尊是一个人对自我价值或价值的总体感性认识，它决定了学生对自己的满意程度和对自己的接受程度。一个人认为自己永远学不会跳舞，并不一定是自卑。

自我效能感和自尊之间的另一显著差异在于，前者与学习成绩之间的关联性更为紧密且直接。具体而言，自我效能感不仅是一个反映学生自我认知的心理学概念，更是能够直接影响其学习动力与学业成就的关键因素。换言之，通过针对性地提升学生在某一学科或学习目标上的自我效能感，我们可以有效地促进其学习投入与成绩提升。相比之下，自尊虽然也重要，但其与学习成绩之间的关系更为复杂，往往不直接决定学习成果，因为正如之前所述，相关性并不等同于因果关系。为了更具体地说明这一点，我们可以参考舒克（Schunk）和汉森（Hanson）1985年的经典研究。该研究聚焦于一群在数学学习上遇到挑战的小学生，通过精心设计的实验来探究自我效能感的提升对学业成绩的影响。首先，这些学生被随机分成三组，所有学生都完成了一个初步测试，他们必须解决 25 道三位数或三位数以上的减法运算。然后，其中两组学生接受了干预以提高他们的自我效能感，并随后学习了解决测试中运算的策略。第三组接受同样的数学指导，但没有接受提高自我效能感的干预。最后，所有小组都完成了最后一次测试，同样是 25 道减法运算，结果如图 3-9 所示。

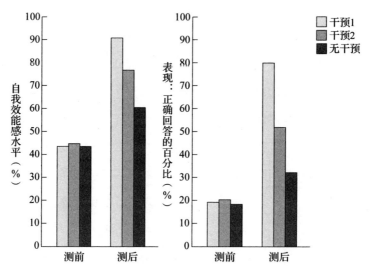

图 3-9　三组学生在数学测试中的自我效能感测量和结果（Schunk & Hanson，1985）
注：测试分别发生在包含干预措施以提高自我效能感的课程之前和之后。

显然，针对学生自我效能感的特定干预（此处采用了两种不同策略）在最终测试中展现出了显著的积极成效。这一发现并非孤立，而是得到了广泛领域内多项研究的验证与支持（Schunk，1989）。这些研究跨越了不同的学科内容，一致表明，学生对自身学习能力的内在评估深刻影响着他们的学习行为与成果。这种影响的逻辑链条清晰而有力：当学生先入为主地认为自己在某方面的学习能力有限时，他们往往会不自觉地为自己设下心理界限，减少在学习任务上的时间投入、精力分配与专注程度，因此他们最终会证实自己最初的假设。这种现象被称为自我实现的预言（Merton，1948）。

3.2.5　学习动机和学习成绩

关于价值观、期望值和学生学习成绩之间的相关性，研究告诉了我们什么？不出所料，研究显示，学生对每门学科赋予的主观价值与他们在这门学科中的成绩之间存在相关性。在对 18 个不同国家进行的 121 项研究的综述中，研究人员测量了学生的学科兴趣，并将其与他们的学业成绩进行了比较，结果发现了适度但一致的相关性（Schiefele et al.，1992）。然而，这种相关性没有告诉我们学生对某些科目的偏好是否解释了这些结果，或者相反，他们取得好成绩的事实是否是他们偏好的原因。它也没有告诉我们是否有第三个变量导致了这种相关性，例如学生在每门学科上的初始能力。尽管如此，大量研究仍一致强调，主观价值在激励学生积极参与学习过程、维持高效学习行为并最终促进良好学业成绩的取得方面发挥着不可忽视的作用。

至于期望，如前所述，自我效能感与学业成绩高度相关。这种相关性被认为是因果关系：如果我们提高学生对某一科目的自我效能感，他们在该科目的学习成绩就会提高。然而，这种因果关系是双向的：自我效能与成功是相互关联的。因此，更高的自我效能感会让学生付出更多的努力，持之以恒，更加投入到学习任务中，从而取得更好的结果。反过来，积极的结果有助于提高或维持高水平的自我效能感（Pintrich，2003a；Valentine et al.，2004）。出于同样的原因，当学生在学习过程中感受到进步时，他们的动机就会增强，从而鼓励他们继续学习。

总之，动机和学习成绩保持着一种相互作用的关系：动机影响学习和成绩，反过来，学生的学习和成绩又影响他们的动机。而且，这种互逆的因果关系是不等价的：自我效能感对于取得成功很重要，但成功对于保持高自我效能感更为关键（Muijs & Reynolds，2017）。

3.2.6　如何提高学生的学习动机?

基于当前深入讨论的内容,显然,要促进学生达成我们设定的学习目标,关键在于有效地干预他们对这些目标所持有的主观价值认知与期望。接下来,我们将探讨一些有助于实现这一目标的方法。

1. 提升主观价值

正如我先前强调的,调节学生对学习目标的主观价值,并不仅限于外在因素的操控(如通过强化学习目标的实用性来激发动力),更可触及内在动机的根源(即通过让学习目标本身变得引人入胜,从而自然提升兴趣)。这引出了一个核心概念——情境兴趣,它指的是当我们设计、呈现或开发学习活动,使之充满吸引力时,我们便能够自然而然地激发学生的内在兴趣。

在此方面,我们必须警惕的首要误区是将"有趣"与单纯的"玩乐"概念相混淆。诚然,使学习活动充满趣味性是值得追求的,但关键在于这种趣味性应当源自活动本身的内在价值,而非仅仅作为对原本可能枯燥任务的外部装饰。正如 20 世纪初约翰·杜威指出的那样,兴趣不应被视为附加于无趣任务之上的调味品(Dewey, 1913)。在此,我需要澄清一下,活动的趣味性本身并无可厚非,但是我们也不应忽视其可能带来的弊端。

首先,我们必须认识到,若学习任务的趣味性未能与学习内容的本质紧密相连,学生可能会不自觉地偏离核心思考轨道,转而关注那些与学习目标无直接关联的琐碎之事。回想我们在探讨记忆认知过程时所强调的,学生的注意力应当聚焦于正在学习的知识本身,而非旁枝末节。因此,"乐趣"的源泉不应游离于学习内容之外,而应来自学习对象本身。诸多研究已清晰表明,在学习任务中刻意添加与核心学习目标不相关的吸睛元素或趣味性细节，往往会适得其反（Wade，1992）。这些元素会成为干扰因素，与学生对关键信息的处理形成不利竞争，进而削弱其专注于真正需要掌握内容的能力。这一现象与认知负荷理论紧密相关，特别是当涉及无关的认知负荷时。更为严重的是，这些分散注意力的细节还可能激活学生脑海中与当前学习任务不相关的知识图式，导致他们错误地将新信息与那些无关的想法联系在一起。

其次，将乐趣简单地视为努力的替代品，这种做法显然于事无补。我们的目标是激励学生享受整个学习过程，包括其中不可或缺的努力与挑战，而非鼓励他们逃避必要的努力。在探讨记忆机制的章节里，我已深入阐述了付出努力与渡过难关对于提升学习成效的重要性。学习者在投入努力的过程中，大脑会经历更为深刻的加工与记忆巩固，从而收获更为丰富的知识。因此，我们不应试图规避努力，而应致力于激发学生的内在动力，使他们愿意并能够付出努力。事实上，与学习相关的满足感往往源自于成功掌握知识的那一刻，而非单纯的努力过程本身。诚然，努力是通往成功的必经之路，但真正的满足感往往在学生渡过难关、达成学习目标的瞬间涌现。

最后，我们需明确区分"有趣"与"好玩"之间的差异，这实际上反映了情绪状态中的中度唤醒（兴趣）与高度唤醒（好玩）之间的界限。正如先前在情绪管理章节中探讨的，为了最大化学习效益，维持一个适度而非过度的情绪唤醒水平是至关重要的。

已证明能更好地促进情境兴趣的行动有：

（1）促进对所学内容的理解　当学生真正领悟所学内容时，他们对这些内容的兴趣会显著激增。实际上，这一理解过程——正如我们成功解决问题时所经历的——能够激活大脑中与愉悦感和内驱力紧密相连的奖励机制。当我们意识到自己在学习旅程中不断取得进步，无论是将零散的知识点串联成线，还是清晰地把握了新颖的思想观念，这些细微而真实的成就感都会成为推动我们继续前行的强大动力。因此，精心规划学习目标的递进顺序，并适度调整任务的难易程度，不仅能够直接提升我们的记忆效率（正如先前章节所阐述的），还能在更深层次上激发和维持我们的学习动机。这一过程揭示了认知与动机之间密不可分的内在联系。

（2）**使用与学生兴趣相关的例子或情境**　将某一学科融入学生感兴趣的情境或实例中，可以提高学生对该学科的兴趣。例如，我们将几个世纪前吟游诗人之间的即兴诗歌对决与今天的自由式说唱对战进行比较。这不应与赋予学习对象实用性相混淆，因为实用性会影响学习对象的外在价值，而这里的关键是通过将学习对象与感兴趣的话题联系起来，使学习对象本身更有趣。

（3）**展示对所学内容的热情**　情境兴趣同样可以源自情感的深层驱动。我们的社会脑有一个显著的特点，即倾向于通过观察并模仿身边的榜样来学习，并且对同伴行为中蕴含的情感色彩尤为敏锐。当教师以生动的手势、丰富的表情、抑扬顿挫的语调和言语间流露出的真挚热情或激情，公开展示对所教授内容的热爱时，这种情感便如同涟漪般扩散开来，深深触动并激发了学生的好奇心与探索欲。从进化论的视角审视，这一现象蕴含着深刻的心理逻辑：若某一事物能够激发我们这一物种成员内心深处的兴趣与共鸣，那么它很可能承载着不容小觑的重要性与价值。这促使我们不禁想要深入探究其背后的原因与意义。

给学习对象赋予外在价值是作用于其主观价值的另一种方式。例如：

（1）**明确指出所学内容的重要性**　阐述学习目标的实际效用并非易事，它涵盖了个人成长、智力提升、情感满足和社会适应等多个维度。尽管我们时常有能力清晰阐述这些效用，但在实际情境中却往往选择以更为隐晦或间接的方式传达，比如通过展现对教学内容的深厚热情来激发学生的共鸣。然而，面对学生直接提出的"这个有什么用"的疑问时，明确而直接地表达所学知识的核心价值就显得尤为重要了。

（2）将所学内容与反映其效用的情境或实例联系起来　在强化学习内容的重要性和实用性的同时，我们更应巧妙地利用课堂情境与实例，为学习对象赋予生动的外在价值，使其不仅仅是知识的堆砌，而是能够在实际情境中发光发热的实用工具。这要求我们采用诸如基于问题的学习等教学策略，并确保这些问题根植于富有意义的真实场景中。通过这样的教学方式，学生能够亲身体验到知识是如何在解决实际问题或满足具体需求中发挥作用的。如果这个问题或需求与他们的兴趣相吻合，那就更好了。

（3）参与课外活动　正如先前所述，将学术追求与多元化的目标体系相融合，能够显著提升学习的内在价值，进而激发更为强烈的学习动力。具体而言，设计并实施一个项目，其成果不仅要接受教师的专业评估，还需要在课堂之外的广阔舞台上得以展示或产生实际影响，这样的实践极大地提升了学生对学习成果的价值认同。这类项目可以广泛涵盖与教育界、校外个人或机构以及其他学校学生的互动合作，甚至延伸至参与地方、国家乃至国际性的展示或竞赛活动。

2. 提高期望

正如我们观察到的那样，提升学生对成功达成学习目标的期望，是激发其学习动力、促进其积极参与学校活动与学习行为的有效途径。学生对自己应对学习挑战能力的评估可以通过双重策略进行调整：一是调整任务的难易程度或学生对这些难度的主观感知；二是直接干预以增强学生对自身成功潜力的认知，即提升他们的自我效能感——那份对自我完成任务的能力的坚定信念。对于第一种情况，我们可以采取以下策略：

（1）**调整难度** 通过调控活动的难度，我们不仅能够深化理解，点燃学生的兴趣，还能培育出积极向上的学习预期。这要求我们精准把握任务的难度阈值，既非轻而易举到令人厌倦，亦非艰涩难懂至无所适从。为实现这一目标，诊断性活动十分关键，它们能够帮助我们精准评估学生的既有知识与初步技能水平。然而，任何一位教师都会明确地指出，在一个汇聚了二三十名各具特色的学生群体中，为每位学生都量身定制适宜难度的任务，无疑是一项艰巨的挑战。所以，我们必须基于班级平均水平的近似值来设定任务难度。

（2）**提供早期成功机会** 当学生察觉到自身在学习旅程中的点滴进步时，他们对成功完成学习目标的期许便如同被注入了一针强心剂，愈发坚定而强烈。鉴于此，将复杂的学习任务巧妙地拆解为一系列可实现的里程碑，并赋予学生展示自己阶段性掌握成果的机会，无疑是一种极具成效的策略。这不仅能够让学生在小胜利中积累信心，体验到成功的喜悦，还能通过部分和低风险的评估测试，巧妙地融入记忆提取练习，促进知识的巩固与深化（更多内容，请参阅"记忆的过程"一节），还有助于提高成功预期和促进学习动机。这种策略对于那些被认为特别困难和可能引起焦虑的科目或题目尤为重要。

（3）**提供如何完成任务的线索** 在多数情境下，相较于简单地降低学习目标的门槛，更为明智的做法是助力他们跨越障碍。一种行之有效的策略是分解学习目标，鼓励学生逐一攻克，实现知识的融会贯通。此外，我们还应当向学生传授一系列实用的学习策略，以便增强他们成功完成学习任务的能力。诚然，每个学习目标都独具特色，但也存在着一套普适性的学习策略，让学生的努力更有效。我已在关于学习认知过程的章节中进行了详尽的探讨。

（4）明确学习目标和提供评分标准　明确提出学习目标往往能够显著提升学生的期望水平，因为这可以让他们清晰地知晓外界的期望所在，以及自身努力的重点。相反，如果学生不了解外界对他们的期望，他们甚至无法对成功产生期望，进而可能陷入不安与焦虑之中。对于高度复杂的任务，使用评分标准非常有用，它可以指导学生了解我们将对他们的作业进行哪些评价，以及他们应该将注意力和精力集中在哪里。

（5）将学习活动与评估结合起来　当学生认为某一学科的评估测试与他们在课堂上所学的知识没有任何关联时，他们对成功的期望就会降低。正如后面有关评估的章节讨论的那样，协调好学习任务与评估活动两者之间的关系非常重要。

3.2.7　价值和期望的基础

虽然我们可以调整任务的难度，但若不慎滑入一味降低学习目标标准的误区，那无疑是舍本逐末、得不偿失之举。明智的做法应当是坚守理想的目标高度，同时为学生提供必要的支持，让他们感受到通过不懈努力（在我们的悉心指导下）或凭借内在的自我效能感——对自己达成目标的能力的坚定信念——完全有能力克服重重困难。下一节将深入探讨这个问题。

在此需特别强调，如果没有下一节的内容，本节关于学习动机的探讨难免显得片面而不完整。实际上，学生的期望与价值观深受其先验知识结构的影响，尤其是受那些根深蒂固的"信念"的影响。这些信念构成了学生期望与价值观的基石，对于深入理解其学习动机机制具有不可估量的价值。因此，信念对于理解学习动机至关重要，也是我们实施干预、调节学习动力的关键所在。因此，我用了整整一节的篇幅来讨论学生的学习动机。

3.3 信念

3.3.1 主观知识

学生认为某门学科对未来无关紧要,这并不等同于事实真相;同样,自我断言在数学上永远无法取得佳绩,亦非不可逆转的宿命。学生赋予学习目标的价值和他们对实现目标的期望是主观的。学生的价值观和期望是根植于内心的信念。

在教育心理学中,信念特指学生基于直觉构建的关于知识本质与学习过程的个人见解(Schommer–Aikins,2002)。这些信念涵盖了他们认为的最优学习方式、自我身份认同,以及对学习对象和学术目标价值的评估与复杂性的认知。之所以称之为信念,是因为它们虽为对现实的主观解读,实质上却属于知识范畴的一种。这类知识在无形中调节着学生面对学习任务时的行为。

正如本节即将深入探讨的,学生的既有知识再次凸显为学习旅程中的核心驱动力,但此番焦点并非仅限于其作为新知识吸收过程中认知机制的基石——记忆机制如何依托既有知识运作,而是转向其在塑造学习动机方面的非凡影响力。因此,值得再次强调:先验知识是学生之间最显著的差异之一。

回顾上一节内容,我们明确了学习动机的根源在于学生如何评估学习目标的价值,以及他们怀揣着怎样的期望去实现这些目标。而这一切均深深植根于他们的信念体系之中(见图3-10)。因此,本节将重点讨论学生的信念如何影响他们的学习动机。具体来说,我们将研究他

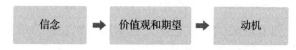

图3-10 信念、价值观、期望和动机之间的关系

们的信念如何影响他们的期望，因为这是教育研究中最受关注的方面。

3.3.2　信念和期望

当学生遭遇学习上的新挑战，比如开启一个新学年或深入探索课堂上的新课题时，他们会不自觉地评估自己应对这些挑战的能力（Weiner，1986）。这种针对特定目标的评估，其基础主要在于他们对目标本身的认知深度。这份认知，源自学生过往对该学习领域的经验积累，既可以是直接的——如果他们曾在此前的课程中接触过该科目或主题，也可以是间接的——通过他人（包括教师）对该科目的评价所得。因此，若学生以往在该科目或主题上取得了成功，他们的预期便可能趋向乐观，自我效能感也随之增强。反之，若过去的经历伴随着失败，或是他们一直听闻该科目难度极高，那么他们的预期则可能趋于悲观。正如前一节所述，如果学生相信他们能够实现为他们设定的学习目标，他们就会更有动力。毕竟，如果没有成功的希望，又何必投入精力呢？

简言之，学生的自我效能感信念，是过往经历在他们心中投下的影子。然而，这仅是故事的一个侧面。事实上，无论这些经历是喜是忧，其影响力远非表面那般直接。真正左右学生预期的，并非经历本身，而是他们如何解读这些经历，特别是他们将何种原因归咎于这些经历（Weiner，1986；Pintrich，2003b）。

3.3.3　归因

在整个求学过程中，儿童会根据自己的经历和所处的环境形成学习者的自我形象。这就是我们所说的自我概念（Bong et al.，2003）。例如，有些孩子认为自己是好学生，而另一些孩子的想法则恰恰相反。正如我们将在"反馈"一节中看到的，学校成绩在自我概念的发展中起着举足轻重的作用（Butler，1987）。

自我概念与自我效能感之间存在着千丝万缕的联系，因为它不仅仅是一个笼统的自我评价，更是涵盖了学生在面对不同学科或学习任务时所持有的具体的自我效能感的集合。换言之，自我概念中既包含了对自己在某些任务上的自信，也隐含了对其他任务可能力不从心的认知。我们会在内心为自己贴上标签，认为自己擅长某些领域，而在其他领域则可能有所欠缺。因此，从本质上讲，自我概念是一种"自我标签"。

当学生面对一个与其特定自我概念相关联的成绩时，他们会迅速从自我认同的框架内解读这一成绩。若成绩与自我概念相吻合，学生往往会将其归因于强化自我概念的核心要素，如个人能力或不懈的努力："我取得这样的成绩，是因为我天生聪明"或"这是我勤奋学习的结果"。然而，当新成绩与自我概念产生冲突时，便会触发认知上的失调。于是，学生会迅速采取行动，寻找一种既能保持原有信念体系完整，又能合理解释新情况的方式。对于一贯优秀的学生而言，若遭遇不佳成绩，他们可能会倾向于将失败归咎于努力程度不足、考试难度超乎预期，或是外部环境的干扰，如邻居产生的噪声影响了学习。相反，对于较为懒散的学生而言，若意外获得了优异的成绩，他们可能会将其视为"这次考试太容易了"或"我只是走了运"。

学生对自己在特定任务或学科领域内所取得的成功与遭遇的挫败的归因方式，深刻地塑造了他们对该领域自我效能感的发展轨迹（Weiner，1986）。换言之，学生觉得自己有能力还是没有能力学习某样东西，取决于他们把这种学习的成功或失败归因于什么。许多研究对此进行了调查以确定最常见的原因，这些原因几乎总是一致的，可以分为几个主要类别：与能力有关的原因，与努力有关的原因，以及与外部因素有关的原因（包括与老师的关系）。尤为关键的是，他们认为这些因素是固定不变的，还是可以通过某种方式加以调整？如果认为可以改变，那么他们是否相信自己拥有足够的控制力去实施这种改变？

更确切地说，韦纳[⊖]（Weiner，1986）的研究提出了三个维度来描述学生将成功或失败归因于哪些可能的原因，并且这些原因的价值对自我效能感具有的影响：

- **轨迹**。它指的是原因是被视为个体外部的（运气、任务难度、评价者的主观性、环境突发事件等），还是被视为个体内部的（主要是能力或努力）。
- **稳定性**。它指的是这个原因随着时间的推移是不变的还是波动的。例如，能力通常被视为固定的原因，而努力则被视为可变的原因，这取决于不同情况。
- **可控性**。这关系到原因是在学生的控制范围之内，还是超出了他们的控制范围。例如，运气或任务难度被认为是不可控的原因，因为学生无法改变它们，而努力或学习策略则被认为是可控的原因。

当学生倾向于将失败归咎于那些固定且难以驾驭的因素时，其自我效能感会被显著削弱（Schunk，1991）。具体而言，若学生将个人挫败感归因为固有的能力缺陷，比如"我天生不擅长数学"或"我的语文能力有限"，或是归咎于外部环境的不可控的因素，诸如"老师对我有偏见"或"这次考试难度超乎寻常"，这种思维模式便悄然滋生。此类现象的极端展现便是"习得性无助"现象。在这一状态下，学生深信自己无力克服学习障碍并达到既定的学习目标（Maier & Seligman，1976），在

⊖ 韦纳的研究以心理学家弗里茨·海德（Fritz Heider，1958）的归因理论为基础。

所有这些情况下，很有可能学生在面对他们曾经失败过的学习挑战时会缺乏毅力。

将失败简单地归咎于固定的、不可抗拒的因素，即便是对于那些习惯于成功且拥有较高自我认知的学生而言，同样构成了潜在的威胁。当这些学生习惯于将成功归因于个人天赋或能力，而非辛勤努力或有效的学习策略时，一旦遭遇失败，他们便难以精准定位问题的根源。初期，他们可能会倾向于将责任推诿给外界的不可控因素，如教师的偏见或考试难度的不公，以此维护对自我能力的盲目自信，而非积极寻求解决之道。然而，若此类失败经历频繁发生且未得到妥善处理，学生终将面临心理防线的崩溃，开始质疑并降低对自己能力的评价，进而削弱其自我效能感。他们或许会意识到，自己并非如先前所想的那样无可挑剔。尤为值得注意的是，这种情况在学生的学习生涯中屡见不鲜。低年级时，或许凭借天赋或较少的学习压力便能轻松应对，但随着年级的升高，学习任务的复杂性和挑战性显著增加，此时，学生就更需要努力和正确的学习策略。

相反，当学生秉持着这样一种信念，即他们的成功与失败根植于可控且灵活的变量之中，如不懈的努力、无私的奉献和高效的学习策略时，他们的自我效能感会更为稳固，即便在遭遇失败之际，这份信念也能有效缓冲其自我认知的冲击（Schunk，1991）。正如我们稍后将看到的，个人努力与恰当的学习策略的持续运用，往往能够催化成功经验的累积。换句话说，努力和有效的策略会增加成功的体验，而成功反过来又会增强自我效能感。

3.3.4 归因训练

众所周知，自我效能感对于激发学习动机具有一定的影响，并且已有确凿证据表明，它与学习过程和学业成绩的提升存在着直接的联系。换言之，通过积极调整学生对特定学习任务的自我效能感，我们可以提升他们取得学习成功的可能性。鉴于成功与失败归因在学生自我效能感构建中的核心地位，这一发现自然而然地引出了一系列深刻的疑问：首先，人的归因信念能否被有效改变？其次，倘若我们成功地改变了学生的归因信念，学生的自我效能、动机和学习成果是否也会改变？韦纳等心理学家正是基于这一"归因训练假说"，展开了广泛而深入的调查研究。

综上所述，该领域的研究表明，向学生传授关于成功和失败的知识，旨在鼓励他们不要将这些结果归因于稳定且不可控的因素，而要归因于他们可控的内在因素——如个人的努力程度与学习策略的有效运用，此举对增强学生的自我效能感和提升学业成绩具有积极影响（Robertson，2000；Haynes et al.，2009）。

以博尔科夫斯基（Borkowski）及其同事（1988）的经典研究为例，该研究精心设计了实验，针对 75 名面临阅读障碍的小学高年级学生进行了初步评估（前测），通过阅读理解与总结能力测试和阅读理解问题回答测试，全面衡量了学生的基础水平。随后，这些学生被随机分为两组，实施差异化的教学干预。第一组学生专注于学习阅读理解策略与总结技巧；而第二组学生除了接受相同的课程，还额外加入了"归因训练"环节。在此环节中，教师多次且明确地引导学生认识到，不应将错误归因为自身能力的局限或任务本身的难度，并鼓励他们将成功归因于不懈的努力和正确策略的应用。课后，所有学生均参与了与之前相似的测试。研究结果如图 3-11 所示。

可以看出，接受归因训练的学生比没有接受训练的学生进步更显著。尽管单独实施归因训练也能带来一定程度的进步，但最为显著的提升往往发生在归因训练与学习策略或问题解决策略教学（正如前文提及的研究）相互融合的情况下（Van Overwalle & De Metsenaere，1990；Curtis，1992）。此外，相关研究还一致表明，若策略教学未能伴随动机训练，其效果将大打折扣。

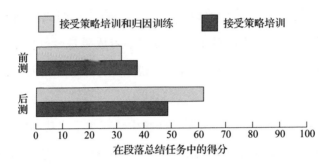

图 3-11　接受包括或不包括归因训练的阅读策略干预前后的阅读理解测试结果
（Borkowski et al.，1988）

　　总之，如果学生不相信他们会有所作为，甚至不把策略付诸实践，那么策略就没什么用。比如，当学生被激励付出努力，因为他们相信他们所学的将努力转化为成功的策略时，就会产生积极的影响。请记住，预期结果是指学生对实现学习目标的特定程序的信心。如果所使用的学习策略确实有效并能带来成功，学生的自我效能感就会增强。需要牢记，动机对取得成功很重要，但成功对保持动机可能更重要。

3.3.5　反馈与归因

　　正如我们将在后面关于反馈的介绍中讨论的那样，帮助培养一种将成功归因于努力而非能力的文化的一个重要方法就是将反馈的重点放在完成任务付出的努力上，而不是学生的品质上。有大量证据表明，学生在教育（或家庭）环境中经常受到的表扬是如何强调能力的，从而促使他们将成功或失败的原因归因于自身的能力。

穆勒（Mueller）与德韦克（Dweck）（1998）的一项实验便深刻体现了这一点。在该实验中，研究者采用了两种截然不同的表扬策略，向同一组学生反馈他们成功完成的一系列设计的任务。这些任务的难度经过调整，确保每位学生都能凭借自身能力正确解答。一种表扬聚焦于学生的智力，如"你完成这些题目一定非常聪明"；而另一种则聚焦于他们的努力程度，如"你完成这些题目一定付出了很多努力"。随后，研究深入剖析了这两种表扬方式对学生面对更具挑战性的新任务时动机状态的影响。

如图 3-12 所示，那些因智力而受到赞扬的学生在最终的任务中表现相对逊色，并且对任务本身的兴趣与投入度明显较低。这些学生深恐一旦无法攻克新任务，便会丧失"聪明学生"的标签，这种心理负担导致他们在面对挑战时更加焦虑不安，缺乏坚持的毅力，同时从任务中获得的乐趣也大打折扣。相比之下，那些因努力而受到表扬的学生则更投入，坚持的时间更长，对自己更加满意，这可能是因为他们坚信努力是取得成绩的关键。

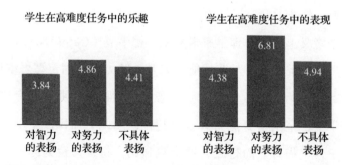

图 3-12　在一项高难度任务中，学生在得到对其智力或努力的表扬，或未得到具体表扬后的愉悦程度和表现（Mueller & Dweck，1998）

3.3.6　关于能力的信念

显而易见，学生对自我成功与失败的归因深深根植于他们的信念体系之中。例如，将能力视为一种比努力更具决定性的固定因素，认为它对学业成功的影响超越了可变的努力程度，这实际上是一种主观信念，而非确凿无疑的现实。更进一步说，将能力看作是一种固定不变、难以驾驭的特质（与生俱来的），这也是一种信念。

我们普遍认同，通过不懈的练习与训练，技能水平能够得到显著提升。然而，受文化观念或社会偏见的影响，我们往往对某些技能持有偏见，认为它们并非通过努力即可改善。以智力或学术能力为例，它们常被误解为是与生俱来的天赋，而非后天可塑的才能。此外，我们还可能因个人经历或外界评价而陷入自我设限的误区，认为某些技能是自己永远无法掌握的（如"我永远学不会跳舞"）。在这种心态下，我们倾向于对这些领域采取固定型思维模式，阻碍了自身的成长与进步。然而，正如前文"深度学习"一节所揭示的，这种观念上的束缚并非不可打破。大量科学研究与实证数据表明，事实远非如此：除了极少数因严重障碍而无法提升的情况，我们每个人都有潜力通过持续的努力与实践来提高自己的智力、创造力乃至记忆力。

从这个意义上说，心理学家卡罗尔·德韦克（Carol Dweck）在 2000 年指出，当学生秉持着对学业技能（尤其是智力）的固定型思维模式时，他们的学习驱动力与成效均会受到显著制约。相反，那些拥有成长型思维模式的学生，坚信自身能力具备可塑性，因此更加积极主动地投入学习，致力于自我提升。简言之，德韦克强调，将智力视为固定且不可控的，实则是一种自我设限的信念，它无形中限制了个人成长的潜力。

卡罗尔·德韦克关于两种思维方式的理论近年来在教育界广受好评，因此我将对其做进一步阐述。不过，值得注意的是，我们目前掌握的有关这一理论的证据喜忧参半，既有可喜的成果，也在复制和推广方面遇到了很多困难（我将在本节末尾对此进行讨论）。

3.3.7　思维模式

根据德韦克的理论，人们在面对任何技能时，均可选择采纳成长型思维模式或固定型思维模式，这一选择的核心在于个体是否坚信通过不懈练习能够增进这些技能，还是认为这些技能本质上恒定不变、源自天赋（即视为与生俱来的、不可动摇的特质）。在学校环境中，这两种思维模式尤为显著地体现在与智力紧密相关的学习技能上。由此，一部分学生可能深信其学业成就完全受制于先天智力，而另一部分学生则坚信通过不懈努力能够提升这种能力。这就是一个学生说"我不擅长数学"和另一个学生说"我目前还不擅长数学"的区别。

这些差异化的思维方式深刻影响着学生对成功与失败的认知，以及他们设定的目标类型。具体而言，拥有固定型思维模式的学生在面对错误与失败时往往难以释怀，视之为自身无能的象征。由于他们坚信智力是固定不变的，一次失误便仿佛是对其终身能力的宣判，具有毁灭性的心理冲击。因此，这类学生更倾向于追求成绩目标，而非真正的学习目标，因为他们想维护自我形象与外在评价。

在 3.2 节中，我们详细探讨了成绩目标的两大类别：进取型成绩目标与规避型成绩目标。拥有固定型思维模式的学生，自幼便习惯性地取得优异成绩，他们自然而然地倾向于设定那些进取型成绩目标。尽管这些学生在追求成绩的过程中确实会投入努力，但他们坚信，成功源自其能力，并坚信这种能力才是决定他们能否成功的关键所在。因此，当被问及学习所花的时间时，他们往往会谎称自己学习的时间并不多；在遭遇难题时，他们往往选择独自面对，而非主动寻求帮助。在他们看来，需要付出大量努力或寻求外部援助，恰恰是对自身智慧不足的一种体现。

此外，对于那些同样持有固定型思维模式但学业表现不佳的学生

177

而言，他们的成绩目标往往是规避型的，他们甚至可能完全放弃对学业目标的追求。这类学生普遍对挑战充满畏惧，对学习任务采取回避的态度，很怕在尝试中犯错，从而暴露出自己的天生无能。他们时常自我设限，刻意减少努力，甚至不惜破坏自己的学习机会，以便在失败时将责任归咎于外部因素，而非正视自身能力的不足。在课堂上，他们选择沉默，通过借口来掩饰自己对问题的无知，声称自己不愿回答或是对此毫无兴趣。最终，他们的注意力完全集中在如何避免在他人面前显得愚蠢上。

拥有成长型思维模式的学生，将错误视为学习中不可或缺的组成部分（见表3-1）。诚然，错误与失败同样会给他们带来困扰，与众人无异；然而，正是他们独特的心态，赋予了他们克服挫折，使他们能够将每一次错误转化为成长与改进的机遇。这种心态促使他们在逆境中展现出非凡的坚韧与毅力，而固定型思维模式的学生很可能会轻易退缩。因此，成长型思维模式主要与学习目标相关联，尽管它也可能是具有方法性成分的成绩目标的学生的典型思维模式。

表3-1　在学习技能方面具有固定型思维模式或成长型思维模式的学生的特征

固定型思维模式	成长型思维模式
他们相信能力是一成不变的	他们认为能力是可塑的
他们认为犯错是一种耻辱	他们认为错误是学习过程中合乎逻辑和必要的事情
他们注重保护自己的形象	他们专注于学习
他们不冒险，也不接受考验	他们敢于冒险，敢于尝试，敢于接受考验
挑战或批评使他们产生防御心理	挑战或批评会激励他们
他们不愿意接受错误并从中吸取教训	他们乐于接受错误并从中吸取教训
当他们做不好某件事时，他们就会放弃	做不好的时候，他们会坚持

（续）

固定型思维模式	成长型思维模式
他们认为，需要付出努力的人是没有技能的人	他们认为，要想做好一件事，即使有天赋也必须付出努力
他们对那些出类拔萃的人感到威胁	脱颖而出的人激励着他们
他们认为寻求帮助是软弱的表现	他们寻求帮助是为了学到更多更好的东西

值得注意的是，德韦克的见解深刻揭示了这两种思维方式并非绝对化地将学生划分为截然不同的两个极端。实际上，每位学生都在不同程度上同时拥有固定型思维模式与成长型思维模式，并且这种比例依据其所面临的技能而动态变化。比如，同一学生可能在数学学习中展现出较强的固定型思维模式倾向，而在英语学习过程中则更多地展现出成长型思维模式的特征。

3.3.8 思维模式与学业成绩

几项研究已经收集了成长心态和学业成绩之间正相关的证据（Stipek & Gralinski，1996；Blackwell et al.，2007；Romero et al.，2014）。具体而言，布莱克威尔（Blackwell）及其研究团队（2007）深入分析了两种不同思维模式对 373 名高中生在两年间数学成绩的影响。研究结果显示，那些持有智力可塑观念（即成长型思维模式）的学生，其数学成绩呈现出显著的上升趋势；相反，认为智力固定不变（即固定型思维模式）的学生，其成绩则相对平稳，并没有显著增长（见图 3-13）。

罗梅罗（Romero）及其同事于 2014 年评估了 115 名高中生的思维模式类型，并将其与他们的成绩和选修科目进行了比较。他们发现，在智力方面持成长心态的学生平均成绩更好，更有可能修读高等数学课程。

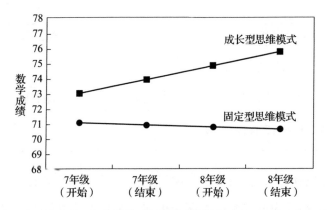

图 3-13　373 名高中生的不同思维模式对数学成绩的影响（Blackwell et al., 2007）

　　总之，这一证据表明，学生持有的思维模式类型与他们的学业成绩之间存在着一定的相关性。然而，这些研究并没有告诉我们这种关系是否是因果关系。为了确定这一点，有必要进行实验，我们可以改变学生的思维方式，看看这是否会影响他们的学业成绩。但这有可能吗？

3.3.9　我们可以培养成长型思维吗？

　　几项研究的一个普遍发现是，我们可以引导学生培养成长型思维模式。不仅如此，一些研究表明，通过这样做，他们的学业成绩可能会发生积极的变化。这一点至关重要，因为人们可能会认为成长型思维是成绩的结果，而非相反。从这个意义上说，成长型思维很可能会影响学生的自我效能感（他们对成功的期望），并导致他们付出更多的努力和坚持不懈。同样，我们现在知道成功有助于增强他们的信念，所以成长型思维和成功之间的关系可能是双向的。

　　前面提到的布莱克威尔及其同事的研究中还描述了一项实验，其中对 91 名高一学生进行了这些假设的测试。学生被随机分成两组，他们的数学成绩分两次进行分析。在两组中，第二次的成绩都稍低。接下来，两组都接受了大脑生理学和学习技能的指导。实验组还接受了培养成长型思维的干预（特别是讨论智力可塑性的课程），而对照组的学生则上了一堂关于记忆的课。几周后，研究人员收集了他们数学成绩的数据，观察到实验组的学生扭转了下降趋势，而对照组的学生则不同。结果如图 3-14 所示。

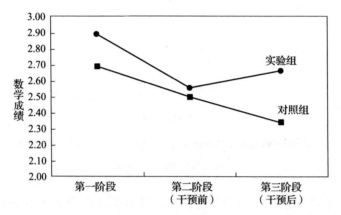

图 3-14　培养成长型思维的干预措施对两组高中生数学成绩的影响
（Blackwell et al., 2007）

波内斯库（Paunesku）及其同事于 2015 年报道了一项相同但规模更大的研究，分析了对来自芝加哥 13 所不同高中的 519 名有高中辍学风险的学生进行干预的影响。在这项研究中，干预措施非常直接，而且是在线实施的。实验组的学生阅读了一篇文章，文章描述了大脑因努力和使用有效策略解决挑战性任务而成长和重组的能力。文章强调了神经科学关于学生通过学习和练习提高能力的潜力的主要发现。文章还强调，学习中的努力和错误并不代表潜力有限，而是学习的机会。读完文章后，这些学生参与了两项活动，对所读内容进行反思。此外，对照组的学生完成了关于大脑的类似活动，但没有讨论其学习潜力。研究人员对两组学生在干预前后的各科成绩进行了分析，并分析了他们获得满意成绩

（及格或以上）的人数。结果如图 3-15 所示。

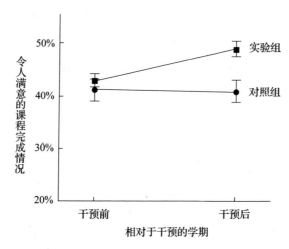

图 3-15　在采取干预措施培养成长型思维之前和之后，圆满完成课程的百分比
（Paunesku et al.，2015）

可以看出，接受干预的学生学业成绩提高了，令人满意的成绩比例最多提高了 6 个百分点。这一结果非常鼓舞人心，特别是考虑到干预仅限于两节 45 分钟的课程，而且是在线进行的。

更令人吃惊的是波内斯库（2013）与可汗学院（Khan Academy）合作开展的研究（可汗学院是一个开放式教育平台，提供数学自学的视频和活动）。通过对 265082 名学生的抽样调查，波内斯库发现，在传达成长型思维的活动中加入简短的鼓励信息会影响学生坚持正确解决问题的毅力。例如，与未接触此类信息的学生相比，随机接触"当你学习一种新的数学问题时，你的数学思维就会发展"等信息的学生解决的问题数量略有增加。

3.3.10　如何培养成长型思维模式？

前面提到的研究证明，培养学生的成长型思维模式是有可能的，而且会对他们的学习成绩产生影响。虽然我对这些研究的描述已经提供了一些线索，但你可能还想知道如何实现这一目标。

简言之，培养成长型思维模式与归因训练很相似；它涉及教育个体理解错误的教育，并且倡导一种承认努力比先天天赋更有价值的文化（Dweck，2008）。根据引用的研究，这可以通过明确的干预来实现，让学生了解科学针对大脑如何学习和随经验变化的发现，以及我们现在对学习和技能发展的了解：实践比天赋更重要。（这些想法在"深度学习"一节中做了详细阐释。）从某个年龄开始，明确地向学生介绍德韦克的心态理论也可能是有用的。

然而，仅仅提供解释并不能轻易改变学生的信念；我们在"概念变化"一节（"记忆的重构"部分）中看到了改变学生关于世界如何运作的先入之见是多么困难。学生接收到的信息必须是反复的、多样的和一致的。如前所述，注重对学生努力程度的反馈至关重要。我们将在"反馈"一节中进一步探讨。

此外，要促使学生对能力（尤其是智力）本质的概念发生根本性转变，新观念的有效性必须得到有力证明。换言之，学生必须亲身体验到努力与成功之间的紧密联系。诚然，坚定的学习信念是通往成功的重要基石，但成功的经验对于塑造和巩固这些信念而言，更是不可或缺的关键因素（Pajares，1997）。因此，正如我们在前文中深入探讨的，规划学习活动的顺序，并为学生创造短期内的成功体验，显得尤为关键。这并不意味着我们需要降低学习标准，而是倡导一种循序渐进的学习目标设定方法，通过一系列挑战，让学生逐步看到自己的进步与成长。这种教育实践模式通常被形象地称为"认知和动机支架"（Lajoie，2005）。要实现这一目标，正如在探讨学习与教学的认知过程的章节中强调的，我们必须采用高效的教学方法。

最后，帮助学生制定有效的学习策略也至关重要（参见"元认知"一节）。也就是说，这不仅仅是一个付出努力的问题。仅有努力往往是不够的，然而，付出了很多努力而失败是非常令人沮丧的。因此，重要的是要让学生明白，需要通过有效的策略来引导努力，从而增加成功的机会。如果我们坚持努力，却不提供使努力有效的方法，可能会事与愿违。因此，当学生付出努力但还是失败时，我们应避免给出诸如"好吧，至少你努力了"这样的反馈，这可能导致学生认为他们失败的原因是缺乏天生的能力，没有能力就没有成功。相反，在这种情况下，我们应该把反馈的重点放在策略上，比如："也许我们应该尝试不同的方法，你觉得呢？"毫无疑问，我们提供反馈的方式有助于培养学生的思维模式（在"反馈"一节中有更多相关内容）。

3.3.11 标签

本质上，德韦克的思维定式理论告诉我们，学生若将自己的学习能力固化于不可变更的标签之下——无论这些标签是正面的自我设限还是负面的自我贬低——均是对其成长潜力的极大束缚。该理论强调摒弃此类标签的益处，倡导一种观念：当前的能力状态仅是暂时的，它无法预知个人未来的成就高度。然而，当标签已经成为我们文化中的主要内容，甚至成为人们崇敬的对象时，它们的存在便难以被轻易忽视或摒弃。尽管大量确凿证据指出，在掌握任何技能的过程中，持续的实践与不懈的努力远胜于天生的才能或资质，但是，我们的社会依然普遍倾向于信奉与之相悖的观念（Dweck，2008）。

本节伊始，我们聚焦于一个核心理念：在剖析学生成功与失败的背后，应将焦点更多地置于学生的努力程度及其努力策略上，而非单纯的能力标签。这一转变对于激发学生的内在学习动机、促进学业成就的显著提升至关重要。思维定式理论为此提供了坚实的理论基础，它深刻阐明了努力对能力发展的直接且深远影响。的确，我们生来就有或多或少的能力，但实践和努力能让我们变得更好。学生周围的世界却坚持告诉他们并非如此。例如，在技能方面出类拔萃的名人（运动员、艺术家、科学家等）通常被定义为特殊的个体或有才华的个体（如"小威廉姆斯是个天才！"），而他们背后付出的时间与无尽的牺牲，却常常被忽视或遗忘。我们往往只看到了他们凌驾于众人之上的辉煌瞬间，便匆忙地将这一切归功于天赋异禀，却未曾深入了解他们通往成功之路上的坎坷与艰辛。图 3-16 说明了这一观点——胜过了千言万语的解释。

图 3-16　"天才"背后的付出

对天才人物的痴迷深深植根于我们的文化之中。审视学生所沉浸的流行文化，不难发现其中充斥着各式各样的虚构英雄。这些英雄角色，大多被描绘为因出生而拥有超凡的特质（如超人、神奇女侠、雷神、哈利·波特等）或因奇遇而获得非凡的能力（如蜘蛛侠、绿巨人、闪电侠等），却鲜有将他们的成就归功于不懈的努力。即便是在那些以努力提升自我为核心的日本英雄角色中，他们最终脱颖而出的原因也常被归结为拥有某种"特殊的力量"（如火影忍者等）。在我阐述这一观点的演讲中，钢铁侠和蝙蝠侠常被提及作为反例，但仔细审视，这两位英雄也不过是少数特例。他们的力量同样源自出生于富裕家庭以及我们视为天赋异禀的特质——智慧。在蝙蝠侠的起源故事中，其训练过程仅被轻描淡写地提及于寥寥数页之间，随即便一跃成为正义的化身——蝙蝠侠。我们不得不承认，"被选中的英雄"这一概念，对我们具有难以抗拒的吸引力（Gasca & Gubern，2001）。

3.3.12　思维模式和刻板印象

关于动机的认知理论提醒我们，必须谨慎防范贴标签行为的潜在危害。在这方面，值得注意的是，无论是他人还是我们自己给我们贴上的标签，往往不是来自我们的个人行为，而是来自社会刻板印象。这些刻板印象包括一系列特征，社会仅仅因为他们有一个共同的特征，如性别或国籍，就非理性地将这些特征归因于特定群体。例如，一个常见的刻板印象是日本人很勤奋。

刻板印象，作为社会与文化心理的产物，其背后是认知偏见的支撑，促使我们进行不合逻辑的过度概括，即所谓的"谬误的概括"。具体而言，当我们将两个本质上毫无关联的个人特征错误地联系在一起时，这种认知谬误便悄然滋生。更为严重的是，这些谬误并非偶然事件，它们实实在在地影响着人们的心理状态与行为模式（Steele，1997；Taylor & Walton，2011）。相关研究已对此进行了深入剖析并证实了其负面效应。在教育领域，对性别的刻板印象尤其令人担忧（主要对女孩不利），针对种族的刻板印象（主要影响非白种人）和针对社会经济地位的刻板印象（对贫困家庭儿童不利）也是如此。

在所有这些情况下，刻板印象认为某些群体由于天生因素（而非环境因素）在学术上的表现低于其他群体。尽管所有科学证据都表明这种观点并不成立，但社会刻板印象依然固守这一信念，并促使它变成现实。例如，多项研究表明，女孩在数学和科学技术学科上的能力与男孩相当，甚至超过了男孩（Halpern et al.，2007）。然而，随着年龄的增长，尽管女孩的成绩与男孩相同，她们对这些学科的自我效能感和兴趣也会逐渐下降。值得注意的是，一些研究显示，女孩从六岁起就开始接受与性别相关的智力能力刻板印象（Bian et al.，2017）。具体来说，从这个年龄开始，女孩比男孩更不容易相信自己能够"非常聪明"。此外，六岁的女孩开始回避那些被认为是"非常聪明的学生"参与的活动。这些发现表明，关于性别智力能力的观念很早就形成了，并对幼儿的兴趣产生了即时的影响。

在这种情况下，大多数专家一致认为，针对性别的刻板印象在社会环境的各个方面都影响着男孩和女孩，这些刻板印象会灌输给他们的某些观念，进而影响他们的自我认知、价值观和期望（Steele，1997；Dweck，2000）。对于女孩而言，她们经常受到关于在某些学科上被认为劣于男孩的明显或隐性信息的影响，这种影响会降低她们的动机，使她们投入更少的努力并追求其他目标，最终导致长期结果较差，并避免选择科学和技术职业（Leslie et al.，2015）。这是一种典型的自我实现的预言的例子。

至于与社会经济地位相关的刻板印象，既残酷又不幸，它们将来自贫困家庭孩子的学业失败归因于内在原因，而不是实际原因，比如这些孩子从很小的时候起就通常面临的教育资源匮乏、机会不均等因素（Hart & Risley，1995；Willingham，2012）。因此，这些刻板印象只会不公正地助长他们的失败，进一步削弱他们的动机——好像他们的不利条件还不够多似的。

毫无疑问，学校致力于培养能够使孩子远离刻板印象的价值观和态度。当然，许多家庭也在努力灌输这些价值观，但孩子所处的社会环境是持续存在的、不可控的和不可避免的。这一现实凸显了学校持续努力的必要性。为此，学校应当采取更为具体、精准的行动，根植于一种共同文化之中，特别聚焦于消除陈规陋习与刻板印象，确保这一过程既持续又明确。值得强调的是，这一变革需要社会各界的广泛参与和共同努力，每个人都是不可或缺的一环。同时，我们也应清醒地认识到，学校虽为儿童成长的重要舞台，但一年的时光中，他们仅有约 1/4 的时间（不计入睡眠时间）是在这里度过的。

好消息是，研究表明，当我们积极采取措施减少刻板印象对学生的影响时——正如我们处理任何可能削弱其自我效能感的信念一样——这些努力能够显著促进学生的学习成绩提升（Good et al., 2003；Aronson et al., 2002）。毕竟，刻板印象是社会信念的一种，它们对我们贴上标签，因此会影响我们的动机。

3.3.13　学校里不存在正向的标签

如果要用一句话总结下面内容的话，我会如此表述：在学校教育的广阔天地中，若要激发学习动机，优化学习成效，关键在于全力打造一个"去标签化"的文化氛围。此文化推崇不懈奋斗之精神，而将天赋视为辅助因素而非主导因素。我们洞察到，即便是正面的标签亦非全然无害；当学生自视为"优等生"时，维护此形象的负担或致其偏离真正促进学习的轨道。试图通过强调天赋来激励学生（例如，"别担心，数学也许不是你的强项，但你有音乐天赋"），反而可能适得其反；学生可能会固守这一标签，看不到在其他领域投入努力的理由。需要记住的是，这里讨论的是学校环境，我们的目标是让学生获得基本的知识和生活技能，以及培养开启新机遇的价值观和态度。试想，若一孩童因自感数学难以驾驭而心生畏惧，未敢尝试或轻易放弃，那么，这终将让自我设限成为现实（Bloom，1985）。

当我们满怀善意地为学生贴上积极的标签时，初衷无疑是为了增强他们的自尊。然而，如前所述，自尊和自我效能感是两码事。综合本章及前一节的详尽探讨，我们可以明确一点：在追求学校教育目标的征途上，最为有效的激励策略之一，便是引导学生深刻理解努力的价值远超天赋本身（当然，这绝非否认天赋的重要性）。

3.3.14　关于信念对学习的影响的批判

卡罗尔·德韦克提出的"成长型思维模式"概念，在教育界激起了广泛回响与热烈讨论。尽管从科学严谨性的角度审视，或许还有些为时过早，但众多学校，尤其是美国和英国的教育机构，已率先将其融入校园文化，以此激励学生学习。不过，正如教育领域内任何新兴理念所面临的共同挑战，即便伴随着积极成效的初步显现，我们仍需保持审慎的态度。

虽然前面提到的研究颇具前景，但我们也应该注意到，一些研究人员指出其中一些研究的实验设计或统计分析存在各种不规范之处（Yeager，2018）。此外，针对几项研究，有人试图复制其结果和预测，但都没有成功（Li & Bates，2019；Bahník & Vranka，2017；Rienzo et al.，2015）。例如，格勒伦（Glerum）及其同事（2019）复制了穆勒和德韦克的实验，评估了针对努力或智力的表扬的效果，他们观察到学生之间并没有因所受表扬的类型而产生差异。

更相关的是福利尼奥（Foliano）及其同事在 2019 年做的研究，他们调查了英国朴次茅斯大学（University of Portsmouth）为六年级学生量身打造的一项旨在促进成长型思维模式的项目的实际效果。该项目在教育捐赠基金会的慷慨资助下得以实施，覆盖了广泛的样本群体，共有 5018 名学生参与其中。项目的核心在于通过为教师们提供系统化的培训课程与教学资源，确保在每周约两小时、持续八周的密集教学周期内，能够明确且有效地培养学生的成长型思维。此外，项目还积极倡导教师将成长型思维的教学策略无缝融入日常教学工作，以期实现更深远的影响。然而，在课程圆满结束之际，对参与学生与未参与学生进行的标准化语文与数学测试成绩对比分析却揭示了一个意外的结果：两者间并未展现出显著的差异。这一发现促使研究者进一步探究该项目在学生自我调节能力及三个关键社会情感变量（即内在价值、自我效能感与考试焦虑）方面的潜在影响。同样，干预后也并未观察到明显的积极变化。

总之，可复制性问题使人们对旨在培养成长型思维的干预措施的潜力产生了怀疑。诚然，这些批评未能全然否定既有研究中的积极发现，但它们却告诫我们需以更加谨慎与批判性的视角审视现状。在探索成长型思维模式培养的过程中，尽管存在其可能对学习成效及学业成绩产生正面效应的理论假设，但实际效果或许较为微妙，甚至可能仅限于特定学生群体。值得注意的是，近期涌现的一系列高质量研究为这一领域注入了新的活力。它们揭示，对于那些面临学业困境、处于失败边缘的学生而言，旨在促进成长型思维模式的干预措施能够展现出适度的积极影响，为他们的学业成绩的提升带来转机（Sisk et al.，2018；Yeager et al.，2019）。

此外，在学校环境中培养成长型思维的实践远比预想的更具挑战性和复杂性。卡罗尔·德韦克本人也坦言，将这些先进理念以可推广、可操作的方式融入日常的课堂教学，实乃一项艰巨任务。她更担忧的是，这些宝贵理念在实际应用过程中常被误解与简化，最终仅沦为提升自尊

的泛泛之谈，而非其本质所在（Dweck，2015）。因此，我们应避免被
"有志者事竟成"或"信念造就一切"等过于理想化的口号误导。首先，
我们应明确德韦克的思维模式理论所聚焦的是学习与培养能力（包括智
力）的范畴。其次，正如"深度学习"一节所深刻阐述的，努力虽为学
习与达成学业目标不可或缺的基石，却不是万能的。它无法保证每次尝
试都能换来成功，因为成功往往还需智慧、策略和外部条件的综合作用。
这并不意味着我们应摒弃努力，转而接受宿命；而是说，我们不应盲目
迷信努力的绝对性，认为仅凭一己之力便能跨越所有障碍。实际上，我
们所倡导的是让学生深刻理解到努力的价值所在，提高他们的能力，使
他们的技能超越目前的水平。

　　总之，在探讨仅通过改变学生的学习信念来直接塑造其行为时，我
们应持以高度的审慎态度。很多事情本就因人而异，知与行之间往往横
亘着难以逾越的鸿沟。即便我们深知某行为对自身大有裨益，并且对此
深信不疑，这也并不意味着我们会自然而然地采取实际行动。反观日常
生活，我们每天有多少明知有害健康却还在做的事情呢？归根结底，关
键是要正确看待观念的改变对我们习惯的影响。

3.4　学习的社会维度

3.4.1　互相学习

　　如果说有什么促成了人类文明的发展，使智人成为地球上的主要物
种，那无疑就是我们互相学习的能力。这不仅意味着我们作为一个物种，
由于非凡的学习能力而卓越出众，还因为我们具有非凡的教学能力。

　　学习和教学是我们根深蒂固的天性。学习可能不需要社会交往就能

进行，而教学顾名思义则是一种社会行为。因此，我们有理由说，通过社会交往进行学习是人类与生俱来的天性。此外，我们在进化过程中甚至可能有这样的倾向，而且在以这种方式学习方面效果特别显著。

当然，社会学习并不只是通过自愿的教学行为发生的。我们的大脑不断地从我们的经验中学习，进而从我们与周围人的所有互动中学习。在课堂上，我们的学生不仅通过与我们——他们的老师——的互动来学习，还通过与同学的互动来学习。

从这些丰富的社交互动中产生的学习几乎总是兼具认知和情感两个方面，而深刻认识到情感层面的重要性尤为关键。正如本节将详尽剖析的，学生如何构建并理解他们与老师、同伴及整个校园环境之间的关系网络，直接塑造着他们的情绪图谱，进而成为驱动学习动机不可或缺的源泉。至于认知方面，本节我们还将探讨社会交往如何以独特的方式促进有意义的学习。

3.4.2　社会学习中的情感

身为教师，我们通过自己的教育实践、自己提供的反馈（包括成绩）以及自己每天与学生进行的所有其他互动，对学生的学习动机和成绩产生重大影响（Stipek，1996）。我们管理所有这些互动的方式，尤其是我们为学生提供支持的程度，不仅在教学方面，也在情感方面，这对他们的学习和发展至关重要。因此，教师如果能营造积极的情感氛围，对工作表现出热情，就能为学生提供一个更有学习动力、更愿意合作和参与课堂学习的环境（Hattie，2009；Patrick et al.，2012）。

学生会根据他们的价值观和期望来理解我们的口头交流，以及我们的语气、手势和态度，这最终会影响他们的学习积极性。在前几节中，我讨论了学生对学习任务的主观价值和对成功完成学习任务的期望（即自我效能感）如何驱动他们参与学习，并介绍了我们可以用来影响这些关键动机因素的一些策略。但事实是，我们在与学生的每一次互动中不断施加这种影响——不管我们是否愿意，也不管我们是否意识到这一点。

在这个方面，一些研究者提出了第三个变量，即环境的支持程度。它与学生的主观价值和自我效能感相结合，决定了他们在课堂上完成某项任务或某个科目的动机（Ford，1992）。这里的环境指的是教师（以及对学生而言具有参考价值的其他成年人）在其中扮演的角色。如果学生认为教师在学习过程中支持他们，无论教师的要求有多高，他们都会更有动力。否则，即使他们对该学科的主观价值很高，对成功的期望值也很高，他们的学习动机也可能会受到影响。

当我们把这一变量与主观价值和期望或自我效能感结合起来时，我们就可以构建一个三维理论模型，根据学生对这些因素的不同情况来描述他们可能倾向于采取的行为。安布罗斯（Ambrose）及其同事借鉴汉森（Hansen，1989）和福特（Ford，1992）的研究成果，用表 3-2 说明了这一模型。

表 3-2　学生基于主观价值、对效能的期望以及对从环境中获得的支持的感知
而倾向于采取的行为（改编自 Ambrose et al.，2010）

	学生没有感觉受到支持		学生感觉受到支持	
	低价值	高价值	低价值	高价值
低自我效能感	冷淡的	受挫的	冷淡的	脆弱的
高自我效能感	回避的	蔑视的	回避的	积极的

因此，在这一模型中，价值和自我效能感有两种组合，一种是环境几乎不会改变情况，另一种是环境可以改变情况。因此，无论是在支持性环境还是在非支持性环境中，如果学生不认为学习目标有价值，并认为实现目标很容易，那么他们的行为就会趋于逃避。他们很难集中注意

力，可能会分心去想其他事情或做其他事情，比如在笔记本上涂鸦。为了避免影响自己的声誉，他们可能会选择做最起码的事情来取得他们认为应该取得的成绩。至于那些既不关心学习目标，又对成功不抱期望的学生，他们对环境支持的看法也不会起决定性作用。在这两种情况下，他们的行为都会趋于冷漠，由于完全缺乏动力，他们可能会脱离学习任务。甚至可能发生的情况是，在一个支持性的环境中，学生错误地理解了这种支持，并将其解释为强制性的。

此外，在学生将价值归因于学习目标的情况下，该模型显示了他们的行为差异，这取决于他们是否感知到支持。因此，当学生渴望学习但自我效能感低并且没有从环境中获得支持时，他们往往会感到沮丧和无助，从而失去动力。相反，如果他们从环境中感受到支持，他们可能会感到脆弱，因为他们虽然对实现目标感兴趣且感受到了支持，但他们对自己的能力缺乏信心，他们会倾向于担心不要让支持他们的人失望，因此，他们会假装理解，避免可能暴露自己的情况，并在失败时找借口。

在这个模型中，学生最理想的两种情况是对实现学习目标产生高度的兴趣和具有高度的自我效能感。然而，在这种情况下，无论学生是否感受到了支持，他们的反应都不一样。当学生感受到鼓励性的环境时，学习动机会达到最高点。但是，如果环境传递的信息与学生的价值观或期望相悖，他们的反应就会变得具有挑战性。例如，一位善意的老师可能会在课程开始警告说"通常有很多学生不及格"。这位老师很可能认为，这样做会激励学生努力学习，避免失败——这可能在他们还是学生的时候就激励过他们。但这种"激励"可能会导致学生产生抵触。这还只是最好的情况。试想一下，这对那些不重视学科价值的学生，尤其是那些对自我效能感产生怀疑的学生，会产生怎样的影响？

这里值得澄清的是，上述模型解释了学生对环境的感知如何影响他们的学习动机，以及这种影响如何取决于他们在特定情况下所持有的价值观和期望。但环境也可以直接对学生产生干预，改变他们的价值观和期望。这一点在关于动机和信念的介绍中已经讨论过了：环境调节价值观和期望值的方式是缓慢的、渐进的，是在多种相互作用的基础上产生的。相比之下，上述模型告诉我们，当一个学生在特定情况下有了一套价值观和期望时，他们会如何评估从老师或他们认为能帮助他们实现目标的人那里得到的支持。无论如何，这个模型再次强调了我们在前几节中已经强调过的一点：影响学生学习动机的最佳方法是关注他们对学习任务的价值，并努力提高他们的自我效能感（他们对成功的期望）。

3.4.3　皮格马利翁效应

我们对待学生的方式对他们的学习动机的影响是不可避免的，甚至会在不知不觉中发生。事实上，有证据表明，我们在不知不觉中对学生寄予的期望会影响我们对待学生的行为，并促使这些期望得以实现。这种现象在教育心理学中被称为皮格马利翁效应（Rosenthal & Jacobson，1968）。你可能还记得"自我实现的预言"这一概念，在这种情况下，学生如果不相信自己有能力学好某样东西，最终就不会付出努力去实现它，从而导致这种信念成真。皮格马利翁效应是一种自我实现的预言，它发生在人与人之间——一个人（教师）对另一个人（学生）能力的期望会影响他们的学习动机，进而影响他们的学习成绩。

在一项著名的研究中，罗森塔尔（Rosenthal）和雅各布森（Jacobson）对加利福尼亚州的小学生进行了智力测验（1968）。他们告诉教师，该测试可以测量孩子们的智力潜能，并能发现那些在未来几个月内会茁壮成长的孩子（如果两位来自哈佛大学的著名研究人员这样告诉我，我可能会选择相信）。然后，他们随机抽取了 20% 的学生，并且告诉老师们这些男孩和女孩在这一年会智力出众。几个月后，研究人员回到学校进行了同样的测试，即常规智力测验。出乎意料的是，被贴上有前途标签的学生在第二次测试中的平均分比同龄人有了明显的提高。罗森塔尔利用这一证据表明，课堂上存在皮格马利翁效应，强调教师可以无意识地以促进和刺激学生学习成绩的方式行事。

在自然的课堂环境中，如果没有研究人员试图说服我们相信某些随机抽取的学生的潜能，我们也会根据自己所能观察到的情况以及我们的信念对这些观察的解释来形成对这些学生的期望。事实上，将教师对学生的期望与学生在本学科的学习成绩进行比较的研究表明，两者之间存在着很强的相关性。这种情况与罗森塔尔和雅各布森的研究大相径庭。教师的期望和学生的表现之间的相关性在很大程度上是因为这样一个事实，即教师对学生在他们的学科中表现的评估往往是正确的（请注意，我们总是在谈论他们自己班级的表现）。尽管科学界认可皮格马利翁效应，但认为其影响非常小（Jussim，1989；Babad，1993；Jussim & Harber，2005）。事实上，罗森塔尔和雅各布森的原始实验曾因方法问题而受到批评，他们的实验结果有可能仅仅是统计上的假象，而且在试图复制该实验时也遇到了严重困难（Thorndike，1968；Brophy & Good，1974；Raudenbush，1984）。

虽然皮格马利翁效应通常确实很小，但对于来自受刻板印象影响的社会群体的学生来说，它可能仍然是相关的（Jussim & Harber，2005）。事实证明这些影响可能是正面的，也可能是负面的。因此，当教师的信念受到对这些学生能力的刻板印象的影响时，教师的行为会对他们产生负面影响，即使是出于好意去支持他们认为处于不利地位的群体。当老师对这些学生的不同行为被他们发现并解释为对他们的能力缺乏信心的迹象时，这种情况就会发生——即使是最无辜的评论也可能引发刻板印象的激活，并影响学生的自我效能感。

我们应该记住，当学生根据学习目标评估自己的成功期望时，刻板印象的激活可能会对他们不利。例如，一项著名的研究发现，在考试前激活种族刻板印象会影响非裔美国学生的成绩（Steele & Aronson，1995）。在这项研究中，一些学生被告知考试将衡量他们的智力水平——这很可能激活了他们的刻板印象——而其他人被告知这是一个简单的解决问题的测试。第一组学生的成绩明显较低，这可能是由于对刻板印象的关注导致了焦虑。虽然我们可能会认为，这种差异仅仅是由于学生对每次测试评估的内容的认知不同而产生的紧张情绪造成的，但实验是与白人学生同时进行的，他们在两次测试中取得了相同的平均成绩（与第二组非裔美国学生的成绩相当）。当然，我们可以说非裔美国学生更难控制自己的情绪（这是在讨论一种刻板印象）。但事实上，其他受刻板印象影响的社会群体，如女性（Inzlicht & Ben-Zeev，2000）、来自贫困家庭的学生（Croizet & Claire，1998）或老年人（Levy，1996），也出现了类似的结果。

刻板印象的激活对学生成绩的负面影响被称为刻板印象威胁。研究结果表明，造成这种影响的原因是，暗示刻板印象会导致学生产生焦虑或愤怒的情绪，从而扰乱认知过程，如工作记忆中充满无关的想法，使学生无法集中注意力或进行清晰的推理（Steele & Aronson，1995）。不过，值得注意的是，刻板印象威胁假说仍然是教育和社会心理学中争论和研究得很激烈的一个话题（Spencer et al.，2016）。

3.4.4　通过社交互动学习

到目前为止，我们已经讨论了教学过程中社交互动所产生的情感后果，特别是与动机有关的后果。那么，认知方面又是如何的呢？在本节前面，我提到了人类学习的社会性质，以及进化是如何塑造我们合作学习的。从这个意义上说，有关学习与社交互动（包括师生互动和学生间的互动）之间关系的研究主要借鉴了两种理论，其源头可分别追溯到皮亚杰（Piaget）和维果茨基（Vygotsky）的见解。

一方面，皮亚杰（Piaget，1959）认为，社会交往中的学习是在思想交流导致儿童认知冲突时发生的，即儿童的知识与对话者的知识之间存在差异。通过对话和讨论，儿童的理解能力逐渐提高到更高的水平，从而导致概念变化，恢复认知平衡（请回顾"记忆的重构"一节中讨论的与概念变化有关的一切）。这一过程被视为儿童头脑中发生的一种内部和个体建构现象，因为他们试图将新的想法融入自己的认知图式，并随后体现在自己的行为中（Garton，2004）。

另一方面，维果茨基学派的研究者认为，学习本质上是社会性的。在社会交往中，当两个初始能力水平不同的人合作完成一项任务，以达成共同的理解时，有意义的学习就会更有效（Garton，1992；Johnson & Johnson，1994）。在皮亚杰的理论中，学习机制以冲突为基础，而在维果茨基的理论中，合作是关键。与皮亚杰的观点不同，维果茨基提出的通过社交互动开展学习是一个外部共同建构的过程，它产生于为实现共同目标而分享知识的过程，随后将被每个个体内化（Garton，2004）。

维果茨基的理论包含了一个大家可能都很熟悉的关键概念，即"最近发展区"（ZPD，Zone of Proximal Development）（Vygotsky，1978）。这一概念的定义与学生解决问题的能力有关。从本质上讲，"最近发展区"是指学生独立完成任务的能力与在成人指导下或与能力更强的同伴合作完成任务的能力之间的差距。当个人通过合作弥补这一差距时，学习就发生了。正如维果茨基写道："孩子今天在别人帮助下能做到的事，明天就能自己做到。"

为了实现这一点，"专家"必须评估他们经验不足的伙伴的现有技能和指导需求，并将任务或问题分解成可管理的组成部分。换言之，更有能力的个体承担起提供认知支架的责任，以便促进其伴侣通过最近发展区（Lajoie，2005）。

这两项研究，无论是基于皮亚杰的理论，还是以维果茨基的思想为基础，都证实了与学生单独学习相比，社交互动通常会为有意义的学习带来更大的益处（De Lisi & Golbec，1999；Garton，1992）。从这两种范式的研究中得出的最值得注意的结论也许是，个体之间通过对话或讨论进行交流是解释通过社交互动开展学习的优势的关键。例如，克鲁格（Kruger，1992）的一项研究表明，更多地参与讨论的儿童比那些被动听讲的儿童获得了更大的认知收益。在巴比耶里（Barbieri）和莱特（Light）的另一项研究中，在制定任务过程中明确讨论并口头表达其计划的学生，通常在之后的个人测试中表现得更好（1992）。同样，福曼（Forman）和麦克菲尔（McPhail）观察到，当学生聆听同伴的解释并通过语言表达其反思时，他们的学习效果通常更好（1993）。

因此，要使基于社交互动的学习有效，个人必须积极参与、评估解释、探索和澄清不一致之处，并根据同伴的观点表达自己的想法。从认知的角度来看，这些研究结果与我们对大脑学习方式的认识是一致的：对话迫使我们唤起自己的想法，对它们进行比较，并将它们与新的想法联系起来。对话还迫使我们对这些想法进行反思，构建它们的结构，并使它们具有意义。从本质上讲，对话是一种低成本、高效率的方式，可以让我们进行最有效的学习（Teasley，1995）。

3.4.5　合作学习

合作学习是一种植根于维果茨基原则的教育方法，在学校中被广泛使用，尽管并不是所有的小组活动都可以被视为合作学习。从教育文献提供的有关合作学习方法的各种定义中，我个人倾向于采用两个定义。一个定义是由约翰逊（Johnson）兄弟提出的（1999），描述的是一群学生（一般是小学生）为实现共同目标或完成某项任务而共同努力的方法。另一个定义由斯拉文（Slavin）提出，描述了一种学生在小组中互相帮助学习的方法（2018）。第二个定义强调了合作学习方法最重要的一环：小组成员之间相互协作，确保每个人都能实现学习目标。这一特点将真正的合作学习（见图 3-17）与分配给学生小组任务的情况区分开来，因为分配给学生小组任务的结果往往是一个或几个学生完成所有的工作，而其他学生则置身事外或靠边站。在合作学习活动中，目标是让小组中的所有学生都能学到知识，而实现这一目标的唯一途径就是互相帮助。合作学习方法可能涉及也可能不涉及学生创造产品；只有当这种创造性活动有助于学生实现预期的学习目标时，才会被纳入合作学习方法。

图 3-17　合作学习

　　合作学习确实有多种策略。有些适合目标非常明确、只持续一节课的活动，而有些则适合复杂得多、持续时间长的活动。学校广泛采用的一种流行策略是项目式学习（PBL，Project-Based Learning）。在这种情况下，学生的任务是创造一种有助于小组整体学习的产品。项目或其他类型的合作学习活动的具体展开方式多种多样，我可以用一整本书来专门讨论这个话题。值得注意的是，虽然现有的方法多种多样，但其中有些方法比其他方法更为有效。

合作学习可能是教育研究中被研究最多的课题之一（Johnson & Johnson，2009）。大多数研究都将合作学习方法与学生单独学习甚至竞争的传统方法进行了比较，结果表明，前者在促进学习和实现学术目标方面更具优势，以至于对这一问题的研究已经从比较合作学习与其他方法的有效性转向试图了解哪些因素使合作学习更有效（Cohen，1994）。根据不同的情况和应用方式，合作学习的效果可能会有所不同，甚至会降低。事实上，大量的研究并没有发现合作学习比传统方法更有优势的证据，在某些情况下甚至提供了相反的证据。这些研究告诉我们，要使合作学习比传统方法更有效，必须满足一系列要求（Slavin，2013）。其中最重要的三点如下：

- 首先，学生小组在能力和初始知识方面必须是异质的，因此教师必须将他们组合在一起。
- 其次，总结性评价或对任务所产生的学习效果的认可必须在小组层面进行，也就是说，所有小组成员都应该知道他们将获得相同的成绩。
- 最后，上述评估必须以每个小组成员的个人表现为基础——小组成功与否应根据每个成员分别取得的学习成果来评估，而不是根据共同的作品来评估。

最后一点也许是区分没有合作和有合作的小组任务的关键因素。从这个意义上说，在提出以合作为目的的小组活动时，最常见的错误就是混淆了要完成的任务和学习目标——将实现学习目标的手段（任务）与预期的学习成果混为一谈。因此，评估侧重于小组的作品，而不是每个学生所取得的学习成果。如果我们评估作品，学生们就会明白，要想取得好成绩，他们必须提供好的作品（为此，并非每个人都必须参与）。

此外，由于我们的最终目标是让作品的制作成为学生获取知识或技能的一种手段，因此评估应侧重于这些学习目标。评估不应局限于对任务的最终作品的评估，而应包括一项评估活动，以检查每个小组成员各自学到了什么。为了促进这种学习，最好的办法莫过于规定所有成员的成绩取决于每个学生在评估测试中的个人表现（如平均成绩）。关键是小组成员要意识到每个成员掌握学习目标的重要性。只有这样，所有小组成员才会将精力投入到学习中，并在学习过程中相互支持，从而减少一些人偷懒和另一些人承担所有工作的可能性（Slavin，2013）。

假如选择时机合适，并与学习目标相一致，在符合上述要求的情况下加以应用，那么合作学习就会成为提高学习成果和成绩的有力工具。不过，重要的是要记住，教育研究的结果总是指整个学生群体，而不一定是每个学生。在这种情况下，牢记这一点尤为重要，因为合作方法的潜力最好从其对整个班级的影响来理解，也就是说，合作学习尤其有助于提高班级的整体成绩，这意味着更大的公平。一些研究表明，总体而言，合作学习对学习成绩较差的学生的影响更大（Slavin，1995），但多项研究表明，通常采用传统方法取得好成绩的学生不仅能保持或提高成绩（Slavin，1991），还能更好地巩固所学知识，使其更有意义且更容易迁移。这很可能是因为教授他们的同伴也有助于他们自己的成长（Webb，1992；Teasley，1995）。

3.4.6 学会合作

把学生分成小组，分配给他们一个共同的任务或目标，并不一定意味着他们懂得如何有效合作，并从中获得最大的教育效益。通常情况下，人们会说合作学习教会了学生一种与合作同等重要的生活技能。然而，事实未必如此；合作学习真正提供的是一个练习合作的机会。如果不指导学生如何去做，而是期望他们自发地去学习，那么合作学习的潜力将大打折扣，既不能帮助他们发展与他人合作的技能，也不能促进学习。此外，如果我们为学生提供沟通、组织团队合作和解决冲突的基本指导，那么合作学习就会变得更加有效。例如，多项研究表明，如果向学生传授沟通技巧（Senn & Marzano，2015）或特定的团队合作策略（Saleh et al.，2007），与没有提供这些指导的合作学习小组相比，他们的学习进步更大。

此外，教授元认知方法（将在有关元认知的介绍中进一步讨论）似乎也能提高合作学习的效果（Friend，2001）。在这方面，有必要强调教师的引导作用，尤其是促进和示范能增强合作学习的行为。例如，学生通常不会对他们所操作的信息进行反思，不会提出引发反思的问题，也不会自发地运用已有的知识，除非有一些外部指导促使他们这样做（King，2002）。他们通常也不会参与高层次的讨论或为自己的结论提供论据，除非教师明确教导他们这样做（Chinn et al.，2000）。当教师教学生如何一起交谈和推理，并在互动中应用这些技能时，他们解决小组问题的能力和学习效果都会得到提升（Webb，2009）。

3.4.7　建立多元化的课堂？

在本章的结尾，我渴望聚焦于合作学习中一个尤为引人入胜的维度。当我们深刻认识到先验知识在认知学习过程中所扮演的核心角色时，一个直观的倾向或许是依据学生的初始学业表现进行分组，以便给每个学生提供更好的机会。然而，研究结果恰恰相反。如果利用得当，例如通过合作学习，课堂上的多元化会有利于所有学生的学习。此外，有确凿的证据表明，简单地将学生按照能力划分，往往仅能惠及原本就处于优势地位的学生，而不利于其他学生。相反，管理得当的混合小组有助于提高所有学生的成绩（Oakes，2005）。这一发现深刻启示我们，在制定教学策略与方法时，我们必须超越单纯的认知考量，融入对社会情感因素的全面审视。

第 4 章
学习的自我调节

在前几章中，我们深入探讨了学习的过程，考察了认知过程的运作以及情绪如何调节这些过程。在这方面，成功的学生通常是那些有意识地采取与大脑学习方式相一致的行动（即使他们并不自觉），调节自己的情绪，并激发自己的动机，以便优化表现并坚持任务直到实现目标的学生。成功的学生在认知和情绪两个层面上都能自我调节。

在本书的这一部分，我将探讨自我调节在学习中的重要性。首先，我将讨论与认知自我调节或元认知相关的内容，这些内容与"学会学习"的能力有关。接着，我将强调自我控制和情绪自我调节在补充自我调节学习者技能中的重要性。本部分的最后一节着重于学术背景下的韧性，这一能力源自认知和情绪自我调节的成功实践。

这些概念对许多教育工作者来说可能比较陌生。然而，它们在学习和学业表现中的相关性非常大，以至于自我调节学习的能力可能比智力更能预测学业成功（Gomes et al., 2014）。因此，本书中介绍的这些概念是至关重要的。让我们首先从认知角度探索自我调节学习的过程，即学会学习的过程。

4.1 元认知

4.1.1 学会学习

在欧盟确定的八项作为教育优先目标的基本能力中，也许最为关键的是学会学习的能力。最初，这个概念可能看起来很奇怪。学会学习？首先，如果我们需要学会学习，那么我们最初是如何学习的呢？其次，很明显，所有人都会自然地学习。那么，学习我们已经自然而然会做的事情有什么意义呢？

当读到本书的这个部分时，你可能已经对"学会学习"有了一些理解。事实上，学习是一个由我们的大脑自然和自动进行的过程。就像我们无法阻止大脑在睁开眼睛时"看见东西"（假设有光线一样），我们也无法阻止大脑从我们的经历中学习。我们一直在学习。但是，正如我们在前面的章节中看到的，有一些方法可以提高我们的学习能力，帮助我们更久地记住所学内容，或者决定我们可以用所学内容做些什么。因此，了解基于记忆工作原理的学习策略是使我们成为更好的学习者的一个例子；掌握这些策略就是一种"学会学习"的方式。

然而，这还远远不够。学会学习还涉及意识到自身的学习过程，监控其进展，并能够采取行动以有意改善学习效果。因此，它是一种元认知技能——需要个体思考和反思自己的认知过程。

"元认知"一词指的是"思考自己的思维"的行为。例如，当我们反思自己是如何解决一个问题或学习某个知识点时，元认知就会出现。因此，元认知包括任务规划、进度监控和结果评估等过程。它还涉及必要时对所选策略进行调整，以便改善结果或优化程序的有效性。此外，反思我们对学习的信念或自我效能感也可以被视为一种元认知技能。归根结底，元认知发生在我们反思自己的想法、思维过程和认知表现，并有意识地进行干预时。

因此，学习的自我调节包括所有那些涉及管理我们学习的元认知技能。这些技能像所有技能一样，是可以学习和发展的。研究提供了大量证据表明，掌握这些技能可能会显著改善学生的学业成绩（McClelland & Cameron，2011）。毕竟，区分成功学生与落后学生的重要因素之一就是自主调节学习的能力（Zimmerman & Martinez-Pons，1986）。

4.1.2　自我调节学习中的元认知技能

多种元认知过程都有助于调节我们的学习。任何学习任务都可以根据涉及的元认知过程分解成几个阶段。这些过程包括：

1）评估对学习目标的理解。

2）评估个人在学习目标方面的优势和劣势。

3）规划学习任务。

4）选择实现学习目标的策略。

5）实施计划并监测其进展和结果。

6）反思所选计划的适用性并做出调整。

这六种元认知过程表征了自我调节学习任务从开始到结束的发展。接下来我们一一展开讨论。

1. 评估对学习目标的理解

通常，当学生对问题的回答缺乏连贯性或提交的作业不符合要求时，我们常常会归因于他们"没有阅读说明"或"没有集中注意力"。虽然在某些情况下这些可能是原因，但在其他情况下，问题在于他们对相关的要求不了解。这种理解的缺乏可能源于学生先入为主的观念导致的解释偏差。重要的是要记住，即使是我们，对某件事情的记忆方式也可能与最初的解读不同，因为记忆过程会根据我们已有的知识来修正所学内容。也就是说，学生通常会根据过去的经验重新解释任务，从而忽略或忘记给出的指令。例如，一项针对大学生的研究表明，其中一半的学生完全忽视了教授关于他们应该完成的写作类型的说明，而是选择了他们在高中时已经习惯了的同一文章结构（Carey et al.，1989）。

同样的情况也发生在我们告诉学生他们将进行一场考试以评估他们的理解程度，并且他们可以在考试期间参考教科书或笔记，但他们忽略了这一事实，并以与传统考试相同的方式进行准备。因此，重要的是学生要学习停下来去评估他们对给定任务的理解；他们需要将这个习惯作为开始解决问题之前的第一步。为此，他们可以从问自己是否理解自己应该做什么，并评估是否忽略了任何重要细节开始。

作为教师，我们可以通过多种方式帮助学生在这方面取得进步。首先，我们可以在描述任务目标时尽量更为明确。正如前面提到的，学生可能会基于他们的先入为主的观念来解读指令。在这种情况下，提供详细的评分标准能够帮助学生更好地理解我们对他们作业的期望。例如，如果任务涉及准备某个主题的演示，我们可以强调他们综合思想的能力比幻灯片的图形设计等其他评估标准更为重要。

此外，利用我们以往的经验，我们可以强调我们不希望学生做的事情——尤其是当我们第一次布置某个特定任务时，我们可能已经对潜在的挑战有了一些见解。因此，与学生分享这些见解以减少这些问题的再现是非常值得的。例如，对于之前提到的幻灯片演示，我们可以建议他们不要让幻灯片充斥过多文字和动画效果，或者避免朗读与屏幕上投影的文本完全一致的内容（考虑到这种做法会增加观众的额外认知负担）。

最后，特别是在学生遇到新任务时，我们可以通过询问他们认为完成任务需要做什么或他们计划如何解决这些任务来帮助他们评估自己的理解。也可以让他们用自己的话解释任务目标，同时教他们在开始任何任务之前向自己提出这些问题。如果他们对这些问题的回答不够准确，我们可以提供反馈，帮助他们细化对任务目标的理解。

2. 评估个人在学习目标方面的优势和劣势

一旦学生理解了学习任务的目标，他们还需要评估自己实现这些目标的能力。在这方面，学生通常会高估自己的知识或技能（Dunning, 2004）。事实上，他们对学习对象的掌握程度越低，他们的自我评估就越不准确（Hacker et al., 2000）。由于对任务的熟悉而产生的知识错觉会加剧他们高估自己能力的倾向。熟悉感给我们一种虚假的认识，但并不保证我们在需要时能够提取这些知识。因此，当学生通过重新阅读笔记或课程书籍来学习，或者在不自己尝试解决问题的情况下检查解决步骤时，他们可能会对自己的能力形成错误的判断。他们相信自己能够提供答案或解决类似的问题，而实际上，他们顶多只是能够在给出答案的情况下识别它。为了帮助他们避免这种不准确的评估，我们可以建议使用记忆提取练习，即用自我测试的方式来代替重新阅读笔记或复习课堂问题的解答方案，就像参加考试一样。

此外，当学生高估自己的能力时，他们可能会低估完成任务所需的时间或努力，或者忽视完成任务所需的支持或资源。这可能导致他们拖延到最后一刻，留给完成任务或寻求必要的帮助的时间不足。在这些情况下，当任务需要在课堂外完成时（例如作业或考试准备），学生可能会感到焦虑。这种焦虑可能会转移到他们的父母身上，尤其是在学生请求父母帮助时。因此，建议学生在任务分配后尽早着手处理，无论截止日期如何（即使他们可能不倾向于遵循这个建议，但建议还是有必要的）。

最后，需要认识到，评估自身能力的元认知能力与学生对自己效能感的信念密切相关。记住，这些信念会影响学生对自己努力的结果的预期，因此，可以决定他们的动机。调节与任务相关的动机确实可以被视为一种元认知技能，正如我们在关于韧性的介绍中看到的那样。在这个意义上，培养学生对自我效能感的信念以培养成长型思维，有助于提升他们应用学习策略的动机。

3. 规划学习任务

研究显示，学生在执行任务时，很少花时间进行规划，这与专家形成了鲜明对比。例如，池（Chi）及其团队在 1989 年研究了各种物理学专家（包括研究生和教授）在解决问题时的方法，并与一年级学生的解题方法进行了比较。专家花了大量时间来规划他们的解决方法，与之形成对比的是，学生们几乎毫不犹豫地运用公式并检查结果。然而，专家能够更快地正确解决问题，而学生往往需要多次尝试才能找到正确的答案。类似的观察在其他领域也有重复，如数学（Schoenfeld，1987）或写作（Carey et al.，1989）。

为了培养学生的规划习惯，第一步是明确展示我们作为专家如何进行规划。因此，我们可以通过提供具体示例，展示我们如何规划解决特定任务的方法，并提供相应的指导。虽然这可能不会直接帮助他们进行规划，但有助于提高他们对规划步骤必要性的认识，并帮助他们理解规划的逻辑。随后，我们可以让他们在解决新任务时练习自己的规划技能，要求他们明确自己的规划过程。实际上，提出将规划作为最终目标或评估的一部分的活动可能是有效的。如果适当的话，这可以体现在评分标准中。

协助学生规划任务可以在多个层面上进行，从解决简单的活动到开发大型项目，当然，也包括为评估测试做准备。

4. 选择实现学习目标的策略

学生常常抱怨考试或其他任务表现不佳，尽管他们"付出了很多努力"。正如我将在关于韧性的介绍中讨论的那样，有时候，单纯的努力是不够的，尤其是当努力方向不对时。如果使用的策略不合适或不够有效，学生便无法取得理想的结果。然而，学生通常会自发地发展出一些策略来应对学校任务，但这些策略并不总是最有效的。有些学生会坚持执行这些策略，尽管并不成功，他们可能将表现不佳归因于其他因素，比如认为自己天生不擅长某个领域（例如，"这不是我擅长的领域"）或者认为是教师的恶意行为（例如，"他对我有偏见"）。另外一些学生可能会选择放弃努力，以此作为自我保护的反应，这样他们可以随时声称自己"不愿意付出努力"来为差劲的表现辩解，而不是不得不接受自己假定的天生能力不足。

那些利用自发发展出的策略取得好成绩的学生，在任务类型发生变化时可能会遇到严重的问题，特别是当这些策略在很长时间内都有效时。例如，当考试的重点从事实知识转向评估理解和迁移能力时，这些学生往往难以获得他们往常的成绩。你一定记得第一次需要带着书和笔记参加考试的情景。在我们的教育系统中，这些考试常常被视为"非常困难"。但实际上，它们并不困难——只是不同而已。获得成功所需的学习策略与传统考试所需的策略不同。然而，要改变这些策略，学生首先必须意识到并接受这一事实。正是在那些使用某些学习策略一直取得好成绩的学生面对要求不同的测试时，他们的自我调节能力薄弱会暴露无遗。有些学生会指责考试（或出题教师）而忽略问题可能出在他们的学习策略上，这显示了他们的元认知弱点。也有些学生会认识到需要调整自己的策略，以便克服这些学习上的挑战。

总而言之，许多学生没有意识到他们的成绩不仅取决于他们的努力，还取决于他们采取的学习行动的类型。因此，当学生使用不适当的策略时，无论是过去曾经有效还是从来都无效的策略，我们都应该明确地与他们讨论这些策略。在这一领域进行教育可以显著地帮助学生学习（McClelland & Cameron，2011）。

为了帮助学生提高这些元认知技能，我们可以提供建议，告诉他们在处理任务或学习时应该使用哪些策略。在本书中，我们已经讨论了记忆提取练习的有效性——尝试记起所学的内容，而不是重新学习。这种做法有各种形式：自我评估，在努力先解决问题之前，不查书或笔记中的解决方案；撰写所学内容的总结；在不看笔记或书的情况下创建概念图；用类似的技巧向某人（真实的或想象的）解释所学的东西，就像老师一样；等等。

如果学习目标是提高理解能力，那么记忆提取练习不应该涉及对所读内容的死记硬背，而应该尝试用不同的话语解释它，用新的例子说明它，将其与其他类似的观点进行比较，或者在其他选择中论证其合理性。换言之，它应涉及详细的阐述和自我解释，这些实践也在"学习的认知过程"一章中进行了讨论。有令人信服的证据表明，最成功的学生经常自发地进行阐述和自我解释（Chi et al.，1989）。

此外，你可能还记得间隔练习的重要性，不要把所有东西都留到考试前一天，而是每隔一段时间就做一点，甚至是交叉练习，在短时间内将注意力集中在一个话题上，并将其与其他话题的研究或其他技能的练习相结合，尤其是在内容相似的情况下。

每个学科都有特定的学习方法，甚至针对特定的学习目标还有量身定制的技巧。要教授这些技巧，不仅要对学习目标有深入的理解，还要了解学生实现这些目标所遵循的过程。

然而，仅仅让学生意识到各种学习策略往往是不够的（Blackwell et al.，2007）。很多时候，他们认为自己不需要学习策略，不认可它们的价值，或者只是因为他们的自我效能感或结果预期而缺乏将学习策略付诸实践的动力。此外，正如关于"记忆的过程"的一节指出的那样，许多策略都需要付出更多的认知努力，似乎会减慢学生的学习进程，而那些效果较差的策略则更容易实施，并让学生产生一种掌握了知识的错觉。

5. 实施计划并监测其进展和结果

当学生最终开始实施他们的计划时，他们应该养成习惯，持续检查计划是否符合初衷，并且评估其在实现既定目标方面的有效性。因此，他们需要将任务的进展与既定的计划进行对比，并在遇到意外事件或发现自己对某些变量的判断有误时进行调整。因此，学生应该养成不断自我提问的习惯，比如："我是否在预期时间内实现了计划的目标？""我正在使用的策略是否有效？""我在学习什么？"换言之，自我评估学习的能力是一项至关重要的元认知技能。

对于旨在巩固知识的任务，学生必须学会评估自己已经达到的学习水平。正如我们之前提到的，这对他们来说通常并不容易；他们往往高估了自己对某项技能或知识的掌握程度。这可能是由于使用了那些产生知识错觉的学习策略，或者因为许多学生——尤其是年龄小的学生——

没有考虑或不知道如何衡量遗忘的影响（Schoenfeld，1987）。我们还指出，增强记忆并尽可能真实地评估自己的学习水平的最佳方法是使用记忆提取练习。这种练习涉及自我评估，使学习者能够识别自己的真实薄弱环节，并有机会加以解决。相比之下，像重新学习已学内容这样要求较低的做法是具有欺骗性的，它们不能很好地反映学习水平的真实情况。

6. 反思所选计划的适用性并做出调整

在评估了自己的表现之后，进行自我调节的学生必须根据结果决定下一步的行动。然而，如前所述，学生可能会抗拒质疑自己的策略，即使在失败的时候也是如此。由意外失败引起的认知失调导致他们最初会将失败归咎于其他因素，如任务难度。研究表明，最擅长解决问题的学生是那些根据结果改变策略的学生，而效率较低的学生则抗拒改变他们的策略，这通常是因为他们根本不知道其他方法（Bransford et al.，2000）。但即使学生克服了他们的认知偏见，并承认其他策略可能更好，如果他们认为成本太高，并且看不到明显超过额外努力的收益，他们也可能抗拒采用这些策略（Fu & Gray，2004）。我们应该记住，归根结底，我们谈论的是改变习惯，这不是一件小事。通常，最有效的策略需要更多的努力，同时在实践它们的过程中也需要更多的时间。它们也会让学生更加沮丧，因为它们不会产生知识错觉，而是揭示了一个（通常是严酷的）现实，即有些东西他们学得不好。如前所述，知道比自己使用的更好的策略并不能保证学生会采用它们。动机将是他们这样做的关键。

4.1.3　自主学习者

学会学习的技能，或者通过元认知策略自我调节学习的能力，旨在将学生培养成高效的自主学习者。毕竟，随着他们年龄的增长，课堂之外的学习时间将大大增加，并且没有教师在每一步都给予指导。

因此，我们为他们提供的支持必须在一开始就足够显著，然后逐渐减少，这就像学习任何其他技能一样。教师应该从帮助学生意识到元认知过程开始，并适当地使用它们。这包括将这些过程明确化、促进和指导他们实践，并在每一步提供充足的反馈。渐渐地，教师会逐步退出，让学生对自己的学习拥有更多的控制权。这种支撑式教学过程与我们在教授任何技能时所使用的类似。

学生发展自我调节学习的元认知技能对教育的影响非常重要，这一点得到了研究证据的支持。研究表明，那些已经发展了这些技能的学生，通常能够取得更好的成绩，无论这些技能的掌握是通过帮助还是自发的（McClelland & Cameron，2011；Zimmerman，2001）。此外，关于如何获得专业技能的研究提供了有力证据，证明专家与初学者之间的一个重要区别是前者已经发展出更高水平的元认知技能（Bransford et al.，2000）。

当然，我们不能忽视决定学生发展元认知技能的众多因素。

首先，自我调节依赖于更高层次的认知功能（执行功能），这些功能由神经回路支持，而这些神经回路需要很长时间才能成熟，而且成熟的速度因人而异。因此，我们假设元认知技能必须在整个学校教育过程中逐渐成熟，有些学生会发现比其他学生更早地发展它们。

其次，动机在元认知技能的培养和应用中发挥着关键作用。毕竟，自我调节能力与自我效能感之间存在着显著的正向关系（Schunk，1989）。换言之，具备较高元认知技能的学生通常对实现学习目标更有信心，因此，他们的学习动机也更高。

动机和元认知很可能相互强化。实现学习目标的动机是实施元认知策略的关键，元认知策略可以提高学习任务的有效性——无论我们向学生教授多少元认知策略，他们首先都需要有动力去使用它们。此外，元认知可以通过帮助学生反思和管理自己的自我效能感和结果预期来影响动机。此外，由于应用元认知策略通常有助于学生取得更好的成绩，这也会对学生的自我效能感水平产生积极的影响，从而影响他们的动机。最后，元认知策略有助于明确地制订学习计划和明确要逐步实现的阶段性目标，从而提高学生的预期成绩。

在下一节中，我将讨论一种对自我调节学习发展具有重要影响的认知技能：自我控制。

4.2 自我控制

4.2.1 学习的自我控制

请考虑以下情况：

1）巴勃罗（Pablo）正在读高中三年级，他必须在周一上午向哲学老师提交一篇论文。由于种种原因，他无法按计划在本周内完成这项工作，因此他将不得不在周末解决这个问题。然而，周末阳光明媚，他的朋友们给他发了一条信息，邀请他去海滩。在权衡了这两个选项后，巴勃罗礼貌地拒绝了邀请，留在家里写论文。

2）伊莱恩（Elaine）和娜塔莉（Natalie）正在课堂上做一道具有挑战性的数学题。娜塔莉已经解出了这道题，现在正在向伊莱恩解释。尽管教室里很吵，但伊莱恩并没有被这些噪声干扰，她仍然全神贯注于朋友对这道数学题的解释。

3）克莱尔（Claire）正在参加一场正式考试以获得高级德语证书。虽然考试前紧张是很自然的，但她设法保持相对冷静，专注于完成考试。

这三个案例虽然各不相同，但有一个共同点：涉及的个体都必须应对由各自处境引发的情绪或认知冲动。为了克服这些冲动，他们需要将行为引导到有利于学习和学术成果的行动上。尽管这些处境不同，研究表明，能够在任何一个描述的案例中以这种方式行动的个体，也很可能在其他两种处境中表现出相似的行为，或者至少有更高的可能性表现出这种行为。换言之，这些行为之间存在显著的相关性（Duckworth & Kern，2011；Carlson & Wang，2007），这表明它们依赖于相同的一组技能，这些技能使人能摆脱冲动。神经影像研究表明，同一个大脑区域——前额叶皮质——参与了所有这些情境，进一步表明了它们之间的相互关联性（Cohen & Lieberman，2010）。因此，尽管每个案例有所不同，我们仍可以用自我控制的概念来统摄它们。

从本质上讲，自我控制是一种认知功能，它允许我们在某些情况下抑制身体的自动反应，尤其是情绪反应，但也可以抑制后天学到的和自动化反应（例如，在过马路前向左看或向右看）或刻在基因里的反应（例如，将注意力引导到我们听到噪声的地方）。当我们管理自己经历的情绪的强度和类型时——例如在上述第三个处境中，学生在重要考试期间保持冷静——我们特别指的是情绪自我调节。由于这是科学界和教育界特别感兴趣的自我控制特征，我将在下一节深入探讨这一点。

然而，自我控制的能力不仅仅涉及调节情绪的体验和表达，还包括克服动机冲动或自动化行为。这使个体能够评估情境并提供合理的反应，从而获得更大的利益（Baumeister et al.，2007）。例如，在上述第二个处境中，尽管周围有许多干扰，学生仍努力集中注意力在朋友的解释上，这时体现的是认知自我控制：学生成功地将注意力集中在她想要的地方，而不是被其他的刺激所分散。这并不容易，因为我们的注意力系统设计是为了自动将注意力转移到任何突出的感官刺激上。

在上述第一个处境中，一名年轻人决定待在家里完成他的哲学论文，而不是去海滩，我们可以看到一个被称为延迟满足的例子，即抵制即刻奖励以获得更大回报的能力（Mischel et al., 1989）。换言之，这就是抵制即刻奖励的诱惑以获得未来更大利益的能力。毫无疑问，这种能力与动机密切相关——它涉及两个相互排斥的目标之间的斗争，个体必须根据自己的价值观在这两个目标之间做出选择，也就是说，选出哪个更能激励自己。但是，为了做出公平的选择，个体必须抑制倾向于即时目标的动机冲动，并根据其优先级理性地评估这两个目标。这种自我控制是跟随饮食计划、戒烟或在这个案例中放弃短期欲望或享乐以实现中长期学习目标所需的能力。

总之，从各种往往不相关的科学角度进行研究，自我控制是一种多方面的技能（Hofmann et al., 2012）。直到最近，各种研究这一心理构念的方法才开始趋同，指向一种在任何需要抑制冲动和自动化反应的情境中都存在的基础技能。与工作记忆和认知灵活性一样，这种能力是另一种所谓的高级认知功能或执行功能，它们在某种程度上定义了人类物种：抑制控制（Diamond, 2013）。这是一种高级认知功能，是自我控制能力的基础。

4.2.2　自我控制与学业成绩

科学研究表明，自我控制能力与终身学业成就之间存在正相关关系。事实上，一些研究发现，学前儿童的自我控制能力甚至比智力更能预测他们在儿童时期的数学和阅读表现（Blair & Razza, 2007）。在青少年中，自我控制在预测学习成绩方面可以超越智商（Duckworth & Seligman, 2005）。高度的自我控制与学校环境之外的多种个人利益有关，如增强的社交技能和更好的健康状况（Tangney et al., 2004）。

虽然有成千上万的研究将自我控制与各种期望的特征联系起来，但也许最著名的研究是沃尔特·米歇尔（Walter Mishel）关于延迟满足的"棉花糖测试"（Mischel et al., 1988）。在 20 世纪六七十年代，米歇尔进行了一系列实验，将 4~5 岁的孩子放在一个只有椅子和桌子的房间里。研究者在桌子上放了一种糖果（例如，棉花糖），然后告诉孩子等待 15 分钟，在此期间他将出去处理一些事情。如果孩子愿意，他们可以吃掉糖果，但如果他们能等待，研究者回来时会再给他们一个糖果，孩子可以吃到两个糖果。奖励不一定是棉花糖，但基本思路始终是一致的：孩子必须在立即奖励和更大但延迟的奖励之间做出选择。最重要的是，在等待过程中，孩子必须克服对即刻奖励的诱惑，这种诱惑始终触手可及。

在米歇尔的原始实验中，近百名儿童参与了研究。一些儿童通过各种策略（例如，转移注意力或提醒自己为何要坚持）成功抵御了诱惑，而另一些则在研究者离开房间后立刻吃掉了糖果。研究者并没有就此结束实验，而是进行了纵向研究，跟踪了这些儿童多年，发现那些在棉花糖测试中表现出较强抑制能力的儿童，通常在青少年时期的学业成绩较好。换言之，自我控制能力是学业成功的预测因素。测试中显示的高水平的自我控制能力与更好的社交技能、更强的压力管理和应对挫折的能力以及在青少年时期更强的目标追求能力相关（Mischel et al., 1989）。

许多后续研究复刻了米歇尔的实验并得出了相似的结果。自我控制似乎为那些朝着长期目标努力的行为提供了帮助，并对人际关系的成功有所贡献。然而，正如总是需要注意的那样，我们不能简单地认为自我控制是解释上述研究中观察到的个人和学业收益的唯一因素。自我控制确实与许多其他变量相关，这些变量也与这些结果有关，如智力和家庭环境类型。因此，我们应牢记相关性并不意味着因果关系，我们不能排除自我控制能力与生活各个领域成功之间的关系可能受到其他因素的影响，这些因素可能是这两者的共同原因。此外，像棉花糖测试这样的实验并不完美：孩子可能出于其他与自我控制无关的原因选择立刻吃掉糖果。总的来说，从这些研究中可以得出结论，自我控制是一个与其他技能相互关联的技能集合的一部分，这些技能在学生的学业表现以及他们个人和职业生活的其他方面发挥了重要作用。

最终，米歇尔和其他研究者的工作不仅表明了自我控制能力对生活中的成功至关重要，还表明这种能力从儿童时期就开始发展（Mischel et al.，1989）。正如预期的那样，抑制控制具有遗传成分，但其发展也在很大程度上依赖于环境因素（Beaver et al.，2009；Goldsmith et al.，1997）。也就是说，抑制控制受到经验的塑造，可以通过学习在任何年龄段得到改善（Meichenbaum & Goodman，1971；Strayhorn，2002）。当然，越早学习效果越好，但什么时候培养它都不会太晚。接下来将探讨影响儿童自我控制能力发展的环境因素。

4.2.3　调节自我控制能力的因素

正如之前提到的，尽管构成自我控制的抑制控制确实有一定的遗传成分不可忽视，但是研究者们一致认为孩子所处的环境和自身经历在这项认知能力的发展中扮演重要的角色。由于抑制控制在童年时期就开始形成，孩子的家庭环境可能在其发展中扮演了重要角色（Bernier et al.，2010）。在这个意义上，尽管最近关于这一问题的各种研究显示了小到中等规模的影响（Karreman et al.，2006），但心理学家普遍认为，自我控制发展的一个关键因素是孩子的家庭环境在情感和认知上提供支持的程度（Schroeder & Kelley，2010；Grolnick & Farkas，2002）。

首先，情感支持指的是孩子从父母那里得到的亲昵关心、信任和支持，父母对孩子身体和心理需要的敏感程度，以及他们如何调节孩子的行为。的确，研究表明在温暖和充满关怀的家庭中长大的孩子通常比在冷漠和无情的家庭中或在遭受身体或言语控制的家庭中长大的孩子拥有更好的自我控制能力（Calkins et al.，1998）。

研究这种关系的方法包括直接观察父母和孩子之间的互动，无论是在他们自己家中还是在实验室中，通常要求他们共同完成任务，如拼图或卡片城堡。研究人员使用评分标准对不同情境中的父母和孩子的互动进行分类，从而建立行为模式。随后，他们通过测试或访谈评估孩子的自我控制能力，并对比两项研究的结果。通过这种方法，并评估了各种研究后，心理学家得出结论，温暖和支持性的养育方式与自我控制能力之间存在相关性（Evans & Rosenbaum，2008；Eisenberg，2005）。此外，这些研究还得到其他研究的补充，这些研究提供了这种关系对儿童产生积极影响的证据：它们提升了孩子识别和解读自己及他人情绪的能力，并帮助他们根据成人所提供的榜样，学会在每个场合表现出恰当的行为（Howes et al.，1994）。

除了情感支持，发展自我控制能力似乎也依赖于孩子成长环境中的认知支持（Evans & Rosenbaum，2008）。这在一定程度上表现为孩子从家庭中获得的智力刺激，例如，父母经常与孩子交谈，鼓励他们表达自己，鼓励他们接触丰富的词汇和复杂的语言结构，或者提供让他们探索和实验的环境。这还涉及如书籍、游戏、拼图等智力刺激资源的使用。然而，家庭环境中的两个具体特征在自我控制的发展中尤为重要：孩子的自主水平（Bernier et al.，2010）和家庭中井然有序且前后一致的规则（Steinberg et al.，1989）。

关于第一个方面，研究表明，那些被父母给予较高自主权的孩子通常会发展出更好的自我控制能力。这并不意味着完全放任孩子，让他们自己去解决所有问题而不提供帮助。相反，这涉及通过将孩子置于鼓励他们应对日常生活挑战的环境中来提高他们的自主性，同时通过适当的反馈等方式提供成人的指导和支持。同样重要的是，孩子要负责任地行使这种自主权（Lamborn et al.，1991）。简言之，孩子应该有多重机会来解决问题，做出决定，为自己的行为承担责任，而不是期望一切都为他们做好或解决好。

关于第二个方面，研究建议，家庭中建立良好且一致的共处规则对孩子自我控制的发展的贡献更为显著。我们可以假设这些行为规范的存在提供了一个机会，让孩子能够在调整行为以符合社会规范的过程中锻炼抑制冲动的能力。事实上，许多研究表明，通过参与抑制冲动以遵循实现特定目标所需规则的活动，自我控制能力得到加强（Diamond & Lee，2011）。从这个意义上说，游戏为自我控制的实践提供了有趣的机会。

在家庭环境中，父母的养育方式对孩子自我控制能力的发展有着重要影响。研究表明，促使孩子练习自我控制的情境可能会提升他们的这种能力，因为这些情境鼓励孩子寻找帮助他们实现自我控制的策略。例如，一些参与棉花糖测试的孩子使用了各种策略，如将视线移开、唱歌、反复提醒自己目标，甚至把手放在身下等。这些策略可以自发形成，也可以通过模仿成人提供的榜样或明确教导而获得。在任何情况下，学会这些策略通常需要有机会将其付诸实践。

总的来说，在家庭环境中，有助于孩子自我控制技能发展的父母实践可以概括为一些研究者定义的"要求高但支持性强"的环境。这种环境在一致的行为规则框架内促进儿童的自主性，并为他们提供情感和认知支持以行使这种自主性（Grolnick & Ryan，1989）。那么，学校环境呢？孩子们带着基于遗传背景和家庭环境塑造的自我控制能力来到学校。考虑到这一点，教师是否能在改善学生自我控制能力方面做出贡献呢？下面让我们进一步探讨这个问题。

4.2.4 促进学校里的自我控制

在回顾关于教师对学生自我控制能力的影响的科学文献时，乍一看，这种影响（如果有的话）似乎很小（如 Skibbe et al.，2011）。然而，经过更仔细的研究，这种影响实际上与最需要它的孩子有关——那些来学校时自我控制能力不发达的孩子，因为他们的家庭没有提供最好的机会让他们提升自我控制能力（Rimm-Kaufman et al.，2002）。当然，对整个学生群体而言，这种影响通常很小；已经具备这些能力的孩子在学校里没有取得任何显著的进步，这降低了所有学生群体的平均水平和相应的效果规模。

无论如何，重要的是，有证据表明，教师可以准确地帮助那些有最大改进空间的孩子，即那些在家庭环境中没有发展自我控制潜力的孩子。研究还表明，在家庭环境中对自我控制能力发展有效的相同做法也适用于学校环境。当教师提供一个组织良好、要求严格但支持性强、充满爱和舒适的学习环境，通过一致的规则促进自主性时，学生会发展出更好的自我调节能力，尤其是那些在这方面能力较弱的学生（Connor et al.，2010）。

例如，康纳（Connor）及其同事在 2010 年进行的一项研究考察了为一年级教师提供有关课堂规划和组织、课堂管理以及促进学生自主活动的培训（既包括单独工作也包括小组工作）的影响。结果显示，只有那些自我调节能力较差的学生才能通过他们所掌握的新的组织和方法技能从教师创造的课堂环境中受益。尽管对整体群体的影响可能无关紧要，但对最弱势学生的影响有助于促进机会均等，这无疑是学校最基本的目标之一。

除了营造一个舒适和组织良好的氛围，某些类型的活动也有助于培养年龄较小的学生的抑制控制能力。虽然促进学生自主性的活动已经被提过，但同样值得注意的还有那些挑战孩子们练习自我控制的活动，即使他们处于必须抑制自己的冲动以根据与同龄人互动的规则调整行为的情况中。

在这方面，有必要提及一些教育项目，如"心智工具"，这是一个学前项目，提供旨在发展更高认知功能的活动，包括抑制控制。其中一些活动包括学习如何在同伴干预或遵循一系列越来越复杂的指令的同时，通过轮流的方式合作完成任务。在幼儿园实施了一到两年的这一计划，证明了它对提高儿童的自我控制能力有积极的影响（Diamond et al.，2007）。

当然，学习调节情绪的策略也可以帮助学生提高自我控制能力（见下一节）。在结束本节时，我将讨论避免不必要地强迫学生的抑制控制能力的重要性，并对其终身发展的神经生物学基础提供一些最后的评论。

4.2.5　抑制控制的局限性

抑制控制的一个有趣特征是，它表现得像是一个有限的资源，随着时间的推移会逐渐消耗。在这个意义上，许多研究表明，抑制控制的能力类似于肌肉的功能，也就是说，它在经历过高强度的使用后会感到疲劳（Hagger et al.，2010；Muraven，2012）。确实，涉及抑制控制的任务需要付出努力，像所有需要努力的活动一样，如果没有休息，这种努力无法无限期维持。此外，研究还表明，高级认知功能（如抑制控制）的消耗也会影响涉及规划、决策和问题解决等其他高级认知功能的发挥（Hoffman et al.，2012）。

此外，抑制控制在过度需求时也会疲劳。例如，如同本节开头所描述的一种情况，抑制控制使我们能够忽略环境中的干扰因素，将注意力集中在与我们目标相关的刺激上。抑制控制在某种程度上帮助我们自主决定什么进入我们的工作记忆，排除无关的刺激。然而，这样做需要相当多的认知资源（Baumeister，2002）。因此，当学生处于充满显著刺激的环境中时，无论是噪声还是视觉干扰（例如窗外经过的人），他们都需要运用更多的抑制控制能力来保持对任务的专注。例如，教室墙壁上的过度装饰可能会在学习任务中产生负面干扰。事实上，一些研究表明，当教室墙壁装饰较少时，学生对课堂活动的注意力会更集中（Fisher et al.，2014）。此外，关于教室中的噪声，人们也观察到了类似的影响（Klatte et al.，2013）。

因此，从认知的角度来看，不建议学生在执行学习任务时处于刺激丰富的环境中，因为这种环境强迫他们进行抑制控制（以及工作记忆），从而对他们的表现产生负面影响。必须避免将之前提到的通过明确针对性的活动进行的抑制控制训练与学生在持续分散注意力的环境中可能接受的假定训练相混淆。以这种方式训练抑制控制并没有必要，而且它对学习的负面影响也说明了这种做法并不可取。

4.2.6 抑制控制的发展

最后，值得注意的是，就像工作记忆一样，抑制控制随着年龄的增长逐渐改善。这并不令人惊讶；成人显然在遵守既定社会规范的能力上与儿童有着明显的差异。这个现象的原因有神经学的依据。解释与我之前提供的工作记忆案例相同；毕竟，它是与抑制控制密切相关的另一种高级认知功能。

高级认知功能，或称执行功能，得到前额叶皮质的支持——这是在神经发育过程中最后成熟的脑区之一。该区域不断成熟，直到20岁出头，有时甚至更晚（Sowell et al.，2003）。因此，大多数学生的这种能力在其学业生涯中会自发发展，就像他们的工作记忆一样，这点就并不奇怪了。然而，与工作记忆相比的一个显著区别是，抑制控制似乎可以通过练习得到整体的提升，而工作记忆的容量并没有令人信服的证据表明可以通过练习增大。

你可能会想起工作记忆的这个局限性。而且，你当然也会记得，尽管有这个局限性，但我们可以通过获得有意义的知识和任务自动化来对其进行优化。此外，抑制控制也可以通过学习来增强，特别是通过获取有关情绪管理的策略。因此，我接下来将探讨这一点。

4.3　情绪自我调节

4.3.1　不合时宜的情绪

在我们的日常生活中，我们经常遇到会自动引发不同强度情绪反应的情况。这些反应模式是适应性的；它们在人类进化的过程中不断演化，帮助我们的祖先在环境中生存下来。虽然情绪今天仍然对我们维持生命至关重要，但当今的社会和文化背景与祖先的时代已大相径庭。因此，某些情绪有时会阻碍我们，而不是帮助我们。事实上，情绪会影响基本的认知过程，如注意力和工作记忆，甚至可能"掌控"我们的行为，使任务比没有情绪时更具有挑战性（Gross，2002）。例如，愤怒和恐惧都可能影响我们做出明智决策的能力，阻碍解决需要智力的问题的努力。不用说，不合时宜的情绪可能会妨碍学术环境中的学习和表现。例如，过多的焦虑可能会在考试或公开演示时阻碍我们。这也是我在介绍情绪在学习中的作用时讨论的一个话题。

幸运的是，如前一节探讨的那样，人类已经发展出了自我控制能力，这无疑是我们大脑的另一个进化里程碑。这种能力使我们能够抑制或重新引导大脑对特定刺激产生的各种自动反应，包括情绪反应。从科学角度来看，当自我控制涉及情绪管理时，常用的术语是情绪自我调节（Tice & Bratslavsky，2000）。情绪自我调节包括控制自己的情绪反应，无论是通过调节它们所产生的生理和心理体验，还是通过抑制或调整它们的外部表达（Gross & Thompson，2007）。虽然这种能力像其他能力一样有遗传基础，但也受到环境的影响。因此，我们可以通过特定的策略来学习调节情绪。事实上，我们都自发地运用调节策略，例如转移视线以避免看到让我们厌恶的东西、通过写作表达感受，或者通过深呼吸以使自己平静下来（Koole，2009）。

从这个角度看，科学研究发现，发展情绪自我调节技能对学术和社交成功具有重要影响（Graziano et al.，2007；Gross & John，2003）。公平地说，这似乎是一个不需要科学证据就能得出的结论。试想一下，如果我们能控制恐惧或焦虑，许多任务会变得容易得多；如果没有愤怒或自负，有多少决定会不那么不明智。然而，这并不是第一次出现看似合乎逻辑的事物缺乏证据的支持的情况，所以我们最好依靠科学发现。

情绪调节的研究是情绪心理学中成果最为丰富的领域。与教育背景相关的主要发现之一是，儿童可以学会自我调节，教师也可以帮助他们提高这一技能——尤其是那些最需要它的孩子——从而帮助他们成为更优秀的学生（如果你愿意的话，也能让他们成为更快乐的个体）。

在本节中，我将首先讨论学生在学校环境中发展情绪自我调节技能如何有助于他们的学习。然后，我将介绍他们可以学习的一些策略，这些策略经过科学方法分析能够产生最为理想的效果。

4.3.2　情绪自我调节在学习中的作用

能够调节自身情绪对于成为优秀学生有许多好处。上一节中，我们强调了在面对价值和即时性不同的两个或更多互斥选项时，抑制即时冲动的重要性——延迟满足，例如棉花糖测试。要选择那些非即时且发生可能性较小的选项，必须克服那些促使学生自动选择已经触手可及的好处的情绪。只有这样，他们才有机会权衡每个选项的利弊。能够舍弃即时的快乐——比如与朋友一起去海滩——转而写一篇哲学论文，在学生看来，从长远来看，这会带来更大的回报，这很好地说明了这种调节对学习意味着什么（Duckworth & Seligman，2005）。

然而，情绪调节在学校环境中的另一个重要场景是学生的情绪状态或反应可能影响他们在任务中的表现或解决问题的动机（Kim & Pekrun，2014）。如我在讨论"情绪在学习中的作用"一节中所述，当情绪引发过高的唤醒水平时，完成智力任务所需的认知过程会受到显著干扰（Arnsten，2009）。同样，当学习任务与负面情绪相关联时，学生参与这些任务的动机会严重受挫（Kim & Pekrun，2014）。

在学校环境中，情绪产生的原因多种多样，主要可以分为两大类：一类是源于课堂内外的社交互动，另一类是学生根据结果解释学习挑战可能对他们的学业或个人目标产生积极或消极影响时产生的情绪（Pekrun et al.，2007）。考试和成绩导致的情绪就是这种情况。这些情绪被称为与学习表现相关的情绪，我们将在后面对此进行重点讨论，因为它们是学习行为的必然结果，并且已经得到了广泛的研究。事实上，几十年来，它们几乎是教育环境中唯一被研究的情绪现象（Pekrun & Linnenbrink-Garcia，2014）。当然，在一些情况下，社交情绪与表现相关的情绪会重叠，例如当考试结果公布时或教师对学生在全班面前的反应进行反馈时。我们稍后将讨论的调节策略，对所有这些情绪都是有用的。

4.3.3 与学习表现相关的情绪

与学习表现相关的情绪是学习过程中固有的情绪（Pekrun et al., 2007）。当我们执行学习任务时，尤其是当我们高度重视它时，我们希望表现良好。换言之，我们厌恶失败，特别是当我们付出了努力之后。与成功相比，失败带来的是不愉快的情绪。情绪往往引导我们采取行动，帮助我们避免不愉快的情况，并追求愉快的体验。一般来说，我们倾向于避免那些我们预期会失败的情况，而倾向于选择那些我们认为能够成功的情况。因此，在学校环境中，与学习表现相关的情绪是产生动机的关键。

实际上，与学习表现相关的情绪就是评估学习目标价值和成功预期所产生的动机的驱动力。当我在有关动机的小节中提到低预期（低自我效能感）的学生可能选择不付出努力或放弃时，我并没有明确提到可能的原因，那就是我们倾向于试图避免与失败相关的不愉快情绪。

当学生面临挑战时，他们首先会自动且无意识地评估成功克服挑战的价值以及失败带来的负面影响。最重要的是，他们会评估自己克服挑战的预期。根据这种评估，他们预测的情绪会引导他们采取不同的行动。

显然，如果学生对挑战不赋予任何价值，他们的情绪水平会保持在较低水平。但如果挑战对学生有意义——无论是出于学术原因还是为了维护他们的声誉或自我认知——那么他们的预期将决定他们的行为。如果预期非常低，他们可能会选择放弃，因为不尝试，他们就可用不那么"痛苦"的原因解释失败，例如缺乏能力。或者，他们可能选择"自我破坏"，编造借口解释为什么他们没有表现得更好。此外，如果他们的预期不明确，那么他们的情绪也会在挑战过程中非常明显，阻碍他们专注于任务，从而影响他们的表现。最后，如果他们的预期很高，学生可能会在测试前和测试中保持情绪的控制——尽管这并不总是如此。无论哪种情况，在收到任务结果反馈时，情绪都会重新浮现。

因此，当学生预期未来会遇到挑战（例如考试）、面对挑战（在考试时）和面对挑战的结果（在收到成绩或其他类型的反馈）时，他们就会产生与表现相关的情绪。当这些情绪前瞻性地出现时，它们会影响学生付出努力和准备挑战的动机。在挑战过程中，它们会影响表现，因为它们会改变认知过程。在收到关于挑战的反馈后，他们会影响学生未来面对与之相关的挑战的动机（例如，同一学科的其他挑战）。因此，调节这些情绪的能力对学生的学习表现至关重要。

4.3.4　促进情绪调节

与那些能够调节这些情绪并将其保持在更有益水平的人相比，对学校任务，尤其是考试感到高度焦虑或有压力的学生明显处于劣势。他们在这些测试中获得的结果证明了这一点（Chapell et al., 2005）。虽然自我调节能力确实有遗传因素，并且是由学生从小的家庭环境提供的经验培养的（Morris et al., 2007），但研究表明，帮助学生努力调节这些情绪是有可能的。

这种帮助可以通过教学生调节自己的情绪来提供，即通过特定的策略帮助他们发展自我调节能力，或者通过实施提供减少不良情绪反应的学习环境的措施来提供。在许多情况下，这两种行动是互补的。我现在将讨论情绪自我调节的策略，稍后将讨论在学习环境方面可以做些什么。

4.3.5　情绪自我调节的策略

情绪自我调节的能力依赖于另外两种情绪能力：识别、评估和正确理解自己和他人的情绪表达和内部情绪状态的能力，以及通过言语和非言语方式向他人传达情绪的能力（Gross & Thompson，2007）。因此，为了促进情绪自我调节，从这些方面入手可能是有意义的。事实上，许多研究表明，一般来说，青少年很难识别自己和他人的情绪，而且往往意识不到他们自发使用的情绪调节策略（Fried，2010）。然而，研究也表明，在正确的指导下，这些技能可以相对容易地提高（Zins et al.，2007）。

最初，学生自发发展的情绪自我调节的策略各不相同。虽然相同的策略可能对每个人产生不同的影响，但人们对通常更有效的策略类型达成了共识。在情绪自我调节方面有较大困难的学生可以从学习这些策略中受益。

情绪自我调节策略可以根据不同的标准进行分类。因此，我将从与教育环境最相关的方面入手。一方面，情绪自我调节的策略可能因应用时间而异——在预期强烈情绪发作之前（如考试）或发作期间，也就是说，在它们发生之前或一旦它们已经发生。研究表明，一般来说，预期策略比试图在事件发生后控制情绪反应的策略更有效（Gross & John，2003）。另一方面，策略可以根据它们所针对的情绪过程的组成部分进行分类，无论是注意力、身体表情还是对情况的认知评估（Koole，2009）。接下来我们展开讨论。

4.3.6　调节注意力的策略

在对注意力起作用的策略中，有一些涉及避免思考触发情绪的事情。实现这一目标的更好的方法是将注意力转移到其他事情上（Wegner，1994）。事实上，决定不去想某件事几乎是不可能的（例如，试着不去想一只北极熊），所以我们必须专注于思考其他事情（然而……北极熊又来了）。无论如何，要应用这种策略，我们思考的事情不一定会引发积极的情绪；如果它们能让学生的工作记忆保持忙碌，并阻止引发负面情绪的想法进入，那就足够了（Van Dillen & Koole，2007）。然而，很明显，就目前的情况而言，这些技术相当无效——控制注意力的过程具有挑战性。

其他影响注意力的策略与之前所说的相反：不是将注意力从情绪刺激中转移出来，也就是说，不是试图抑制它，而是故意将注意力集中在它身上以表达它所引发的情绪。我们在写下自己的感受或与朋友分享时，就会发生这种情况。尽管如此，它们的调节作用可能更多地与认知评价有关，认知评价涉及重建情绪事件，而不仅仅是将注意力集中在情绪事件上。在简要评论了影响身体反应的策略后，我将讨论认知评价策略。

4.3.7　调节身体反应的策略

很明显，不同的情绪会引发特定的身体和生理反应，包括面部表情、呼吸频率的变化等。有趣的是，故意激活这些反应可以引发通常与之相关的情绪。此外，通过控制和改变情绪发作期间的身体反应，我们可以降低引起这些反应的情绪强度。例如，这一类别中有效的情绪自我调节策略之一是控制呼吸的练习。

有充分证据表明，对特定呼吸模式的自主调节可以选择性地激活特定的情绪状态（Philippot et al.，2002）。更重要的是，它有助于降低急性情绪发作的强度（Varvogli & Darviri，2011）。此外，将注意力集中在自己的呼吸上以试图调节它，也是一种注意力调节策略。

身体控制的其他策略包括抑制情绪表达（Gross，1998）或将其释放并引导到其他行为中（Schmeichel et al.，2006；Bushman et al.，2001）。然而，这些类型的策略对整体情绪健康有各种不利影响，或者在课堂环境中可能根本不合适，因此不太可取（Gross & John，2003；Bushman，2002）。

4.3.8　调节情境认知评价的策略

总而言之，关于情绪自我调节的研究表明，最有效的策略是那些旨在改变学生对所面临挑战进行认知评价的策略。这是什么意思呢？记住，当学生意识到他们所面临的情况可能会对他们的学业或个人目标产生影响时，他们就会产生与表现相关的情绪，这取决于结果。在这种情况下，学生会无意识地、自动地进行认知评价，评估任务的重要性（主观价值）和完成任务的机会（期望）。这种评估的结果将引发一种特定类型的情绪，其强度或大或小。例如，一个高度重视数学但认为自己无法通过这门学科考试的学生可能会经历负面情绪。在这里，至关重要的是要认识到，引发情绪的不是情况本身，而是学生对情况的解释。因此，认知评价技能旨在改变这种解释。

正如你可能已经注意到的，当学生面对学习挑战时，他们所做的认知评价与认知动机理论中用来解释学生何时会被激励去追求目标的评估是相同的。也就是说，它们基于相同的原则：主观价值和期望（自我效能感）。因此，通过认知评价进行情绪自我调节意味着根据一个人对任务的主观价值和期望行事。例如，当一名学生告诉自己，考试结果并不像他想得那么重要，或者当他通过重复"我可以处理考试"来鼓励自己时，他正在尝试进行认知的重新评估。在这些例子中，第一种情况试图重新考虑任务的主观价值，第二种情况是克服它的期望。

你可能还记得，学生对学习目标的主观价值和期望是基于他们的信念——他们对学习如何运作的看法以及他们如何看待自己作为学生的身份。因此，认知评价策略可以针对性地修改这些信念。学生所处的环境在这方面起着非常重要的作用，所以我将在下一节中讨论这个问题。

确认偏误是一种自动的情绪调节系统

在这本书关于教育研究的第 1 章中，我讨论了认知偏见，特别是确认偏误。当新的信息与我们的想法相矛盾时，尤其是当这些想法已经确立并成为我们身份的一部分时，我们就会经历认知失调（Festinger，1957）。这种现象通常伴随着负面情绪，因为在内心深处，我们感受到了威胁——毕竟，我们的想法或知识受到了质疑。然而，我们的确认偏误立即起了作用——倾向于重新解释收到的信息以适应我们的模式，或者直接忽略和忘记它。确认偏误促使我们找到一个解释，说明为什么新信息一定是不正确的。此外，它导致我们寻求支持我们立场的来源（且仅支持我们的立场）以排除导致不一致的信息。从这个意义上说，基于认知评价的确认偏误可以被解释为一种自动的情绪调节系统，其被触发以减少由认知失调引起的负面情绪。

然而，我想指出的是，在我提到的基于目标（注意力、身体表情和认知评价）的三种情绪自我调节策略中，前两种通常在情绪已经被触发并且需要减少其影响时使用。同时，第三种方法尤其具有预防性，可以降低未来出现挑战时情绪达到顶峰的可能性（尽管它也可以用来缓解情绪发作）。正如我之前提到的，一般来说，预防策略通常比情绪反应发生后使用的策略效果更佳。

4.3.9 支持情绪调节的学习环境

在课堂上，教师不是心理学家（也不必是），但教师仍然可以为提供学习环境做出贡献，以便促进学生在面临学校任务和学业挑战时的情绪调节。这反过来将帮助他们成为更好的学生。

如果与表现相关的情绪源于学生对做好任务的重要性以及他们对成功的期望的认知评价，那么帮助他们控制情绪的一个好方法可能是干预他们的信念，这些信念构成了主观价值和自我效能感的基础（Romero et al.，2014）。我们在专门讨论信念的篇幅中讨论了这一点，但值得在情绪调节的背景下重新审视一些案例。

首先，我们可以促进学生对其成功和失败原因的认知评价。一些研究者认为，学生在面对挑战时所做的估计的关键在于他们感知到的控制程度（Pekrun et al.，2007）。也就是说，他们认为成功是取决于他们自己，还是取决于他们无法控制的变量。例如，认为自己在某个学科上能力不足且无法改变的学生，会有非常低的控制感；他们会认为实现学习目标不被自己掌控，而可能被"好运女神"掌控。在这种情况下，我们回忆起了我们在信念介绍中讨论的归因训练概念（Weiner，1986）。简言之，这涉及教育个体关于成功和失败的认识，旨在使学生不将成功和失败归因于固定且无法控制的原因，而是归因于他们可以控制的因素，如努力和学习策略。

其次，认知评价的另一个关键目标是学生对错误所赋予的意义。这涉及推广与成长型思维相一致的想法，在这种思维中，错误不应被解读为定义所谓无能的标签，而应被视为学习过程中的自然组成部分。这样，我们可以帮助学生减少或调整由于学习活动中出现的困难而产生的负面情绪。当然，我还想在这里指出，对于那些对学校任务感到严重焦虑和有压力的学生，最好还是寻求专业人士的帮助，提供适当的情感支持。

然而，作为教师，我们对学生情绪调节的贡献的关键是在整个学习过程中提供支持，同时在完善的规则框架内保持要求和一致性。正如上一节关于自我控制的内容所述，一个要求严格但充满支持性的氛围可能是培养自我控制能力的最佳环境。记住，情绪自我调节可能被认为是一种自我控制，因此它依赖于抑制控制的执行功能（Joormann & Gotlib，2010）。正如我们接下来将看到的，这种相关性也延伸到其他执行功能。

4.3.10　执行功能与情绪调节

除了自动化的情绪调节过程，情绪调节过程是深思熟虑的、对认知要求很高的过程。鉴于它涉及克服我们身体产生的自发情绪反应，很明显它需要抑制控制的能力。此外，认知评价能力——最有效的情绪调节策略——不仅与抑制控制有关，还与其他执行功能有关，即工作记忆和认知灵活性（Schmeichel & Tang，2014；McRae et al.，2012a）。

在这方面，利用功能性磁共振成像的研究表明，在认知评价过程中，与执行功能相关的前额叶皮质区域被激活，而杏仁核和其他与刺激情绪处理相关的区域的活动减少（Ochsner et al.，2002）。这种关系解释了为什么情绪自我调节的能力就像其他类型的自我控制一样，随着年龄的增长而增强（McRae et al.，2012b）。你可能还记得，与执行功能相关的大脑回路是神经发育过程中最后成熟的回路之一。然而，似乎仅凭年龄并不能完全预测自我调节能力；孩子学习有效的自我调节策略的机会也可能至关重要（Morris et al.，2007）。当然，我们在上一节中讨论的那些旨在促进儿童抑制控制能力的环境和经历，可能同时有助于提高他们的情绪自我调节能力（Bernier et al.，2010）。

4.4　韧性和毅力

4.4.1　坚持不懈的能力

"韧性"这一术语在心理学、生态学和材料工程等多个领域中都有应用。在所有这些领域中，它都指的是在经历干扰后恢复或反弹的能力。因此，韧性是指一种材料在受到变形的力量作用后，能够自发地恢复到原状的特性。在生态学中，韧性被定义为生态系统在经历自然或人为因素改变后恢复的倾向。在心理学中，韧性则指一个人克服逆境的能力。这一层面的定义是我们将在本节中探讨的内容。

但韧性与学习有什么关系，使其值得在本书中讨论呢？虽然你可能已有一些想法，但我们将从心理学家安杰拉·达克沃斯（Angela Duckworth）的研究中寻找答案。本节主要关注一种与韧性密切相关的假定品质，达克沃斯及其同事将其称为"毅力"——一种在实现长期目标的过程中具有的毅力和热情的品质。多年来，达克沃斯的团队对这一特质进行了深入研究，发现那些具有很强毅力的人即使面对失败和逆境，也能在较长时间内保持决心和动力（Duckworth et al.，2007）。从某种意义上说，毅力可以被视为针对长期目标的韧性。它与学习的相关性显而易见，因为它涉及在面对困难时持续保持动机以实现长期目标，例如学业成功所需的目标。

对毅力的识别和研究源于达克沃斯对寻找与个性相关变量的兴趣，这一变量可以解释实现个人目标的可能性（Duckworth，2016）。在那之前，预测未来成就的最佳指标之一是智力（现在仍是如此），通过智商（IQ）测试来衡量（Gottfredson，1997）。尽管智力与成功之间的关系在学业成绩和工作表现中都很明显（Neisser et al.，1996），但达克沃斯的团队提供的大量证据表明，毅力可能比智力更能预测成功（Duckworth et al.，2007）。此外，他们认为这两种品质并不相关——与其他许多传统的绩效衡量标准不同，毅力与智力无关。在他们看来，这有助于解释为什么当目标在短期内无法实现，但需要长期的持续努力和奉献时，一些高智商的人表现不佳。

在进一步讨论之前，重要的是要注意，我们将在与其他个人品质的比较框架中，始终将毅力视为实现学术目标或任何其他目标所涉及的一种品质。显然，外部因素——如学生所处环境中的社会经济变量、与学习环境相关的因素或仅仅是偶然因素——在学生学业成功的可能性中起着至关重要且往往是决定性的作用。然而，不应忽视有助于实现学习目标（无论是学术、运动、职业还是个人目标）的个人因素。无论如何，我们将看到，毅力的概念及其对学术成功的影响并非毫无争议。

4.4.2　成功的案例

西点军校是美国最古老的军事学院，位于与其同名的城镇，距离纽约市 80 公里。其招生程序与最负盛名的大学一样严格，涉及申请者过去四年的高中成绩、SAT 和 ACT 考试分数（大学入学考试）以及一项严格的体能测试结果。此外，申请者还需要获得美国国会或参议院成员（或总统或副总统）的提名。每年超过 14000 名申请者中，只有 1200 人能获得录取名额。

然而，最令人惊讶的是，20% 的录取生在毕业前退学，其中大多数甚至未能坚持过头两个月的训练——这一阶段被称为"野兽营"，以严酷而闻名。尽管西点军校对每位学员（军校生的称谓）的学术和运动成绩有详尽的数据记录，但这些数据从未能可靠地预测谁能度过初期阶段，谁无法坚持下来。这引起了达克沃斯的兴趣，她开始了研究以寻找一种能够更好地预测学员成功的因素。

军事心理学家迈克·马修斯（Mike Matthews）对西点军校的成功因素有一个假设。他认为，决定成功的关键在于"不放弃"的态度。达克沃斯将这种态度定义为"毅力"，即为实现个人目标而持续努力，并研究了如何在个体中测量这种特质。她开发了一项测试，通过该测试建立了一个毅力量表，并将其应用于新到西点军校的学员身上。

两个月后，在严酷的"野兽营"选拔结束时，达克沃斯发现，毅力测量结果与早期退学者的结果有很强的相关性。毅力准确地解释了谁会坚持下来，谁会退学。换句话说，不一定是那些学业成绩最好或体能更强的学员甚至是那些两者兼备的学员，才会在选拔期中脱颖而出。相反，能够坚持下来的往往是那些在面对严酷环境、失败甚至打击时，依然能够保持毅力的人。

达克沃斯和她的团队还将他们的毅力量表应用于其他领域：运动、学术、艺术和商业。尽管各领域之间存在明显的差异，但所有在这些领域中取得成功的个体都具有很强的毅力。

很少有人知道，被许多人认为是历史上最伟大篮球运动员的迈克尔·乔丹（Michael Jordan，见图 4-1），曾因为技术水平不如队友而被高中篮球队淘汰。凭借着坚定的决心，乔丹在那一年里每天自我训练，最终成功回到了球队。他的成名之路并非一帆风顺。虽然他在大学篮球队中表现非常出色，但在进入 NBA 选秀时仅以第三名入选。然而，这并没有让他气馁，恰恰相反。加入国家联赛后，他经历了六年的奋斗，

图 4-1 迈克尔·乔丹

才与芝加哥公牛队赢得了他的第一个总冠军。乔丹的心态和决心在他自己的话中得到了清晰的体现："在我的职业生涯中，我错过了 9000 多次投篮。我输掉了近 300 场比赛。有 26 次，我被寄予厚望去完成制胜投篮，却未能成功。我在生活中一遍又一遍地失败。这就是我成功的原因。"

著名的美国作家约翰·欧文（John Irving，见图 4-2），以《新罕布什尔旅馆》（*The Hotel New Hampshire*）和《独居的一年》（*A Widow for One Year*）这两部小说而闻名，并因《苹果酒屋的规则》（*The Cider House Rules*）获得奥斯卡最佳改编剧本奖，他的成功也是毅力的一个例证。小时候，欧文在学业上面临困难。他发现阅读和写作这两项对任何作家来说都至关重要的技能，对他来说却十分困难。直到他的弟弟被诊断为读写障碍，欧文才意识到自己也有类似的问题。尽管他曾多次想要放弃，但他的高中老师给予了他信心，鼓励他继续学习。欧文在自己的话中提到，他学会了"通过花两倍于常人的精力在阅读和写作上来提升自己的能力"。他看到了阅读障碍对他的写作生涯的积极影响，"因为这让他学会了慢慢写作，并不断修订自己的作品以求改进"。

图 4-2　约翰·欧文

根据达克沃斯的研究，她提出了一个观点：毅力比智力或其他才能更能预测成功。她认为，毅力是提供应对挑战和逆境所需的韧性的根本因素，能够帮助人们在面对（不可避免的）失败和挫折时"坚持下去"，继续朝着目标努力。换句话说，达克沃斯的研究支持了一个观点，即努力比天赋更为重要。

4.4.3　毅力、动机和元认知

毅力具有显著的动机成分。在达克沃斯看来，毅力不仅仅是坚持不懈，还包括对实现目标的热情（即奉献精神）。这种奉献精神是推动人们坚持不懈、不放弃的动力。如果一个人的目标需要长时间的努力才能实现，那么这个人更可能具备更高水平的毅力（Von Culin et al., 2014）。

毅力还具有显著的元认知成分，因为在面对挫折时持续维持动机通常需要可习得的有意识的学习策略（Karimi et al., 2016; Spellman et al., 2016）。首先，毅力总是与长期目标相关联，因此可以通过目标管理策略来增强。将长期目标（如"我必须在这个学期通过数学考试"）分解成更小、更直接和具体的目标，并将它们视为实现目标过程中的一部分，有助于人们维持动机。尽管如此，我建议将短期目标描述为具体的行动步骤，而不是单纯的里程碑。例如，目标"我必须完成老师布置的所有活动，并且不要把所有事情拖到最后一刻"是有效的，因为它明确说明了学生必须做的事情。相比之下，像"我必须在每次考试中取得至少 B 的成绩"这样的目标不仅未能提供相应指导，而且如果未能达到这一目标，还可能导致挫败感。

其次，在面对失败的情况下，毅力从元认知能力中获益，能够使人们分析错误并寻求新的策略来应对挑战。一个仅仅不断尝试而不分析自己可能存在的问题的人，很可能无法实现目标，最终可能会放弃。通常，成功不仅仅在于更加努力，而是涉及如何改变付出的方式，根据之前尝试的结果调整策略。很多时候，这不仅仅是付出更多的努力，而是以不同的方式投入努力。

显然，毅力与自我控制能力有关，这一话题在前文进行了探讨。具体来说，它涉及延迟奖励。正如我们稍后将看到的那样，毅力会随着年龄的增长而倾向于增加，这不足为奇。因为参与自我控制和计划的脑区是最后成熟的区域之一（Sowell et al., 2003）。

4.4.4 毅力和信念

正如你可能已经注意到的，安杰拉·达克沃斯的毅力概念与卡罗尔·德韦克的心态理论密切相关（Hochanadel & Finamore，2015），这一理论在关于信念的部分进行了广泛讨论。显然，为了使一个人在追求目标时形成坚持的态度，持有关于这些目标的成长型思维对个人是有益的（Yeager & Dweck，2012）。如果一个人相信实现目标所需的技能是天生的且不可改变的，他们可能会避免付出努力。同样，如果他们认为自己在特定任务中的初步表现决定了是否能够执行这个任务，他们可能会在第一次遇到挫折时就放弃，而选择不再坚持。毫无疑问，这种固定型思维可能会对促进学习任何技能所需的练习产生负面影响，因为掌握通常需要不止一次的尝试，而进步则需要坚持不懈。

正如之前所讨论的，成长型思维的特征之一是对错误的去污名化，并且将错误视为学习过程中的一个必要步骤。对拥有成长型思维的学生来说，失败可能会令人沮丧（就像对其他人一样），但在经历了那不可避免的感觉之后，学生会对失败进行重新评估，将其视为一种偶然事件，而不是一个确定的结果。这种态度源于这样一个信念，即技能不是固定的，而是可以通过学习和训练提高的。技能不会定义我们是谁或者我们可以成为什么样的人，相反，它们代表我们目前的状况，而不是我们潜力的极限。毅力的本质在于管理挫折的能力，而学生们关于失败的意义或原因的想法对于发展这种能力至关重要。因此，如果学生将失败归咎于他们控制之外的因素，比如"我不适合这个"或"老师不喜欢我"，他们就不太可能持续付出努力，因为他们认为这样做没有意义。相反，如果学生认为他们的失败至少部分可以由他们控制的因素来解释（"我没有刻苦学习"或"我把一切事情都留到了最后一刻"），那么他们再次尝试并预期成功的可能性就高得多（Dweck et al.，2014）。

总之，毅力和成长型思维之间表现出正相关关系（Duckworth & Eskreis-Winkler，2013），它们通常共存，就像成长型思维可以被环境塑造一样，毅力也可以同时被培养出来。

4.4.5 培养毅力

或许从达克沃斯关于毅力的研究中得出的最有趣的结论之一是，毅力并不是一种固定的品质，它可以被培养。

首先，有证据表明，毅力随着年龄的增长而倾向于增加（Duckworth et al.，2007），这可能有两个原因。其一是代与代之间在价值观上的文化差异。其二是大脑在青春期、青少年时期和成年早期逐渐成熟，同时与自我控制、目标管理和延迟满足相关的技能也在发展。然而，个人经历的成功或失败在促进毅力发展中的作用可能比这些与年龄相关的因素更为重要。

虽然毅力像任何技能一样具有遗传成分，但个人在发展这种对目标的坚持态度方面的倾向各不相同。根据对双胞胎的研究，有关毅力的遗传影响为37%，动机影响为20%（Rimfeld et al.，2016）。这表明，尽管存在遗传因素，但毅力在很大程度上依赖于环境因素，具体来说是个人所处的环境。

个人经历和环境在毅力的形成中的确发挥了重要作用。自我效能感——我们对自己实现特定目标能力的信念——不可避免地受到了我们经历的成功和失败的影响，以及我们对这些事件的归因。因此，推崇努力奋斗的成长型思维在促进毅力发展中变得至关重要（Yeager & Dweck，2012）。

然而，仅仅关注学生的信念和他们对失败的看法可能不足以培养毅力。例如，前文提到的自尊与学业成绩的关系的案例。很多人将这种关系解读为通过提高学生的自尊来改善学业表现的机会。尽管人们在实施这一方法上投入了大量教育资源，但最终未能取得成功。人们未曾考虑到因果关系可能是反向的（即良好的成绩提高学生的自尊），或两者可能受到第三因素（如社会经济因素）的影响。人们甚至没有考虑到因果关系可能是相互的，为了实现改善，可能需要同时采取措施。尽管初步研究表明，对学生的自我效能感的干预可以对他们的表现产生积极的影响（Blackwell et al.，2007），但我们不能忽视学生需要通过多次努力取得成功来培养毅力。换言之，培养毅力不仅需要关注学生的信念和期望，还需要帮助他们将这些信念变为现实（Didau，2018）。

的确，毅力的培养更有可能在学生经历成功时发生。因此，关键在于关注两个方面：帮助学生改进学习策略和适当评估任务的难度。

首先，关于学习策略，我们已经关注到毅力与元认知的关系——毅力具有元认知成分，因此是可以习得的。除了改变学生的信念，我们还可以通过教授学习技巧（如记忆提取练习、间隔练习、交替练习等）和元认知策略（如前述策略）来帮助学生培养毅力。将课堂时间用于基于学习原理的活动，也将有助于提高他们的成功概率。

其次，任务的难度涉及动机的基本原则之一：我们会被我们认为能应对的挑战所驱动，但不喜欢过于简单或过于困难的任务（Willingham，2009）。因此，要在努力与成功之间找到平衡，我们就需要在任务难度上进行重要的调整。虽然在学生人数超过 30，并且基础各不相同的课堂中，这一调整做起来比说起来更困难，但重要的是要认识到，如果学生不将努力与成功经常联系起来，或者他们尚未取得成功，他们便不相信坚持和调整策略的有效性，培养一个坚韧的态度将是不可能做到的。

帮助学生体验成功并不意味着要保护他们免受所有可能的失败或挫折，相反，这对培养韧性至关重要。韧性不仅来源于将努力与成功联系起来的成功经验，还来源于遇到失败时练习韧性技能的机会。过度保护孩子，避免他们接触任何失败或挫折，不让他们从小面临困难（例如，替他们解决问题或试图完全预防困难的发生），可能导致未来成年的他们缺乏韧性，无法管理挫折或在逆境中坚持下去（Swanson et al.，2011）。因此，专家们建议教育者采取一种既要求严格又具有支持性的方式，避免直接干预，但要帮助学生（或孩子）应对生活中的挑战，并支持他们克服障碍（Duckworth，2016）。这种支持可以结合本书中讨论的所有概念，如元认知、情绪自我调节、信念等。

4.4.6　关于毅力的批评

达克沃斯认为毅力是韧性和热情的结合，这一观点在近年来受到了广泛的欢迎。这就是为什么我认为在这一节从这一概念的角度探讨韧性是最合适的。然而，重要的是要指出，毅力已经受到了其他研究者的诸多批评，这些批评来自于各种证据。

首先，一些研究者怀疑毅力是一种与其他多年前就已经被识别和定义的品质不同的品质。具体来说，毅力和被称为责任心的人格特质之间有很高的相关性（Credé et al.，2017），这与自我控制和延迟满足的能力密切相关。此外，一些研究表明，毅力对学术成就的影响很小，而且主要是因为它的韧性成分——坚持不懈地努力以实现目标（Rimfeld et al.，2016；Muenks et al.，2018）。最后，芒克斯（Muenks）等人在 2018 年提出，在学校环境中，与单纯的自我效能感相比（学生基于过去经验对实现学术目标能力的信息），毅力似乎对成功的预测能力没有那么高。达克沃斯自己也承认，根据她的研究团队提供的证据，毅力与学术成果并不相关（Duckworth et al.，2019）。归根结底，毅力只是指坚持我们为自己设定的目标的能力。这些目标是什么是完全不同的问题。

综合考虑所有因素，有观点认为强调毅力这一概念是不必要的（Ericsson & Pool，2016）。如果毅力是指为了实现具体的长期目标而持之以恒的能力，这实际上是在讨论长期动机的维持，而这恰恰是促进韧性的关键。因此，从这一角度看，似乎更明智的做法是关注决定个体在特定情境下动机的各种因素，以及在逆境中维持这种动机的能力，这些内容在 3.2 节的介绍中已有探讨。

除了对科学领域中的技术细节进行的讨论，我们还必须防止对毅力在教育中的作用及其相关概念（如成长型思维模式）形成僵化的看法。尽管这些因素可能需要考虑，但必须记住它们并非万无一失，也不是学生成功的唯一答案。更有用的方法是将注意力集中在将韧性作为一种重要技能上，并专注于如何帮助学生在学习中变得更加坚韧。这包括处理他们的信念和元认知策略，尤其是在面临挑战时。现实的教育系统中，学生会在不同程度上遭遇失败，并且在许多情况下，他们尚未准备好以有效的方式应对这些学业上的失败。

第 5 章
关键教学过程

　　到目前为止，本书为"我们是如何学习的"的这个问题提供了科学且有证据支持的回答。正如前言中所概述的，学习的确取决于学生大脑的最终表现。从这个意义上讲，教学涉及为学生提供学习所需的经验，并激励他们在这些经验中进行认知。教学本质上是帮助学生学习、促进学生学习。我想再一次引用赫伯特·A. 西蒙（Herbert A. Simon）的话："学习的效果来自且仅来自学生的行为和思考。教师只有通过影响学生的学习行为才能促进学生学习。"这包括学生在课堂上基于教师所采用的教学方法所参与的所有活动。

　　教师作为学习促进者的角色至关重要。然而，并非所有教师的教学都表现出相同的"有效性"。因此，对于同一群学生，某些教师的方法和技巧在学习和学业表现上产生的效果可能优于其他教师。当然，经验在其中发挥着作用，教师教学的有效性通常会随着经验的增加而提高。然而，经验并不能解释所有的差异，研究人员试图找出为什么某些教师的教学比其他教师的教学更为有效。这样的话，我们可以据此设计出培训项目，以促进教师的专业发展，从而对他们的课堂产生更大的影响。

　　在本章中，我将通过直接分析教师如何影响学生的学习及其行动和教学方法的有效性来介绍一些研究得出的结论。毫无疑问，当学生参与我们在前几章讨论的各种活动时，学习效果会得到提升。因此，我们可以预期，最有效的教学方法是以这些原则为基础的。然而，本章将明确探讨教师可以采取哪些措施来促进有意义的学习，并讨论对学习影响最大的因素之一——反馈。

我将本章分为三个小节，广泛描述构成教学的核心行动：第一，教学过程，即学生专注于学习的过程；第二，反馈，包括提供关于学生学习进展的信息和改进指导的信息；第三，评估，即通过评估表现来获取推断学习效果的证据。这三个过程相互交织，但由于它们通常是分开研究的，因此将它们分开组织似乎是一个有效的方法。我们将首先探讨研究对各种教学方法的观点。

5.1 教学过程

5.1.1 有效的课堂

在教育研究中，"教学"一词通常用来指教师在课堂上所采取的行动，其目的是促进学生的学习。这无疑是教师在课堂上最常见的任务，通常一年涉及 700~1000 节课。

在讨论课程时，我们不仅仅局限于教师的授课。课堂可以采取多种形式，从传统的讲授到学生个人或小组参与的各种活动。所有教师都知道，整个课程中的每节课使用的方法可能会大相径庭，甚至在同一节课中，也可能会结合使用不同的方法。因此，关于哪些方法更好的争论往往是徒劳的，因为实际上，依据学习目标和具体环境，通常需要结合多种方法。正如美国国家研究委员会的报告《人们如何学习》（Bransford et al.，2000）中所表述的，询问最佳教学方法就像是在问工具箱中哪个工具最好。高效的教师并不是带着单一的工具进入教室，而是带着一个完整的工具箱，根据学习目标、环境和具体情况使用各种工具。

一节课应该被理解为在课堂上分配学习机会的时间单元。这些机会是基于教师采用的与特定学习目标相关的方法展开的。因此，理想情况下，教师任务的核心应该是提供有效的课程来帮助学生实现他们的学习目标。

在本节中，我将概述在课堂上教师采取的那些经过科学证据验证其有效性的行动。但"有效性"是什么意思呢？关于教学方法的研究几乎总是以学生的学业成绩或知识测试表现来衡量其有效性的。因此，我们应牢记，这是我们将要探讨的领域，因为我们拥有这些数据。

5.1.2　罗森夏因教学原则

巴拉克·罗森夏因（Barak Rosenshine，1930—2017），曾任美国伊利诺伊大学教育心理学系教授，致力于研究教学过程、教师表现和学生成绩长达 30 多年。2010 年，他为联合国教科文组织的国际教育科学院发布了一份文件，总结了根据科学证据得出的有效教学的基本原则（Rosenshine，2010）。这些原则根植于三个研究领域的证据，这些领域彼此并不矛盾，而是相互支持：一是认知心理学领域关于大脑如何获取和处理信息的研究，二是教师采用的教育实践与学生取得显著进步之间关系的研究，三是将研究者基于先前研究的成果和结论设计的教学和学习策略应用到课堂上并进行测试的研究。

接下来，我将介绍这些原则，并将其与前面章节讨论的学习发生机制联系起来，展示它们与已建立的认知模型的一致性。这一介绍也将为本书中的一些概念提供教师视角的回顾。但在深入探讨罗森夏因的教学原则之前，我们有必要将这些原则置于被称为直接教学的理论框架中。

5.1.3　直接教学

直接教学是一种实践，是指教师明确地呈现他们希望学生学习的内容，并建议学生进行特定的活动以巩固学习。在具体教学过程中，教师会一步一步地解释如何操作，然后指导学生进行练习，并在必要时提供反馈（Clark et al.，2012）。这种方法与期望学生自己想出答案的理念形成对比，后者通常被称为发现式学习（Bruner，1962）。

例如，假设我们想要学习如何使用 Photoshop，而且我们从未使用过类似的软件。直接教学法将涉及专家教我们如何使用该软件，而发现式学习法则意味着我们在不查看使用说明的情况下自己想办法解决。因此，似乎很明显，正如研究一再表明的那样，直接教学法比发现式学习法更为有效（Kirschner et al.，2006；Alfieri et al.，2011），尽管可能存在一些细微的差别和例外。

首先，在选择使用的方法时，我们不能忽视动机的关键作用（Kuhn，2007）。的确，获得如何使用 Photoshop 的讲解要比通过随机测试功能来解决问题更有效。然而，按照专家的步骤逐步进行教学可能会显得有些单调，特别是当学生可以选择自主探索软件的使用方法时。尽管直接教学法在认知上通常更为有效，但它们可能缺乏激励性，从而可能降低其有效性。此外，我们如何知道学生是否对我们希望他们学习的内容感兴趣呢？如果直接教学法没有考虑这一点，它们也会失去效果。因此，在使用这些方法时，我们绝不能忽视动机因素或社会背景（Herman & Gomez，2009）。不幸的是，正如在关于学习的社会情感方面的章节中强调的，动机并非给定的，也无法强求，尤其是在学校环境中。

其次，为了使直接教学在短期之外产生持久的学习效果，它必须为学生提供理解所学内容的机会。因此，教学应发生在学生的"最近发展区"内，使新信息能够与学生的先验知识相结合。如果教学内容与学生的先验知识相差太远，将会导致死记硬背（Ausubel，1962）。直接教学还应包括一些活动，促使学生对所学内容进行深入思考。教师必须确保学生认真思考他们所学的内容，切记这才是积极学习的关键。因此，有效的直接教学需要教师与学生之间大量的互动。

再次，促进观念转变时，严格的直接教学可能不如"引导式发现"有效。在实践中，这意味着教师必须战略性地安排学生的体验，并引导他们推理，帮助他们实现概念重建（Duschl & Duncan，2009）。正如"记忆的重构"一节中提到的，当学习涉及概念转变时，单纯解释正确的概念是不够的：学生必须经历各种体验以重建他们的心理图式。然而，由具备必要知识的教师设计和组织的这些体验比学生单独处理这些体验要好（Alfieri et al.，2011）。这就是为什么这种方法被称为"引导式发现"。因此，直接教学应被广泛理解为任何教师在学习体验的设计和引导中扮演重要角色的方法，而不仅仅是传授待学习的知识（Hmelo–Silver et al.，2007）。

最后，需要注意的是，直接教学对于"新手"学生更为有效。当学生对某一学科有一定水平认知时，直接教学的效果会下降。这被称为"专业知识逆转效应"。从本质上是说，对刚开始学习的学生更有效的方法可能会对那些已经有一定知识储备的学生失去有效性，甚至可能起到适得其反的作用（Sweller et al.，2003）。因此，随着学生对学科掌握的深入，教师最好适时适度介入。例如，当学生第一次遇到几何问题时，教师最好先明确解释如何解决，并展示几个例子，然后让他们自己尝试。但当学生已经具备了较为丰富的几何知识并遇到新的几何问题时，如果需要的话，在解释如何解决之前，教师可以让他们尝试解决这个问题可能会取得更好的效果。

注解
发现式学习

有一种观点认为，最有效的学习是通过发现自然发生的，无须教师的指导。这种看法是有道理的，因为我们确实天生具备仅通过简单接触就能学习的能力，而无须明确的教导。然而，进化心理学家大卫·吉瑞（David Geary，2007）建议我们应当区分两种类型的知识和技能：一种是生物学上主要的，通过我们的脑部进化得以轻松获取的知识和技能（主要是为了生存）；另一种是生物学上次要的且完全文化性的，需要教学才能获得的知识和技能。前者包括母语的掌握、社交技能的发展和解决简单日常问题，这些似乎都是通过与社会环境的互动，毫不费力地学习的。孩子们在没有明确教导的情况下学会说母语，并通过探索掌握周围世界运作的基本原理。我们大脑进化出功能结构以使这种学习方式变得轻松和吸引人。因此，我们能够毫不费力地获取这些基础知识，并且我们有动力去学习它们。

相比之下，文化导向性知识和技能则不是通过自发学习就能学会的，它们通常需要有意识的认知努力。这类知识包括数学、文学、科学、历史，或诸如阅读、写作和学习其他语言的技能——这些都是学校一直以来致力于提供的知识。我们的大脑仅在过去几千年里才开始接触这类知识，因此还没有时间进化出专门的生物学结构来支持这些知识的学习。相反，大脑利用现有的资源使这种学习成为可能。幸运的是，如果我们的行为促使大脑进行适应，它就会展现出惊人的能力，将原本并非用于某一特定功能的结构改造成能够执行该功能的结构。然而，这种适应并不是自发的，需要有意识的努力。这就是我们学习能力的基础。

研究表明，对于上述后一种类型的知识，严格的发现式学习远不如有教学指导的学习有效（Alfieri et al.，2011；Mayer，2004）。然而，重要的是要注意到，在涉及概念转变的学习中，发现式学习法在教师结构化的指导下可能会更为有效，这种方法被称为"引导式发现"。由于教师在其中起关键作用，这实际上符合直接教学的模式（Hmelo-Silver et al.，2007；Furtak et al.，2012）。

虽然你可能认为直接教学与项目式学习等方法是互不兼容的，但实际并非如此，因为直接教学包括任何由教师密切引导和调控的教学方法。一方面，项目作为学习活动的有效性依赖于精心设计，这一责任由教师承担；另一方面，成功的项目需要教师持续的监控和干预，以便确保学习进程的正确方向。此外，项目的开展要求学生学习用于实施项目的知识，而这些往往也是项目的学习目标。在这个阶段，直接接触可能是学生获取所需知识的最有效方式。值得注意的是，针对初学者的项目式学习，如果项目能够作为激励背景，为学习内容提供意义（因为学习是为了实现某个目标），往往会更有效。然而，项目是在学生掌握必要知识后展开的，以便为他们提供在有意义的背景中应用所学知识的机会（Rosenshine，2010）。最后，项目式学习通常伴随着合作学习，学生们在互相帮助中学习，这种有效性依赖于需要更多帮助的学生能够获得来自"助教"——他们的同伴的支持（Slavin，2013）。

考虑到这些因素，直接教学和项目式学习并不一定存在冲突，除非项目式学习被理解为剥夺教师对于学生做什么或如何做的指导，排除教师的频繁干预。事实上，有证据表明，这种组织方式的项目式学习对学业表现的益处远不如有教师指导的学习（Alfieri et al.，2011）。

研究表明，当学生在我们希望他们学习的领域仍处于初学者阶段时，直接教学法——教师发挥重要作用的教学方法——比将教师角色降为次要的其他方法更为有效。然而，这种有效性依赖于教师采用的具体实践，这些实践应根据学习目标和学生的特点进行调整。正如之前提到的，指导学习有许多不同的方法，还有一些重要因素需要考虑，比如动机。为了更清楚地了解使直接教学有效的实践，我将详细阐述这些做法。

5.1.4 排序和分配

在第 2 章关于"学习的认知过程"的介绍中，我讨论了排序和分配的原则，尤其是它们与工作记忆和认知负荷的关系——请回忆一下我在《空手道小子》中提到的例子。这些原则涉及将学习过程分解为多个小步骤（例如"打蜡"），使学生能够按照有助于理解的顺序逐步学习。

支持这些原则的证据与支持认知负荷理论的证据相同（Sweller et al.，1998）。你可能还记得，工作记忆可以被视为我们存储和处理所关注信息的心理空间，无论这些信息是来自外部环境还是来自我们的长期记忆。它是我们进行推理、想象并最终将已有知识与新信息连接的地方，也就是学习发生的地方。然而，工作记忆的容量有限，一次只能处理一定量的信息。如果信息量超出了工作记忆的容量，工作记忆就会过载，从而妨碍学习并影响动机。

工作记忆可以同时处理的信息量取决于我们在长期记忆中所掌握的知识及其巩固程度。已经掌握的知识需要占用工作记忆的资源，并成为学习新事物的支持，前提是两者之间存在关联。但对学生来说仍然是新的东西会产生认知负荷。这就是为什么我们不能指望学生一次学习很多新知识（或者需要结合许多新想法的过于复杂的知识），因为他们根本做不到。适当的分配和排序学习任务至关重要。

这种做法被称为认知支架理论，它要求教师始终在学生的最近发展区内进行教学（这需要了解学生的先验知识），以便在每一个阶段提供必要的帮助，同时逐步发展和整合学习目标的各个组成部分。认知支架理论的隐喻还强调了随着学生知识的增长而逐渐减少帮助的重要性。（Wood et al.，1976）。

正如我在关于专业知识发展部分讨论的那样，大量证据支持这样一种观点：当学习对象的各个组成部分被暂时分开处理并逐步整合时，学生的学习效果更佳（White & Frederiksen，1990；Salden et al.，2006；Wightman & Lintern，1985）。即便是对学习对象中某个组成部分进行少量的练习，也能显著地提升整体学习效果（Lovett，2001）。

这是体育或舞蹈教学技巧的重要组成部分。例如，在学习背越式跳高时，教练不会让初学者一开始就尝试跳跃。相反，跳高技术分解为四个阶段（助跑、起跳、飞行和着地），每个阶段都有特定的练习。然后，这些阶段会逐步整合以实现跳过横杆的目标。这种循序渐进的过程的有效性不仅在身体技能习得方面显而易见，而且还延伸到了学术学科（Hmelo-Silver et al.，2007）。

5.1.5 建模

建模涉及提供明确的模型，学生可以使用这些模型来指导他们的推理。这些模型可以采取各种形式：

- 模型可以是符合（或不符合）期望要求的已完成任务的示例，例如展示一篇样本文本并突出其优点或缺陷。

- 建模还可以演示如何执行任务，例如逐步解决数学练习题或从文本中创建摘要或概念图。

- 当我们向学生展示我们作为专家如何处理我们学科中的任务来解决这些问题时，我们也会提供模型。这不仅涉及解释我们如何一步一步地解决问题或任务，还涉及将我们在这样做时采用的元认知策略外化。

- 同样，当我们展示作为学习者的态度时，例如我们也会犯错误以及如何处理这些错误，我们也在建模。

- 我们可以提供概念模型，如图表、动画、操作工具或任何让学生能够可视化和理解所学内容的资源，比如用太阳－地球－月球系统的模型来展示日食的发生过程。

在任何一种情况下，为了有效地建模，使用多个例子并明确具体（例子）和抽象（概念、过程等）之间的联系至关重要。

罗森夏因强调的一个特殊建模案例，尤其是作为研究最多的案例，就是"样例"。它涉及逐步解释如何执行任务或解决一类问题，而不是让学生自己摸索。根据认知负荷理论的支持者的观点，"样例"是该理论框架内最著名和研究得最彻底的一个方面（Sweller，2006）。这一效应表明，通过研究实例进行学习比从一开始就试图解决问题更有效，这一结论得到了多项研究的支持，这些研究为这一现象提供了一致的证据（Clark et al.，2006）。

样例有利于学习，因为它减少了学生第一次面对某类任务或问题时的认知负荷，尤其是当他们缺乏足够的知识或经验时（Paas et al.，2003）。然而，值得注意的是，随着学生经验的增加，使用样例来促进学习的效果会变得不那么明显（Kalyuga et al.，2001），这与前面提到的直接教学相一致，即专业知识的逆转效应。样例方法也有其局限性，例如当学生仅关注解决方案而非过程，或仅仅记忆算法时（Renkl et al.，2004）。

鉴于样例作为一种教学方法对于经验不足的学生来说是有效的，但随着经验的增加会失去效力，因此它有必要逐渐过渡到基于问题解决的方法。为了实现这一点，提供结构逐渐简化、部分已解决的示例是有效的，直到学生能够从头到尾独立解决问题（Renkl et al.，2004）。此外，当学生被要求解释他们是如何解决这些问题的，以及他们为什么遵循他们所做的步骤时，这种方法变得更加有效（Atkinson et al.，2003）。

虽然通过样例学习在数学和科学中很常见，但它的使用可扩展到各个学科。研究人员研究了不同领域的样例使用的效果，如音乐、象棋、田径和计算机编程（Atkinson et al.，2000）。

5.1.6　复习

你一定记得与记忆提取练习（即积极回忆所学内容）相关的好处。尤其是在已获得的信息被开始淡忘，这种练习在间隔时间内反复进行时，效果特别好（Roediger & Pyc，2012）。因此，教师如果安排时间进行复习活动，要求学生回忆之前课上所学内容，能够取得更好的学习效果也就不足为奇了（Roediger et al.，2011）。这些活动可以包括测验、要求学生在不查阅笔记或书本的情况下制作概念图，或者仅仅要求学生解释他们记得的内容，还有很多其他方法。此外，教师还可以组织多次低风险的评估测试，这些测试在学生的最终成绩中占比较低。

在一些基于这一原则的教学项目中，教师要在每节课开始时花大约八分钟的时间进行这种复习活动（见图 5-1）。此外，教师在每周一需要花更多的时间复习上周的内容；每隔四周的周一，教师还需要进行一整个月的复习。显然，这些多次测验涉及对相同内容的重复回顾，遵循了

图 5-1　课前复习

间隔练习的原则。结果是，那些实施了这些措施的教师所教的学生在期末考试中取得了更好的成绩（Good & Grouws，1979）。

鉴于记忆提取和间隔练习对学习的强大影响，这一结果是可以预期的，正如在有关记忆的认知过程的介绍中探讨的那样。

5.1.7 提问

研究表明，在课堂上提出许多问题的教师通常能帮助学生取得更好的成绩（Cotton，1988）。这有几个原因。首先，在课程开始时，问题可以帮助学生激活与将要学习的内容相关的先验知识，从而促进他们的学习（如"记忆的组织"一节中讨论的）。其次，教师可以通过课堂上的问题评估学生的理解水平，并在必要时采取适当措施，比如提供反馈或用新例子或不同的视角重新解释。此外，当学生意识到他们可能随时需要参与时，他们往往会更加专注。最后，提问促使学生回忆所学内容，促使他们将这些内容组织起来以便解释，这反过来又有助于与他们的先验知识建立联系（Chi et al.，1994）。

然而，这种做法的有效性依赖于教师选择的问题类型。例如，常见的做法是问："有人有问题吗？"如果没有学生举手，教师就继续授课，这种方法通常效果不佳。更有效的策略是直接询问学生从讲解中理解了什么、如何用自己的话解释这些内容，以及他们会提出什么例子，等等。在这方面，以下是一些有助于提出高效问题的建议（King，1994）。

课堂上富有成效的问题示例如下（King，1994）：

_____ 和 _____ 有什么共同点？它们有何不同？

_____ 的主要思想是什么？

_____ 的优缺点是什么？

_____ 与 _____ 有什么关系？

你认为导致 _____ 的原因是什么？

_____ 与我们以前学到的知识有什么关系？

哪个是最好的 _____，为什么？

对于 _____ 的问题，你会提出什么解决方案？

就我们所了解到的情况而言，你是否同意以下说法：_____？

如上所示，这些问题始终集中于展示对所学材料的理解，而不是简单的事实回忆，尽管后者也有其用处（Wilen，1991）。在处理程序性内容时，要求学生解释他们在执行过程中所遵循的步骤是非常有效的（Fonseca & Chi，2011）。本质上，这涉及鼓励自我解释（Chi et al.，1989），即学生尝试用自己的话解释他们所学到的内容，这种做法的好处在"记忆的重构"一节中已有讨论。

最后，正如你可以想象的，为了使这一做法有效，我们需要尽可能地吸引所有学生参与。例如，与其向全班提问并等待（通常的）举手回答，不如根据对班级的了解和观察到的情况，将问题直接抛给我们认为合适的学生。另一种方法是使用一个包含每个学生名字的箱子，随机抽取学生（抽取后将名字放回箱子）。这样可以让每个人都保持警觉，担心"可能会轮到自己"。如果我们注意到这种做法使那些急于参与的学生感到沮丧，我们还可以采取其他方式，比如让每个人把答案写在纸上并与同伴交换；在黑板上提供选择题，并让学生举起相应的卡片；使用小白板，让每个人同时写下答案并展示；使用双色卡片（如红色和绿色）来表示他们认为陈述是否正确等。当然，我们也可以使用数字工具进行实时调查。

5.1.8　构建与指导实践

总之，证据表明，最有效的教学实践包括对学生任务的细致规划和在执行过程中提供反馈。

关于规划，这本质上是指给予学生足够的时间，通过那些最能帮助他们实现学习目标的活动进行练习。在"学习的认知过程"一章中，我概述了"深度学习"和"广度学习"之间的区别。深度学习涉及对学科的精通和知识迁移的技能，而广度学习则侧重于积累对一个主题的广泛知识，即使这些知识可能较为肤浅。鉴于课堂时间有限，我们通常需要在深度和广度之间做出选择。如果我们选择深度（假设这种选择是被允许的，因为我们的决定可能受到课程或学校政策的影响），那么我们就要规划所需的练习，以便学生能够很好地掌握所学内容。如果我们希望学生自动化某个过程，比如解码阅读或打字，这同样适用。我在深度学习的介绍中对此进行了详细讨论。

然而，无论是广泛且结构良好的练习，还是本章讨论的其他教学实践，如果缺少了教师在学习过程中提供反馈，就都无法充分发挥其效果。反馈在学习中的重要性如此显著，以至于我专门为此撰写了一节内容。

5.2 反馈

5.2.1 一个具有混合效应的相关因素

反馈，即教师向学生提供有关其表现的信息以及如何改进的建议，是一种基本的教育实践，甚至可以说是一种自然的教育方式。它是帮助学生实现学习目标的最主要因素之一（Hattie & Timperley，2007）。因此，它已成为教育研究领域特别关注的一个主题。迄今为止获得的证据证实了反馈的重要性，但也反映出反馈的类型和提供方式会极大地影响其有效性。研究甚至表明，根据这些变量的不同，反馈效果可能是负面的（Kluger & DeNisi，1996）。因此，反馈是一把双刃剑，能否利用其促进学生学习取决于对其细节的深刻理解。

作为教师，我们将反馈融入日常教学——无论是在纠正作业、对评估测试进行评分、评估项目成果、对刚在黑板上完成练习的学生做出回应，还是在课堂上听到学生的回答时调整我们的面部表情。因此，了解产生积极反馈效果的变量或可能产生不利后果的变量，对教师来说意义重大。在本节中，我将概述研究揭示的这一——在我们日常学习环境中普遍存在的因素。

5.2.2　反馈的本质

反馈的目的是促使学生采取行动，以便帮助他们弥合他们的当前表现与明确陈述的学习目标之间的差距（Sadler，1989）。要实现这一点，反馈必须回答三个问题："我现在要去哪里？""我现在进展如何？""接下来我该做什么？"（Hattie & Timperley，2007）。一个恰当的比喻是，反馈就像一个 GPS 导航设备——它指示目的地，告知我们当前的位置相对于目的地的关系，并且提供从当前位置到达目的地的指引。

为了使反馈有效，学生要清楚自己的目标——他们需要知道并理解学习目标。然而，学生常常对学习目标不是很明确，或者对目标的理解与我们不同。例如，当学生在课堂上纠正习题时，他们会简单地抄写答案，却没有意识到我们的实际意图（以及最终将要评估的内容）是让他们学习得出这些答案的过程。

此外，反馈需要教师告知学生他们当前的表现水平，而这可以通过多种方式实现。正如我们接下来将看到的，这也是我们在学校任务中最常通过反馈来回答的问题（"我现在进展如何？"）。

最后，有效的反馈必须提供明确和具体的信息，说明学生需要做什么才能从当前状态进步到可以达成学习目标。实际上，这可能是反馈对学习的提升作用中最为关键的方面（Hattie & Clarke，2019）。回到 GPS 的比喻，导航设备提供的到达目的地的路线指引，是其作为导航工具成功的关键所在。

　　我们在向学生提供反馈时回答这三个问题的方式可能有很大不同，其效果也取决于所使用的方法。因此，我将探讨现有的反馈类型，并解释根据我们掌握的证据，这些反馈方法的有效性如何因应用方式的不同而有所差异。

5.2.3　反馈的种类

　　首先，反馈可以根据其性质分为积极反馈和消极反馈（Freedberg et al.，2017）。积极反馈强调已达到的成就和取得的进展，而消极反馈则集中于指出学生表现中的缺陷和需要改进的地方。我们可以把这两者看作是看到杯子是半满的还是半空的区别。

　　其次，在学校任务的背景下，反馈可以根据其指向任务的不同方面来区分。根据任务的四个不同方面，我们可以将反馈分为四种类型（Hattie & Timperley，2007）：

● **对任务结果的反馈（FT）**

　　它是指对一项特定任务的结果做出的评估。这种类型的反馈在学校任务中最为常见："这是正确的。""那是错误的。""这个遗漏了。""那是不必要的。"它提供表面的和非常具体的信息，通常通过数值评分、指示正误的符号或评分标准来提供。任务级反馈主要回答第二个问题（"我现在进展如何？"），并且只有在包含正确答案或指出需要改进的评论时才能回答第三个问题（"接下来我该做什么？"）。

● **对实现结果的过程的反馈（FP）**

在这种情况下，反馈的重点不在于具体的结果，而在于达到该结果所需的过程。例如，它涉及解决数学问题的步骤，或者强调一个拼写规则来解释为什么一个词拼写错误。这种反馈超越了仅仅纠正特定结果中的错误（例如，"happily 的拼写中有一个 i"），而是可以被推广以避免在类似情况下出现新的错误（例如，"当一个词在 –y 之前有两个辅音时，加上后缀 –ly 时需要把 –y 改成 –i"）。过程级反馈在解决第三个问题（"接下来我该做什么？"）上具有巨大的潜力，是最有效的反馈类型。

● **对任务中涉及的元认知过程的反馈（FM）**

这种类型的反馈比前一种更进了一步，侧重于可以提高学生整体表现的元认知过程（回想一下上一章讨论的"学习的自我调节"中涉及的元认知过程）。这些过程包括让学习者规划、监控和评估自己学习的习惯和策略。因此，这种层次的反馈旨在强调更高阶的技能。

● **关于学生与任务相关的素质的反馈（FL）**

这种层次的反馈在涉及学生的能力或他们为完成任务所付出的努力时使用。正如我们将看到的，这种反馈会基于学生对其他类型的反馈（特别是与任务结果相关的反馈）的解读而隐含地体现出来。例如，学生将任务中的成绩视为衡量他们的技能水平或努力程度的标志。

5.2.4 各种形式的反馈的有效性

不幸的是，没有简单的、普适的有效反馈方式。反馈的有效性取决于反馈者的身份（他们与学习者的关系以及所激发的信任）、反馈的方式（反馈类型、社会背景等）、反馈的时机（时间和频率），以及接收反馈的学生如何解读它（Hattie & Clarke，2019）。简便起见，我们将重点关注最后三个变量的影响，因为它们是研究最为广泛的：我们何时给予反馈、如何给予反馈，以及学生如何解读反馈。

1. 反馈的时机和频率

让学生在完成任务（或其部分）后立即获得反馈更可取，还是延迟一段时间再给出反馈更可取？现有的证据是相互矛盾的；两种情况各有优缺点（Erev et al., 2006）。即时反馈与延迟反馈的有效性取决于任务的性质和所提供的反馈类型。当反馈侧重于任务的结果（FT）时，证据表明立即反馈效果更佳。例如，如果一个学生回答了一个问题或解决了一个难题，那么他在完成练习后立即有机会知道自己做得是否正确，这比等待结果要更有益（Kulik & Kulik, 1988）。然而，请注意"一旦他们完成任务"这一表述中的微妙之处。完成任务（或认为任务已完成）意味着学生在寻求外部反馈之前，已经有机会应用自我纠正的方法（如果知道的话）。如果学生用即时、容易获得的且没有后果的反馈来取代可能的自我纠正过程（例如，使用另一种解决方案来查看是否获得相同的结果），那么其效果就不会那么好了（Upchurch & Sims-Knight, 2001）。换言之，如果反馈取代了自我评估的实践，那么它可能不是最优的。这就是为什么有时延迟反馈会更好。

此外，即时反馈不仅有助于学生在进行中的任务中保持专注和维持动机，还有可能降低错误在记忆中巩固的概率（Skinner, 1958; Herrnstein et al., 1993）。相反，当反馈侧重于过程（FP）和元认知策略（FM）时，适当地延迟更为有效，这样学生可以有机会回顾他们的步骤、推理过程，并检索他们的记忆（Clariana et al., 2000）。

至于反馈的频率，一般的指导原则是反馈既不能过于频繁，也不能过于稀少。随着学生学习进程的推进，反馈的频率应逐渐降低。连续地反馈是不理想的，因为这可能会使学生产生依赖（Schmidt et al., 1989）；

而如果反馈过于稀少，其作为学习促进工具的潜力也会丧失。

从某种意义上说，反馈可以视为外部的元认知支持，由具备识别学生弱点和提供必要策略的专家提供。这类似于教师充当"元认知指导者"的角色。因此，随着学生的进步，反馈应该逐渐减少，让学生能够自主调节自己的学习，而不依赖外部的帮助（Beed et al.，1991）。

2. 提供反馈的方式

我们看到，反馈的类型根据任务的不同和学生所要回答的问题有所不同。至于哪种反馈更有效，答案通常是那些帮助学生了解如何改进的反馈最有效（Hattie & Clarke，2019）。在这个背景下，关注过程（FP）和元认知（FM）的反馈类型提供了最多的指导可能性，帮助学生提升表现。这些类型的反馈提供了可推广的策略，不仅帮助学生纠正特定任务中的问题，还能将反馈转移到新任务中——研究表明，这两种类型的反馈是最有效的（Hattie & Timperley，2007）。此外，针对任务结果（FT）的反馈也有一定的重要性，但不如前两者。问题在于这类反馈通常是通过定量分数来传递的，而这种方式会降低其有效性。

值得一提的是，这三种反馈类型（FT、FP 和 FM）的有效性会在以下情况得到提升：不是一开始就明确地提供这些反馈，而是通过提示的方式来传达（Finn & Metcalfe，2010）。这种方法可以激发学生的思考和自我发现，从而提高学习效果。

由于反馈总是在教学活动之后进行，我们假设学生在尝试执行任务之前就已经学会了如何执行任务。因此，如果我们把反馈作为记忆提取练习的机会，通过提供提示让学生联系所学内容来回忆正确答案，而不是直接给出答案，我们就可以利用这种实践的好处：更好地巩固和结构化所学的知识。例如，如果一个学生在"The dog sleeps in it's bed"中错误地使用了"it's"而不是所有格单词，我们可以问："这个单词表示所有权吗，还是它是缩写形式？""你能用 it is 在句子中替换它吗？"自然地，当学生无法回忆起他们所学的知识时，就应该提供明确的反馈，这类似于一种"重教"形式，解决他们不记得或不理解的问题。（不过，建议教师在重教时使用不同于初次讲解的方式，比如不同的例子、情境、方法等。）

反馈的有效性还取决于其具体程度——越具体，效果越好。例如，"你在做这些活动时需要更有系统性"这样的评论可能对学生来说毫无意义，他们也不知道如何做。教师最好给他们一些具体的指示以说明什么是"有系统性"，这样效果更好。"你需要提高你的发音"这样的反馈也不太有帮助；正如迪伦·威廉（Dylan Wiliam）直言不讳地指出的那样，这就像告诉一个新手喜剧演员"你需要更搞笑"。这虽然是正确的评论，但过于模糊，没有告诉学生如何改进（Wiliam，2011）。值得注意的是，提供具体反馈的可能性会随着学习目标的明确性的提升而增加。

最后，研究表明，针对学习者素质（FL）的反馈几乎没有效果（Hattie & Timperley，2007）。然而，正如我们稍后将看到的，这种反馈的使用方式可以对学生的信念产生长期影响，而这些信念又会影响学生如何解读反馈，因此影响反馈的有效性。我们将在下文讨论这个问题。

3. 学生如何解读反馈

反馈的有效性不仅依赖于我们提供的反馈类型或时间，还与学生如何解读反馈有关（Hattie & Clarke，2019）。关键不仅在于他们是否理解反馈（这也是重要的），更在于他们如何利用这些反馈以及反馈对他们动机的影响。对于前者，我们可能花了很大力气去提供反馈，但学生可能根本没有注意到这些反馈。幸运的是，我们可以采取一些措施来应对这些情况，这些措施将在本节末的"成绩与反馈"部分探讨。至于反馈对动机的影响，接下来我会进行详细讨论。

5.2.5　反馈与动机

如果在教学和学习过程中有一种实践对学生产生了更明显的情感影响，进而影响他们的学习，那就是反馈。提供反馈的初衷是帮助学生理解和提升他们的表现水平，但这不可避免且潜移默化地影响他们的动机（Tricomi & DePasque，2016）。因此，反馈如同一把双刃剑，必须巧妙地运用，以防止其产生与预期相反的效果。当反馈使用不当时，产生负面后果的可能性非常高，有时甚至不如不提供反馈。

反馈对动机的影响对每个人来说都是显而易见的。因此，我们在给予学生（或其他人）反馈时，往往会小心措辞。毕竟，反馈旨在提供建设性的批评，而批评对于接受者来说总是不容易的，即使是出于善意。此外，我们也常常使用反馈来鼓励和激励学生（例如，"做得很好！"）。总的来说，我们都知道反馈会对接收者产生情感上的影响。

总之，学生如何解读反馈决定了其作为学习促进（或阻碍）因素的有效性，因为反馈对动机的影响至关重要。那么，什么决定了反馈是否能积极影响动机，或者至少不会对动机产生负面影响呢？首先，这将取决于学生的信念系统。

为了使反馈发挥其最大潜力（记住，反馈对学习的影响是最显著的），学生不应对接收反馈感到害怕。那些拥有固定型思维的学生（即认为学术技能是天生的，难以改变）对负面反馈非常敏感，因为这种反馈反映了他们的不足（Dweck，1999）。正如你可能记得的，固定型思维与将错误视为固有能力不足的证明有关，而不是将其视为尚未达到学习状态的偶发情况。由于纠正错误对补救是必要的，具有固定型思维的学生往往无法从反馈中受益。实际上，这种反馈可能会导致学生的动机下降，甚至让他们感到愤怒，使他们将注意力转向保护自己的形象，从而忽略了反馈的内容、其有效性以及其善意的本质。

因此，为了确保学生将反馈转化为学习的助手，关键在于培养他们的信念（Hattie & Clarke，2019）。从成长型思维的角度公开讨论错误的本质，甚至明确教导学生如何利用反馈，可能有助于他们建立一种积极的学习文化，从而增强反馈的潜力。积极的学习文化是全校师生共同持有的信念体系，其核心是自我效能感和成长型思维。建立这样的文化需要时间和学校各成员在不同层面的协同努力。的确，我们提供的反馈的性质会根据其背后隐含的信念类型，对帮助建立或破坏所期望的学习文化产生作用。

之前提到过，针对学习者素质的反馈（FL）对他们的学习没有效果。需要澄清的是，这种反馈在当前任务中不会提升学生的表现（从统计学上讲），但它对学生的长期表现有重要的、更广泛的影响，因为它会影响学生的信念（Mueller & Dweck，1998）。因此，这种类型的反馈可能涉及学生的能力（例如，"你非常擅长这个"）或他们为完成任务付出的努力（例如，"我为你投入时间感到欣慰"）。虽然建议在可能的情况下尽量减少这种类型的反馈的使用，但证据表明，如果使用这种反馈，最好关注努力而避免强调技能。努力导向的反馈有助于培养成长型思维，而技能导向的反馈则会增加固定型思维（见表5-1）。

表5-1　促进固定型思维和成长型思维的反馈（改编自 Mueller & Dweck，1998）

促进固定型思维的反馈	促进成长型思维的反馈
当任务结果是积极的……	
做得很好！你显然很擅长这个	祝贺你！你做得很出色！
你是一个杰出的学生	你很勤奋，你的成绩证明了这一点
你做到了！我告诉过你，你很聪明，你有这个能力！	我喜欢你从不同的角度解决问题的方式，直到找到了解决方案

（续）

促进固定型思维的反馈	促进成长型思维的反馈
当任务结果是积极的……	
你是一个优秀的学生	你是一个优秀的学生，因为你付出了努力，勤奋学习，并在需要时寻求帮助以实现你设定的目标
当任务结果是消极的……	
别担心，人人都有擅长和不擅长的东西。每个人都有不同的特长	这是正常的，你还在学习。第一次尝试不可能做到完美。继续这样努力，你会看到自己的进步
你付出了很多努力，至少这点值得祝贺	看来我们需要找另一种方法来做这件事。试试这个方法怎么样？
你做得不好	这次结果不太理想。你觉得哪里出了问题？我们可以怎么改进？
看起来你对这个不太擅长	似乎你现在对这个还不太擅长，但这是可以改善的

　　无论如何，正如之前提到的，最好限制这种类型的反馈（FL）的使用，因为它可能会被学生误解。值得记住的是，具有固定型思维的学生认为只有能力较差的人需要付出额外的努力。因此，他们可能会将"我为你投入时间感到欣慰"解读为我们认为他们缺乏足够的能力，因此我们选择称赞他们的努力而非能力。因此，反馈最好针对任务本身，而不是学生的特质（例如，"做得好"）。然而，需要注意的是，"做得好"这类反馈仅起到激励作用；为了使反馈更有效，它必须更加具体。

　　最后，考虑到反馈可能带来的情感影响的不确定性，评估提供反馈的必要性以及如何在公开场合传达反馈是非常重要的。当教师在公共场合给予反馈时，学生不可避免地将注意力集中在这条反馈对他们在同伴面前声誉的影响上。矛盾的是，一些学生可能不希望被朋友视为优秀学生，因此，即使有最好的意图，公开反馈有时也可能产生与预期相反的效果（Sharp，1985）。但一般来说，提供反馈的规则是避免在不必要的情况下进行公开反馈（Wiliam，2011）。

5.2.6 正面反馈与负面反馈

是正面反馈对学习收益更大还是负面反馈对学习收益更大？从纯理性角度来看，负面反馈优于正面反馈，因为它能揭示学生表现中的不足，并提供有关改进的指导。然而，我们不能忽视反馈的情感维度。实际上，如果反馈指向的是个人的特质（固定型思维的反馈），并且其效果仅限于激励动机，那么它最好是正面的（Brockner et al.，1987）。至于其他三种反馈类型（即任务反馈、过程反馈和策略反馈），是采用积极的视角还是消极的视角更为合适，取决于学生在被评估技能上的专业水平。

当学生刚开始掌握一项技能时，正面反馈比负面反馈更为有效，因为它激励学生坚持努力。相反，当学生已经达到一定的专业水平时，负面反馈变得更加有效（Fishbach et al.，2010）。这可能与学生在开始学习新事物时内在动机通常非常低有关，因为他们对该主题的兴趣尚未被发现，并且自我效能感（对自己学习能力的信心）尚未形成。在内在动机较低和自我效能感不确定的情况下，正面反馈比负面反馈更有效，因为负面反馈可能会削弱学生对实现学习目标的期望。相比之下，当内在动机已经增强——因此对学习目标的投入程度更高——并且正面的自我效能感已经建立时，负面反馈更有助于促进改进，并且更能激励学生持续努力（Fishbach et al.，2010）。

5.2.7 成绩与反馈

我们已经看到了，当学生没有基于成长型思维和积极的自我效能感的信念体系时，针对学生与任务相关的素质的反馈必须非常小心地给出。

同样，仅仅评估任务结果的反馈（任务反馈）也同样如此。这种类型的反馈由分数表现出来，无疑是学校教育实践中最为普遍的反馈形式（根据 Airasian 于 1997 年的研究，分数占反馈的 90%）。

虽然成绩提供了对任务的反馈，但学生们常常将其解读为对自己能力的评估。也就是说，成绩影响了学生信念体系的构建，尤其是他们对自己作为学生的看法，以及他们的自我概念（Butler，1987）。因此，我们常常听到类似"她是一个仅仅及格的学生"或"她是一个获得了 A 等成绩的学生"这样的说法。成绩往往会给学生贴上标签，并促使他们给自己贴标签，这种影响常常掩盖了成绩作为反馈的潜在功能。

无论如何，分数在促进学习方面的作用是极其有限的，因为它作为一种反馈形式忽略了有效反馈应回答的第三个（也是最重要的）问题——它没有指导学生如何改进。

然而，无论是数字还是文字形式的分数，其主要问题在于它们通常是学生在整个学习过程中接收到的最重要的反馈，并且往往在学习过程结束时才出现。如果学生没有机会将其应用于改进自己的表现，反馈的意义便会丧失。学生确实会意识到这一点——无论是有意识还是无意识的——因此，如果这些意见标志着学习过程的结束，他们就很难会为了学习而关注考试后的批改。他们的注意力更多地会集中在分数上，以及它如何影响他们的声誉和自我信念体系（Butler，1988）。

在整个学习过程中不断提供反馈，而不仅仅是在结束时提供反馈，这一点至关重要。为实现这一点，使用定期的评估测试是有益的，这些测试可以有不同的形式，但应该始终对相同的学习目标提供反馈。最终，这些测试会反复评估相同的学习目标。通过多次评估测试，学生的焦虑感会降低——因为每次测试的风险被稀释了，他们对反馈的关注度会增加——因为他们意识到可以在下一次评估中应用这些反馈。然而，普遍的建议是如果可能的话，避免在这些测试中使用分数，而是推荐使用描述性反馈。在这方面，露丝·巴特勒（Ruth Butler）的研究颇具影响力（1988），值得关注。她的研究中有三组学生以三种不同的方式获得反馈：仅通过分数、通过分数和评论、仅通过评论。结果显示，只有接受评论的学生对被评估的任务表现出更大的兴趣，并在随后的突击测试中得分更高。相反，仅接受分数的学生没有表现出改进，接受分数和评论的学生也没有改进。只有那些没有接受分数的学生才会关注反馈。分数往往会将学生的注意力引导到与自我效能和声誉相关的思考上，转移他们对任务详细分析的注意力（Kluger & DeNisi，1996）。此外，分数被解读为学习过程的终点，这会使学生失去动力，无法从纠正错误中学习。

分数如何干扰其他更有效反馈的方式仍然没有定论，这也留给我们一个可能性，即这种干扰主要发生在分数和评论同时给出时，因为分数可能会抢占学生的注意力，使他们认为学习过程已经结束（Koenka et al.，2019）。因此，一些研究者建议在给学生评论后再给分数，并且在给分数之前，最好告诉学生有机会应用收到的反馈并纠正错误，这样可以最小化这种负面效应。总的来说，虽然分数本身可能并不直接导致更有成效的反馈的效果减弱，但学生对分数的归因——通常将其视为学习过程的结束和自身能力的标签——可能是根本原因。

然而，我们不能忽视的是，对许多教师来说，分数除了有认证的作用，还发挥着更为重要的功能：分数往往是激发学生外在动机的源泉，促使学生认真对待某项活动，这种动机可能来自于学业影响或对学生声誉的影响。换句话说，当我们生成内在动机的努力不够时，分数可以用来生成外在动机（Koenka et al.，2019）。虽然我们可能不喜欢这种情况，但现实常常会显现出来。在这种情况下，我们该如何处理？也就是说，我们应如何利用分数作为外在动机的潜力，而不使学生忽视我们评论中的更有价值的反馈呢？我已经分享了一个常规建议，即在其他类型的反馈之后再给分数，并且尽量不要将分数与学习过程的结束联系起来。我将在下一节详细介绍两个更为具体的建议。

使用分数的不同方式

提议 1：对所有活动进行评分

首先，我将概述这一提议的理论理想状态，然后将其应用于现实场景。理论上，如果分数在所有学业活动中都被例行使用，那么它将非常有用。这种情况假设所有活动都具有固有的学术价值。重要的是，学生在收到分数后，应有机会重复活动并加以改进。同时，除非获得满意的分数（教师需要设定一个明确的令人满意的分数），否则任何活动都不应被视为完成。如果学生在任何一项活动中都未达到这一分数，哪怕只有一项，那么整体成绩也不会是理想的。

通过这种方式，分数作为一种工具，向学生反馈他们在非常具体的任务中的表现结果，学生无法放弃该任务，直到达到期望的水平。因此，学生会理解，关注以评论或其他指导形式提供的反馈是进步的最有效途径。

要使这种方法取得成功，反馈必须侧重于过程。也就是说，它不应该立即给学生提供手头任务的特定解决方案，而应该让他们思考如何实现它。虽然这种方法可能并不总是可行的，也可能并不适用于每项任务，但在许多情况下，仅仅指出错误就足够了。

这种做法的优点在于，它将反馈分散在整个学习过程中，而不仅仅是在结束时。它还有助于培养成长型思维，因为分数不被视为一个固定的标签，而是对可以改进的阶段情况的评估。

当然，你可能会认为这个提议在理论上是有趣的。然而，现实中要纠正如此大量的活动可能会成为一项无法管理的任务。因此，当将教师亲自纠正的活动与利用计算机设备实现自动纠正或通过适当的线索和提示促进学生自评的活动相结合时，这种做法才更具可行性。虽然某些任务需要教师提供个性化的反馈，但其他任务，尤其是那些适合数字化教育资源的任务，无论是教师还是第三方创建的，都可以从自动纠正或学生自评中受益。

从本质上讲，这一策略的重要方面是确保学生有机会改进他们的表现。

提议 2：两轮评分的评估测试

第二个提议比前一个要简单，涉及在特定评估测试中使用分数。学生完成活动后，将会收到没有分数的批改，仅附有评论。与前一个提议类似，这些评论应侧重于过程，提供改进活动结果的指示和提示。随后，学生将有机会利用这些反馈重新进行测试或完成一个非常相似的测试。第二轮批改时将给出分数。

关于分数的讨论是复杂的，最终往往被行政要求所掩盖。分数作为一种工具，用来证明学生达到的表现水平，无论我们喜不喜欢，最终我们都需要它。

无论分数以何种形式出现，它始终是间接衡量所获得学习成果的一种方式。这是它在总结性评估活动中应承担的角色，这些活动的目的是获得最终分数，而不是提供实际反馈。下一节将讨论揭示和衡量学习（即评估）的可能性，以及如何利用这些信息来促进学习。正如我们将看到的那样，评估需要反馈才能有效地促进学习。然而，没有评估，就没有反馈。

5.3　评估

5.3.1　教学中的一个关键过程

在上一节中，我们探讨了有效反馈对学生学习的巨大影响。然而，反馈的前提是必须先进行教学和学习中的另一个重要过程：评估。实际上，为了对学生在执行任务过程中的表现和改进方法提供反馈，我们需要创造评估该表现的机会和方法。没有评估，就没有反馈。

然而，这并不是我们进行评估的唯一原因。事实上，评估通常并非只有这个目的（Crooks，1988）。当我们谈论评估时，常常会想到我们在每个学习阶段结束时对学生进行的测试，以便确定他们是否达到了预期目标。这些测试通常标志着学习过程的结束，因此不会直接影响这一过程。换言之，这种类型的评估并不促进学习，它仅仅是用来估计学习的水平。因此，评估通常被视为与学习过程不同的一个环节（Graue，1993）。

无论我们是利用评估获取信息和提供反馈，还是用来认证已达到的表现水平，所有形式的评估都会对学习过程产生影响（Crooks，1988）。例如，评估测试的设计和评估标准的制定会影响学生如何进行学习。需要注意的是，我们希望学生采用的学习方式并不总是与备考评估测试相同。很多时候，它们并不相同。

在这一节中，我将深入探讨评估的科学性，并强调无论评估的目的是什么，评估的设计都至关重要。接下来，我将讨论那些明确依赖评估来改进学习过程的教育实践。这一部分将与前两节中讨论的内容紧密相关，关注所谓的形成性评估或学习评估的重要性。最后，我将借此机会再次提醒读者评估对学习巩固的潜在影响，这是一个经常被忽视的方面。

5.3.2 评估参数

当我们评估任何学生活动时，实际上是在衡量他们的表现，并间接地衡量他们的学习（Koretz，2008）。尽管我们可能对教育中的"测量"概念有所保留，但事实是每当我们给予任何类型的分数（不仅仅是数值分数）时，我们就是在进行测量。因此，评估活动是我们用来衡量学生在学习目标方面的成就水平的工具。最后一点至关重要：评估测试仅限于测量学生在实现特定预设学习目标方面的表现，它并不旨在识别学生在学习过程中可能偶然学到的其他内容。

显然，虽然书面考试是最常见的评估测试形式（Doval，2014），但这些测试可以有多种形式——任何活动都可以用来评估学生在既定目标方面取得的学习成果。并不是所有的书面考试都是相同的，关键的是测试的类型是否与预期的评估目标相一致。

的确，根据学生需要完成的任务类型以及衡量其表现的方式，存在不同的评估模型（Ahmed & Pollitt，2010）。在某些任务中，量化测量表现较为容易，而在其他任务中，评估则不可避免地侧重定性。例如，在听写练习中评估拼写的准确性，通常可以进行较为量化的评估，而评估对文学文本的评论则更为主观。借用体育类比，有时我们可以像在跳高比赛中那样测量高度，而在其他时候，我们的角色则类似于在韵律体操比赛中的裁判。

无论如何，在考虑如何衡量学习之前，了解一些与评估测试相关的技术概念是非常有用的，这些概念可以帮助我们反思评估工具的适用性、范围和局限性。以下是相关的概念：

（1）**效度**　测试的效度指的是它是否真正测量了它意图测量的内容，换句话说，测试提供的结果是否能真实地反映出它所代表的内容。

当我们谈论评估测试的效度时，我们关注的是测试是否与学习目标正确对齐。正确对齐至关重要，原因有几个方面。首先，如果测试没有适当地对齐学习目标，那么学生在意识到他们并未在接受关于自己所学内容的评估时可能会感到沮丧。其次，这种不对齐可能导致学生采取与学习目标偏离的准备策略，因为测试允许他们在不符合这些目标的情况下也能成功。换言之，学生会受到评估内容的引导。因此，如果我们希望他们发展推理能力、应用所学知识、解释数据等，但我们的考试却主要集中在复述事实知识上，那么学生就只会学习这些内容。例如，如果我们的目标是让学生理解细胞是生物体的结构和功能单位，但评估测试却只包括标记细胞图示或背诵真核细胞和原核细胞的区别，那么学生可能只会记住这些事实，而没有真正理解它们的意义。

测试的效度还取决于我们对分数的解释是否适当，即我们是否正确解读分数所传达的信息，并据此加以运用。效度实际上并不是测试本身的属性，而是我们从测试结果中得出的结论的属性。我将在后续内容中进一步阐述这一点。

（2）**信度** 如果一个测试能为特定学生提供可重复且一致的分数，那么这个测试是可靠的。例如，如果一个教师给出的分数与另一个教师给出的分数差异很大，那么测试的信度就会很低。一个根据评分者不同而产生高度差异结果的测试，其信度也会很低，因此也缺乏效度。然而，达到最高水平的信度并不总是可能的，例如通过设计更"客观"的测试，这样做可能会失去效度。这种情况发生在我们最终评估的内容与我们原本打算评估的内容不完全一致时，比如用多项选择题评估书面表达能力。

（3）**准确性** 准确性指的是测试所获得的测量结果与我们意图测量的实际值有多接近。假设测试确实测量了我们意图测量的内容，那么它的校准是否足够好以提供准确的信息？分数是否准确地反映了学习目标设定的学习水平？这就是我们所说的测试"太简单"或"太困难"的含义。例如，一项考试旨在测量学生解任何类型的二次方程的能力，但所有题目都可以用最简单的方式解决，那么测试的准确性就会受到影响。

（4）**精确度**　精确度是一个主要适用于评分而非测试本身的概念。它指的是评分范围的细致程度，能够区分一个学生的表现与另一个学生的表现。例如，评分为 7.35 分（满分 10 分）展示了较高的精确度，而"B"级的评分则精确度较低。确定适当的精确度水平对于解释评分的意义十分重要。毕竟，学生获得 7.35 分与获得 7 分究竟有何不同？这种差异在解释学生的学习水平时是否真的具有重要意义？

为了更好地理解效度、信度、准确性和精确度这些概念，我们可以用 GPS 导航仪做类比。GPS 导航仪是通过地理坐标来确定我们的位置的工具。

首先，只要 GPS 测量的是地理位置，它提供的读数就是有效的。如果 GPS 给出的是时间信息，那这个测量就不具备效度，因为我们不能用它来得出关于地理位置的结论，即使 GPS 确实提供了时间信息。如果 GPS 显示的地理位置不是当前的位置，而是 24 小时前的位置，这样的测量也没有效度。虽然这次测量的是地理位置，但我们无法用它来解释我们现在的位置。

假设 GPS 确实提供了我们当前位置的地理坐标。几年前，当 GPS 技术刚起步时，每次我们检查 GPS 导航仪的位置，即使我们没有移动，它显示的位置也会有所不同。在这种情况下，我们会遇到信度问题，因为仪器的测量结果不一致，尽管我们要测量的内容并没有变化。

现在，假设 GPS 的测量是可靠的，也就是说它在特定位置时始终显示相同的坐标。然而，它显示的位置可能是不正确的。比如，假设测量结果是一致的，但总是把我们的位置显示在实际位置北边 100 米的地方，那么我们就会遇到准确性的问题。

最后，精确度是由 GPS 提供的测量值的细致程度决定的。当信号较弱时，GPS 导航仪通常会显示一个几米直径的圆圈，表示我们在这个圆圈内的某个位置。圆圈越大，精确度就越低。

总之，在解读和使用从评估活动中提取的信息时，理解这些概念非常重要。我们将进一步探讨这些概念。

5.3.3　评估测试真正衡量的是什么?

许多教师质疑是否有可能衡量像学习这样虚无缥缈的事物。这不是一个荒谬的问题——毕竟，学习发生在我们的大脑中，不能被直接观察到。但这并不意味着它无法衡量。与许多其他现象一样，学习可以通过观察学生在特定任务中的表现，并根据他们与该任务相关的行为或能力的变化进行估计来间接衡量。毕竟，心理学将学习定义为由经验引起的行为或表现的变化。这正是评估测试旨在实现的目标（Koretz，2008）。尽管如此，这些测试确实是非常有限的测量工具。它们的局限性可以用前面讨论的效度、信度、准确性和精确度的概念来解释。

例如，我们显然不能像用体温计测量温度那样精确地衡量学习，但我们确实可以设定不同的范围以对应不同的表现水平。这就像没有现成的体温计，只能用手一杯一杯地测量 30 杯水的温度。在这种情况下，我们可以区分出不同的温度范围，并将其归类为几个大致的类别，比如非常热、热、温、冷和非常冷。

评估测试也经常有很大的误差（Koretz，2008），因为它通常不能全面评估它应该评估的所有学习目标。相反，它是依据样本进行估算的。也就是说，在考试中，我们不会要求学生解释他们所学的一切；相反，我们要求他们回答特定的问题或解决特定的问题，从中推断出他们的整体表现。因此，一些学生可能会因为考试样本对他们有利或不利而在预估的学习目标范围内获得错误的分数。例如，在一个极端的情况下，如果考试测试的问题仅来自于学生学习的那一半内容，那么即使学生只学了部分材料，也可能得到满分。可以理解的是，一些学生可能会祈祷考试中不要出现他们没有准备的某些问题。

此外，如果学生在感觉不舒服或处于噪声等不利环境条件下参加考试，一些测量误差也会出现。无论如何，请记住，所有的测量，即使是温度等物理变量的测量，也总是会有一些误差的。对于学习而言，我们必须接受这种误差不可避免地会影响测量结果。

因此，关于评估作为衡量学习方法的意义的争论，重点并不在于我们是否能够衡量学习，而在于理解测试的局限性。从这个意义上说，关键的问题是我们通过这些测试真正衡量的是哪种学习。下面举一个例子来更好地解释这一点：假设一个学生在一个设计良好的测试（在信度和准确性方面）中得了 8 分（满分 10 分）。通常，我们会认为这个学生已经达到了良好的学习水平。然而，如果一周后，该学生再次参加完全相同的测试，这次却出乎意料地得了 4 分（这并不罕见），那么最初的 8 分到底意味着什么呢？考虑到记忆和遗忘的工作原理，以及许多学生在考试中使用的策略——这些策略在短期内有效，但长期来看并不可行——这并不是一个孤立的情况。那么，当这种情况频繁发生时，我们用分数来衡量和验证的又是什么呢？

这种情况告诉我们，我们通常使用的评估系统往往缺乏最重要的标准——效度。这是因为我们对评估内容（即我们赋予分数的意义）的解读并非它们真正衡量的内容。成绩通常反映了学生通过考试的能力，但很少告诉我们考试后他们的长期记忆中会留下什么，而这最终是我们希望他们告诉我们的。你可能还记得，当学生在考试前一天集中复习时，他们能取得很好的成绩，但通过这种学习方式获取的知识往往很快就会被忘记（Rawson et al.，2013）。我们在"记忆的过程"一节中已经谈到了这一点。

降低评分的主观性

虽然不是唯一的因素，但评估测试可能失去信度的一个原因是评分者的主观性，这不可避免地受到我们所有人的认知偏见的影响。判断学生表现时最危险的认知偏见之一是光环效应（Kahneman，2011）。

"光环效应"让我们将对学生的直观印象外推到他们行为或表现的任何方面。这种无意识的偏见使我们对他们的作业进行评分时变得更宽松或更严格。例如，一个礼貌且富有责任心的学生往往会在任何任务上获得比爱在课堂捣乱的学生更高的评分。为了减轻在评分评估测试时的光环效应（如果测试的性质允许），一个简单的策略是评分时避免查看学生的身份。不幸的是，在口头报告中，这种做法是不可能的。

确实如此，光环效应还涉及测试中的初步印象会影响后续的评分（比如，一个视觉上凌乱的作业所带来的先入为主的偏见）。这意味着，如果一个测试有多个问题或活动需要评分，那么我们对第一个问题的评分会影响我们对后续问题的评分倾向。对第一个问题的优秀回答可能会导致我们对后续问题的评分更加宽松，而如果开始时表现不佳，我们可能会变得更加挑剔。为了应对这种无意识的偏见，我们可以尝试按活动逐一评分，即连续查看所有学生在同一活动中的表现，而不是依次为每个学生的所有活动进行评分。然而，从第二个活动开始，我们必须小心避免记下前一个活动的分数或修正次数，因为这也可能影响我们的评估。摆脱认知偏见无疑是具有挑战性的，甚至可以说是不可能的。

5.3.4　迁移能力的评估

在教学中，教师常常会感到一些挫败感，因为他们觉得学生"并不真正关注学习，而只是想通过考试"。当评估测试不能准确测量我们希望它测量的内容时，这种对立现象就可能发生。我们已经看到，如果测试与我们的学习目标没有很好地对齐，就会出现这种矛盾。但这种情况也会发生在学生借助考试前的密集学习来通过测试时，这种学习方式并没有产生我们希望他们获得的学习效果。

要解决这种两难问题，尽可能设计需要获得有意义知识才能通过的测试是关键——这种知识不是通过一次学习就能轻易获得的。说易做难。在这方面，效果更好的测试类型是那些评估知识转移能力的测试，也就是评估将所学知识应用于新情境的能力的测试（Bransford et al.，2000）。两种学习类型——一种较为肤浅，另一种更有意义——在基于复述书面知识的测试中可能看起来等同。然而，当测试评估迁移能力时，它们的差异就会显现出来。在这些测试中，知识不是目的本身，而是完成特定任务的手段，评估的重点是这些任务的解决过程。这些任务或过程在学习迁移的介绍中有详细讨论，因此这里不再赘述。当我们评估这些任务的表现时，我们不仅仅是在评估学生知道什么，还在评估他们如何利用所学知识去完成任务。

尽管如此，值得提及的是有一个简单的办法可判断测试是否评估了知识迁移能力。基本上，我们可以思考一下：如果学生在考试时可查阅笔记或教科书，那么测试是否还有意义？虽然并非所有的迁移测试都具备这一特点，但那些即使在学生可以参考笔记时仍然有效的测试，往往更注重评估将所学知识迁移到新情境中的能力。值得注意的是，设计这种类型的测试并不容易。

5.3.5　评估作为一种学习工具

尽管评估存在困难和局限性，但这一过程对促进学习至关重要，尤其是当其明确用于这一目的时。

你可能已经熟悉总结性评估和形成性评估之间的区别。为了明确起见，我简要解释一下。这两者是评估的两个最重要的功能。一方面，当评估仅用于对学生在特定学习目标上的表现做出最终判断时，我们称之为总结性评估。另一方面，当评估旨在收集关于学生进展的信息，以便决定下一步如何帮助他们实现学习目标时，我们称之为形成性评估或学习评估（Scriven，1967）。

为了更加准确地涵盖所有属于形成性评估范围的实践，以下是该领域一位主要研究者迪伦·威廉（Dylan Wiliam）在 2011 年提出的定义：

形成性评估的功能在于，教师、学习者或同伴能够主动获取、解读和使用有关学生成就的证据，以便做出比没有这些证据时更好或更有依据的下一步教学决策。

让我们简要分析一下这个定义。首先，我们要认识到，决定评估是否为形成性评估的关键在于我们如何利用它提供的信息，而不是评估本身。任何评价性测试都可以服务于形成性目的，尽管在设计测试时，考虑它的功能是有价值的，因为这可能会带来显著差异（Wiliam & Black，1996）。

其次，教师和学生都可以将评估活动转变为形成性评估，这是非常重要的。实际上，学生在学习时可以自制测试以识别自己表现中的薄弱环节，并将精力集中在这些方面。此外，学生也可以对教师给出的评估进行反思（Chappuis & Stiggins，2002），尽管他们这样做的前提是这些评估不代表学习过程的结束。然而，需要注意的是，仅仅反思自己的表现并不足以将这种实践视为形成性评估；形成性评估的定义要求反思能够引导决策，并转化为具体的行动，以便在必要时改进表现。如果学生对自己的工作进行反思，但这种反思没有导致他们学习过程的改变，那么效果就不会很好。当然，这也意味着学生必须有新的机会来应用这些策略以达到改变。

此外，教师可以使用评估信息来提供反馈和决定下一节课该怎么做。与前面的情况一样，基于评估结果解读的决策是评估具有形成性的一个必要条件。如果我们不利用获得的信息来决定下一步该怎么做，那么我们就不是在进行形成性评估。有时，我们基于评估信息所做的决策可能不会改变预先确定的教学计划，但至少我们有证据表明这确实是最佳计划。当然，在其他时候，证据会表明需要做出改变来加强某些不清晰或需要重新考虑的方面。这并不意味着我们基于评估信息做出的决策会更好；情况可能并不总是这样，但至少这些决策会更具信息性（Wiliam，2011）。

然而，你可能已经注意到形成性评估的定义非常广泛，它涵盖了非常不同的实践。以下是一些符合形成性评估框架的例子：

- 在学年结束时，教师分析学生的学业成绩以审查下一学年的教育计划，或者管理团队和教职员工根据此类分析对学校的教育项目进行调整。
- 考试结束后，教师将试卷连同评语一起退回，并专门安排一次会议与全班一起复习，为学生参加新的考试做准备。
- 当学生使用标准来评估他们的作品，并有机会改进他们不满意的方面时。
- 当学生通过自己创建的考试来测试自己的表现，并随后加强对更具挑战性或答案有缺陷的问题的学习时。

- 当教师在课堂上介绍一项活动，并注意到大多数学生表现不佳，决定停止该活动并回顾该活动中涉及的程序或概念时。

- 当一个单元末考试结束后，教师发现学生的表现普遍较差，并决定在开始下一个单元之前延长该单元的学习时间以尝试解决最主要的缺点。

虽然这些只是符合形成性评估原则的教育实践的几个例子，但我们已经可以欣赏到符合这一概念的程序的巨大多样性。毫无疑问，这些做法差异很大。由于它们作为改善学习过程的工具的有效性差异很大，因此值得对它们进行区分。事实上，并非所有形成性评估实践都同样有效。哪些变量使形成性评估成为帮助学生学习过程的有效方法？现在让我们看看一些重要的细节，根据证据，我们应该记住这些细节以充分利用形成性评估。

5.3.6　影响形成性评估的变量

区分各种形成性评估的第一个变量是定性的，即谁接收评估活动提供的信息，谁根据结果做出决策，以及这些决策对谁产生影响。正如之前的例子所示，有时形成性评估用于对下一学年的计划进行调整。在这种情况下，信息的接收者和使用者是教师，而这些变化并不会影响已被评估的学生，而是影响下一学年的学生。当形成性评估不仅能向教师提供调整下一次课程的建议，还能向被评估的学生反馈他们的表现，特别是如何改进时，其效果无疑会更好。当形成性评估包括向被评估的学生提供反馈时，有效性就得到了提高（Wiliam，2011）。虽然这似乎是显而易见的，但值得强调，因为有些形成性评估实践（如前面的例子所示）

不包括这方面的反馈。

此外，信息的解读和后续行动决策者的不同也会导致显著差异。当教师负责这些任务时，他们可以利用信息现场调整教学，从而显著提升学习过程。此外，教师还能够为学生提供有针对性的反馈，帮助他们了解如何改进。然而，这并不保证学生会积极地理解或使用这些反馈。因此，由于学习最终是学生自己的责任，当学生能够自己决定下一步的行动时，形成性评估会更加有效。纽斯·圣马尔蒂（Neus Sanmartí，2007）指出，只有那些犯错的人才能在教师的帮助下进行纠正。因此，最具潜力的情况是教师提供反馈，而学生根据这些反馈制定学习决策。不过，正如我在"元认知"一节中讨论的，形成性评估理想的情况是学生能够对自己的评估负责，发展监控自己表现的方法，并根据自我评估的结果指导自己的学习过程。由于我在书中前面的部分已经讨论了自我调节学习的重要性，这里不再详细阐述学生发展元认知技能的必要性，特别是包括自我评估的能力和基于自我评估结果指导学习的能力。

另一个区分各种形成性评估实践的重要变量是完整周期的长度，即从收集学生表现的证据到实际应用基于这些证据的决策之间的时间——也就是评估与使用获得的信息之间的时间间隔。迪伦·威廉于2011年在这方面提出了形成性评估的三种类别：长周期、中周期和短周期。

长周期形成性评估用于决定例如下一年度学校规划和活动需要做出的改变。它还包括学校领导和教师计划在学校教育项目中实施的改变，以期在未来几年提高教育成果。

中周期形成性评估发生在教学单元的过程中，具体应用于某些场合以确定在继续推进之前是否需要重新审视某个概念或程序，或者是否可以进入单元的下一节课（或该单元是否可以被认为已经完成）。这种类型的评估涉及具有一定重要性的评估活动，并为学生参与自我评估提供了机会。

最后，短周期形成性评估是在课堂上"即时"进行的，即每分钟都在进行，旨在验证当前课堂上正在进行的内容是否被学生有效"处理"——也就是说，学生是否理解了这些内容，并能够将其付诸实践或进行解释。

显然，形成性评估周期的长度与这种实践的频率相关。通常，周期越短，频率越高。这一点无疑对于区分其效果至关重要。

正如你可能想象的那样，形成性评估原则上在周期较短且实践较频繁时更为有效。经合组织（OECD）本身也强调了这一点，将形成性评估定义为"对学生进步和理解情况进行的频繁、互动的评估，旨在识别学习需求并适当地调整教学"（OECD，2008）。无论如何，专家建议结合使用这些变体——短周期、中周期和长周期——因为每种类型的评估都发挥着不同的作用（Wiliam，2011）。

显然，短周期活动并不是传统意义上的考试或作业，尽管它们可以用于形成性目的。相反，这些活动与互动式教学相关。这些活动包括教师向全班提出问题——运用有效的方法从所有学生或具有代表性的样本中获得答案——或者提出活动建议，让学生在活动中必须与教师和同伴交流他们的结论和推理。如前所述，这些活动的关键在于问题的质量和我们用来实现最大参与度而不损害动机所使用的方法。

短周期形成性评估的优势还在于，它将每项活动中评估的学习目标限制在几个非常具体的目标上，从而提高其信度，并为学生提供更准确和有用的反馈。

然而，短周期形成性评估也有一个我们不能忽视的弱点。你可能还记得的，我们的大脑表现出一种独有的特征：短期内的良好表现可能不会在长期内产生学习效果（Soderstrom & Björk，2015）。很多时候，学生能够展示他们已经掌握了我们刚刚解释或练习的内容，但这并不意味着这些内容会在几小时之后持续存在。我们常常发现，学生会忘记我们在上一节课上验证过的他们完全掌握的内容。因此，短周期形成性评估在学习和评估之间留出一些时间会更有利。例如，在下一节课开始时进行评估比在同一节课结束时进行评估效果更好。否则，短周期形成性评估可能会受到立即检查刚刚学习内容所带来的典型认知错觉的影响。请记住，学习策略的优劣不仅取决于其短期效果，更取决于其对长期记忆的影响。

最后，形成性评估中一个非常重要的变量是反馈的质量。反馈之所以成为形成性评估的核心，绝非偶然。实际上，即使是总结性评估，也包含反馈——学术成绩本身也可以看作是一种反馈形式（尽管很差）。

由于我在前一节中详细讨论了反馈的细微差别，并谈到了成绩对学习过程的影响，这里就不再赘述。然而，我鼓励读者重新审视这一讨论，特别关注与成绩相关的方面。将形成性评估融入教育实践意味着我们需要对传统的反馈方式做出决策。本质上，形成性评估涉及对教育领域中成绩的作用和使用进行反思。

5.3.7　形成性评估效果的证据

毫无疑问，形成性评估作为一种提升学习的工具，扎根于坚实的理论框架。根据学生是否达到了预期的掌握水平来调整教学或学习，并有机会就如何改进其弱点提供反馈，这似乎是一种合理的成功公式。这一点确实得到了研究的支持，这些研究分析了这一教育实践的有效性——尽管存在一些细微的差别。

在这方面引用最多的研究之一是布莱克（Black）和威廉（Wiliam）于1998年进行的综述，他们汇编了前十年进行的数百项研究报告，并对其进行了细致的分析。尽管所分析的研究的方法论存在一些局限性，综述的作者仍然得出结论，报告的研究显示形成性评估能够改善学习，并且成绩的提升"似乎相当显著……是教育干预中报告过的最显著的改善之一"。

然而，严格来说，这些研究以及迄今为止进行的研究并不足以让我们以完全科学的严谨性断言形成性评估能够达到我们预期和希望的程度（Martínez Rizo，2012）。尽管对所分析结果抱有合理的乐观预期在情理之中，但鉴于目前获得的证据的局限性，我们仍应谨慎行事（尽管这可能会让我们感到失望）。

事实上，尽管理论框架完美无瑕，但理论并不等同于实践。由于形成性评估取决于许多变量，而且不容易应用，因此在不影响有效性的情况下，其在课堂上的部署的可扩展性还有待观察。此外，应该指出的是，实施形成性评估所要求的变革，尤其是在影响像评估这样根深蒂固的教学方法方面，将面临巨大的挑战。尽管如此，截至目前取得的成果仍然令人鼓舞，但还需要进行更多的研究——使用更有效的设计和方法——以便在真实课堂环境中获得更具结论性的结果。这也将有助于确定哪些因素会影响形成性评估对学习成效产生更大或更小的影响（Dunn & Mulvenon，2009；Kingston & Nash，2011）。

5.3.8　评估对巩固学习的贡献

评估作为学习认证工具（总结性功能）和用于获取信息以决定如何调整学习过程（形成性功能）的作用对我们来说都是显而易见的。然而，我们常常忽视评估的一个内在属性，这一属性源于我们的记忆工作机制，并且直接影响学习。实际上，评估涉及回忆所学内容，而正如你可能还记得的，这一过程能够加强记忆——提高我们未来再次回忆的可能性。换言之，当我们从记忆中提取信息时，我们增强了以后再次提取这些信息的能力。这也解释了为什么提取对记忆的影响被称为"测试效应"（Roediger & Karpicke，2006）。

在"记忆的过程"一节中，我讨论了提取记忆练习的有效性，强调了它在提高记忆事实信息的能力、促进理解和学习迁移的能力方面的作用（Karpicke，2012；Carpenter，2012）。提取记忆练习迫使我们构建和理解所学内容，以便有效地解释它。在这个过程中，我们必须根据记忆和之前已知的内容重建所学的知识。因此，这种重建是通过将先验知识与最新的知识联系起来而完成的，这有助于巩固学习，使其更加有意义。每一次记忆提取都是一次新的学习行为。

简而言之，记忆提取在评估学习中的有效性，再加上形成性评估的反馈潜力，使评估成为促进学习的最有效工具之一。

然而，为了实现评估的这些好处，有必要改变我们对评估活动或测试的观念，尤其是学生的观念。因此，至关重要的是将它们确定为学习过程的常规组成部分，而不是悬在学生头上的达摩克利斯之剑，仅仅用来决定性地、不可逆转地评判他们的表现。只有这样，评价性测试才能按照形成性评估的要求频繁地融入课堂。也许关键在于明确强调旨在促进和指导学习的测试与仅用于填写学业成绩记录的测试之间的区别。

附　录

关于学习的伪科学神话

1. 教育神经迷思

在 20 世纪下半叶，人们对将学习科学与教育实践相结合的兴趣日益增长。一方面，科学界越来越关注教育问题，逐渐将科学见解融入实际的教育环境；另一方面，教育界也热切欢迎用科学证据来支持教育实践的可能性（Pickering & Howard-Jones，2007）。

然而，研究人员与教师之间的沟通差距导致了学校中各种伪科学神话的产生，尤其是神经迷思的泛滥（OECD，2002）。神经迷思这一术语由神经外科医生艾伦·克罗卡德（Alan Crockard）在 20 世纪 80 年代首次提出，用以描述那些医学文化中关于大脑的毫无根据的观念（Crockard，1996）。在教育领域，神经迷思指的是对有关大脑的科学发现的误解或曲解。这些发现描述了某些教学和学习过程，常常导致课堂上出现令人质疑的实践应用。神经迷思通常依赖于我们关于学习方式的先入为主和直觉性的想法，并且常常是由于确认偏差导致的无意扭曲（Pasquinelli，2012）。

2002 年，OECD 发布了一份关于神经科学与教育的报告，警示了教育界中与学习相关的神经迷思的日益蔓延及潜在风险。然而，直到 2012 年，一组研究人员（Dekker et al.，2012）才对这些神经迷思在大量小学和中学教师中的普遍性进行了分析，具体研究了英国和荷兰的情况（见附表 1）。

附表 1　英国 137 名教师和荷兰 105 名教师样本中神经迷思的普遍性

神经迷思	在英国的普遍性	在荷兰的普遍性
当信息以个人偏好的学习方式（听觉、视觉、动觉等）呈现时，学习效果更佳	93%	96%
刺激丰富的环境能促进学龄前儿童的大脑发育	95%	56%
大脑半球的主导差异有助于解释学生之间的一些差异	91%	86%
我们只使用了大脑的 10%	48%	46%
儿童时期存在关键期，过了这个阶段就无法学习某些东西了	33%	52%

研究结果显示，这些国家的教育界中某些神经迷思的普遍性较高。

在其他国家进行的进一步研究也得到了非常相似的结果（Ferrero et al.，2016）。有趣的是，数据还显示出对神经科学研究的兴趣与对神经迷思的信仰之间存在正相关关系（Dekker et al.，2012）。

广泛接受神经迷思的弊端显而易见。如果我们真正的目标是基于科学证据来指导教育实践，那么获得可靠的信息至关重要。而神经迷思和其他关于学习的误解使我们误以为我们的决策和努力与基于证据的实践相一致，但实际上并非如此。这种机会成本并不小，我们失去了本可以用于更有效活动的宝贵时间。当涉及财务支出时，问题更加严重（许多公司提供基于这些神经迷思的解决方案），更重要的是，当这些神经迷思对学习的影响有害时，问题就更加严重了（Pasquinelli，2012）。

的确，这并不意味着只有那些得到科学证据支持的实践才是有效的。但是，基于直觉和经验倡导某种观点与在缺乏科学支持的情况下声称其具有科学依据之间是有区别的。无论我们的初步观点是什么，如果我们感兴趣的是理解某些教育实践背后的科学证据，那么显然我们需要了解科学实际上对此有何说法，并避免陷入偏见解释的陷阱。

接下来，我将简要总结一些在教育中最为普遍的神经迷思的科学证据。

2. 学习风格

人们普遍认为每个人都有独特的学习风格，仿佛我们的大脑拥有各种机制来学习相同类型的东西，而且每个人的某些机制比其他机制更为完善。这一观念通常与所谓的感官差异相关联，导致将学生分类为视觉型、听觉型或动觉型学习者。虽然学习风格的版本有很多，但以感官为基础的区分（即 VAK）是最常见的。

个人大脑的所谓特殊性决定了个人最有效的学习方式，这一想法听起来非常吸引人。如果这一观点是真的，那么它对教育的影响将是重大的。因此，许多科学家对这一直觉进行了调查和测试，大量研究对其进行了验证。然而，总体而言，证据并不支持学习风格的概念（Pashler et al.，2009；Coffield et al.，2004）。例如，如果我们以视觉方式向一组学生呈现信息，然后让他们参加考试，我们可以根据他们的结果假设谁是"视觉型"学习者。如果我们随后以听觉方式向同一组学生呈现相同的信息，并再次测试他们，我们应该会期待不同的学生表现出色。但事实并非如此，在视觉学习评估中表现优异的学生，在听觉学习评估中也同样表现优异。换句话说，学习方式并不会根据学生的所谓感官优势来改变他们的结果，结果维持不变（Kirschner，2017）。

这些研究涵盖了所有类型的学习风格，而不仅仅是 VAK 感官风格，尽管后者的研究最多。在所有情况下，结果都是相似的（Pashler et al.，2009）。当然，这并不意味着学生之间没有差异。在本书中，我们讨论了确实能让学生之间产生差异的各种情况，尤其是先验知识、动机和自我调节策略。然而，大脑在记忆方面的能力并不是其中之一。

研究表明，我们并不固定拥有预设的学习风格，这些学习风格使我们在以某种方式接收信息或学习时变得更有效——只要我们有动力去实施这些策略，我们都能从中受益。当然，对于有感官缺陷的学生，他们需要依赖可用的感官。

的确，许多教师在课堂上遇到过这样的情况：似乎当给出不同的解释时，某些学生就能更好地掌握某个概念。但这并不一定意味着他们的学习者特质有所不同。当信息以多种方式呈现时，实际上只是增加了更多学生理解所学内容的可能性，因为他们有更多的机会去理解——他们有更多的线索来连接各个点。这并不意味着某些学生更偏好视觉或听觉解释；相反，他们受益于更多的选择。

事实上，我们使用的感官方式、示例和参考越多，就能越好地促进所有学生的学习，因为他们能够与自己的先验知识建立更多的联系（Riener & Willingham，2010）。此外，如果他们能够同时使用两种感官，例如在解释某个概念时同时使用图像、动画等，他们就可以更好地利用工作记忆空间，这对于优化学习至关重要（Clark，1991）。

虽然个体在视觉或听觉记忆的敏锐度等方面确实存在差异，但这不应与仅通过这些记忆进行学习的能力混淆。视觉记忆回忆物体的外观和位置，而听觉记忆则记住听觉刺激的物理特征（音调、响度等）。然而，学校里大部分教学内容是以意义的形式存在的，而视觉和听觉只是将这些意义传达给学生的媒介。当然，对于某些学习对象，准确的视觉或听觉表现是必不可少的。例如，拥有良好视觉记忆的学生在学习如欧洲地图上各个首都的位置这类本质上具有视觉性的材料时可能会更有优势。同样，拥有良好听觉记忆的学生可能更容易掌握外语的正确发音。然而，我们希望孩子们学习的大部分内容都是基于意义的，因此，即使材料以他们偏好的感官方式呈现，他们在特定感官模态上的优越记忆也不会给他们带来额外的优势。无论信息是以听觉还是视觉方式呈现，学生都必须提取和存储其意义（Willingham，2005）。

此外，许多人自称为"视觉学习者"（或听觉学习者等），是因为在学习时，他们更倾向于使用依赖于这种感官模态的方法。实际上，这些偏好并不是与生俱来的学习风格，而是个体自发发展出的学习策略。这些并不是风格，而是由习惯形成的偏好（Willingham，2018），因为并非所有策略的有效性都是相同的。实际上，所有人本质上都是视觉性的，最好的记忆技巧也基于这一事实（当然，前提是我们想要学习的内容可以被视觉化呈现）。学习这些技巧对任何人都有益，即使是那些认为自己属于其他感官模态的人（Cuevas & Dawson，2018）。

最后，最佳的感官选择几乎总是取决于学习对象。也就是说，我们需要根据所学内容来判断视觉、听觉或其他方法哪种更为合适。例如，理解如何使用显微镜，如果只是提供关于其使用的文字说明，而缺乏图像和实际操作的经验，那么效果就会大打折扣。

相信学习风格的存在不仅仅是一件无关轻重的事，它有着重大的影响。如果认为没有普遍的原则可以帮助我们更好地学习，会使我们忽视关于大脑如何学习的研究结果——而这些原则确实存在（Björk et al.，2013）。其中一些原则在本书中已经讨论过。那些自发开发出与这些原则相一致的学习策略的学生在不知不觉中获得了相对于其他人的优势。研究表明，所有学生都可以从使用这些策略中受益。

3. 关键时期和丰富的环境

另一个在教育界广泛存在的误区是，刺激性环境能够增强学龄前儿童的大脑功能。这种观念通常与另一种信念相结合，即某些知识必须在儿童早期学习，否则学习的机会窗口将会消失。总体而言，这种神经迷思认为，在儿童早期将其暴露于刺激性环境中是至关重要的，这样才能利用一个假定的机会窗口，从而决定他们未来的智力表现（Bruer，1999）。

这些信念的来源很容易追溯，它们源于对一些关于神经系统发展和功能的知名科学研究的误解。具体来说，这些信念扭曲了神经科学中的以下四个关键发现。

- 首先，我们现在了解到，大脑有能力根据经验改变其结构，这一现象被称为神经可塑性。具体来说，神经元，即专门传输电信号的脑细胞，根据它们接收到的刺激改变其连接（称为突触）的数量和效率。这些由经验引起的大脑结构变化基本上代表了学习的物理表现（Draganski et al.，2004）。因此，神经元的相互连接通常被视为具有更高能力的标志。

- 其次，事实证明，在一个人生命的前 15 个月，大脑皮层的一些区域经历了前所未有的突触增殖。随后，突触修剪发生了——这一过程消除了几乎没有使用过的神经元连接，同时加强了那些持续存在的神经元连接。因此，成年人的大脑皮层突触密度低于婴儿（Tau & Peterson，2010）。

- 再次，我们知道大脑皮层中的某些神经元回路需要接受特定的刺激才能正常发育，这发生在生命的早期。因此，据说在某些敏感时期，大脑需要某些经验才能正常发育。这些敏感期的结束通常与突触修剪过程的完成相吻合（Tau & Peterson，2010）。

- 最后，一些实验表明，在刺激环境中长大的个体的大脑会有更高的突触密度，并表现出更强的学习能力（Rosenzweig et al.，1972）。

通过将这四个发现结合起来（我有意将其简化了），我们很容易陷入当前的神经迷思。令人遗憾的是，这种误解的结论是：应该利用敏感期所代表的机会窗口来刺激孩子，减少突触修剪，实现最大程度的神经元互联，以便让孩子尽可能多地学习。

为什么这个结论不准确呢？通常，答案在于简化时常常忽略的细节。让我们一步步来看。首先，必须区分两种类型的神经可塑性，一种是经验依赖性神经可塑性，另一种是经验预期性神经可塑性。虽然这两者都涉及神经可塑性，但它们在功能上是不同的过程（Greenough et al.，1987）。

经验依赖性神经可塑性指的是大脑学习的方式——即它从环境中编码信息或调整其回路以提高协调活动的表现（例如学习新技能）的机制。这不是一个特定于大脑发育的过程，而是大脑用来学习和增强对环境条件反应的运作方式。

相比之下，经验预期性神经可塑性是一个特定于大脑皮层发育的过程。在生命的早期，一些大脑区域，主要是感官和运动相关区域，需要特定的刺激和经验才能成熟。例如，负责视觉信息处理的大脑皮层回路需要视觉刺激来进行自我配置。但满足这一过程所需的刺激是那些任何人只要睁开眼睛（当然是在光线充足的环境下）就能获得的刺激。同样，控制基本身体运动的回路则通过婴儿参与的正常运动活动进行调整。本质上，这种类型的可塑性仅涉及人类共同的发育过程，源于基本刺激。孩子发展这种感官和运动技能所需的经历，在任何环境中都容易获得。

总之，我们不应将某些大脑回路的后天发育过程与更多刺激能让孩子更聪明的观念混淆。实际上，与获得语义知识和依赖经验学习各种技能相关的神经可塑性贯穿于人类一生，而不仅仅是在人类生命的早期。一个值得注意的例外是语言习得，它有一个大约 12 年的关键期，在此期间，大脑通过简单的社交互动表现出学习语言的特殊容易性（Kuhl，1994；Kuhl et al.，2003）。但这并不意味着 12 岁以后我们就不能学习其他语言。

关于那些表明在刺激环境中成长的个体大脑更为发达的研究，这是否意味着我们需要将孩子暴露于刺激越来越丰富的环境中？这一证据的起源可以追溯到 20 世纪 60 年代马克·罗森茨韦格（Mark Rosenzweig）及其同事对实验室大鼠和其他啮齿动物的研究（Rosenzweig et al.，1972；Diamond et al.，1964）。需要注意的是，这些研究是在啮齿动物身上进行的，将其发现外推到人类身上存在明显挑战。

在他们的实验中，罗森茨韦格的团队将大鼠置于两种不同的环境中（见附图 1）。一方面，大鼠被单独饲养在没有物理刺激的笼子中（"单一环境"）。另一方面，大鼠则被群体饲养，置于有玩具和物体且定期更换的笼子中（丰富环境）。随后，研究人员解剖了这些大鼠，检查了它们的大脑。结果显示，在刺激性环境中成长的大鼠具有更厚的大脑皮层和更高的神经化学活性。类似的结果后来被其他研究人员重复观察到，他们发现成长在丰富环境中的大鼠的神经连接密度更高（Greenough et al.，1987）。此外，这些大鼠表现出更高的灵活性和更强的学习能力，例如在迷宫中寻找出路的能力提高（Bruer & Greenough，2001）。

然而，公众舆论很快毫无保留地重新解释了这些从啮齿动物身上得出的结果。假设，如果丰富环境产生了更聪明、大脑更大的老鼠，那么我们应该让我们的婴儿接触多种刺激以提高他们的认知能力。然而，除了从啮齿类动物推广到人类这一巨大假设，这种解释还犯了另一个重大错误。要真正理解这些实验的范围，我们首先必须理解研究人员对"单一环境"，特别是"丰富环境"概念所赋予的意义。关键是要认识到，"丰富环境"一词之所以被创造出来，完全是因为它比单一环境有更丰富的刺激。这两种环境都不像老鼠的自然环境；两者都代表了不同的禁闭情况，只是因为丰富环境包括其他老鼠和一些玩具的存在。毫无疑问，自由的生活带来了更多刺激的挑战。

单一环境   丰富环境

附图 1 罗森茨韦格实验中的大鼠饲养环境（1972）

因此，这些研究的含义并不是增加刺激会导致更大的大脑发育，而恰恰相反——刺激的缺乏会导致大脑发育不足。这些实验不能告诉我们当刺激达到自然环境所能提供的阈值后会发生什么。

从根本上说，这些研究支持了一个观点，即经历会影响大脑的结构，意味着学习源于神经元之间连接的增加。随后的研究表明，在大鼠的大脑中观察到的变化可以在任何年龄段因环境而发生（Van Praag et al.，2000）。因此，这是一种与经验相关的神经可塑性现象，不受敏感期的限制。

最后，关于"通过在敏感期结束前尽可能多地刺激婴儿来减少突触修剪"这一想法也缺乏一致性。突触修剪是大脑皮层发育中的一种自然且必要的过程。为了使大脑高效运作，它必须选择合适的突触连接并利用所有可用资源来强化这些连接——更多的连接并不会提高大脑的效率。例如，在一种名为脆性 X 综合征的遗传疾病中，尽管受影响个体的突触密度高于平均水平，但他们仍然遭受智力障碍（Irwin et al.，2001）。突触的数量与个体的智力之间没有简单的关系。

此外，突触修剪在大脑皮层不同区域的发生速率各异，并且这一过程会持续多年，甚至延续到20多岁（Huttenlocher，1979）。在突触修剪过程中，最早成熟的区域是感觉和运动区域，这些区域如前所述，仅需要非常基本的刺激来实现适当的发展。

总的来说，这并不意味着孩子们成长的环境没有差异，而这些差异后来会影响他们的学习能力。我们已经提到，剥夺某些刺激可能会产生长期后果。就人类而言，除了感官剥夺（只有在非人的养育条件下才有可能），生命早期的社会和情感剥夺似乎也会产生不利影响。对经历过这种不幸情况的儿童的研究表明，早期缺乏社交可能会产生难以完全逆转的影响（O'Connor et al.，1999；2000）。

除了极端情况，儿童成长环境的差异也会影响他们上学时的学习能力（Dawson et al.，2000）。例如，提供情感和认知支持的环境，如在"自我控制"章节中讨论的，似乎与更好的自我调节能力有关（Schroeder & Kelley，2010；Grolnick & Farkas，2002）。

另一个相关的差异在于儿童从早期开始每天接触的语言的丰富程度。语言掌握对后期学习至关重要，尤其是阅读理解。一些研究表明，到3岁时，儿童的词汇量可能会因为其所处环境的不同而存在显著差异（Hart & Risley，1995），这会导致他们学习能力上的重大差异。在这种情况下，再次体现的是儿童入学时的先验知识。

4. 大脑潜力

虽然这个神经迷思的起源仍不确定，但我们都曾听过这样的说法："我们只使用了大脑的10%。"尽管这一迷思被错误地归因于爱因斯坦（他是物理学家，不是神经学家），但它已经渗透到各种文化产品中

（Beyerstein，2004）。这一神经迷思的广泛传播，很可能是因为其所蕴含的"隐藏潜力"这一迷人且令人安慰的概念。无论如何，这一迷思尽管缺乏科学证据，却已经渗透到流行文化中。相反，我们对大脑如何工作的了解与这一观念完全不符。

首先，从进化的角度来看，考虑到大脑占身体重量的 2% 却消耗了 20% 的能量，显然不可能存在低效利用的情况。如果我们只需要使用大脑的 10%，自然选择就会青睐于拥有更小且更高效大脑的个体（Beyerstein，1999）。进化压力不允许存在任何不必要的元素。

其次，脑损伤患者总会经历各种后果。如果我们只使用了大脑的 10%，那么在疾病或事故后遭遇后遗症的可能性会大大降低。事实上，这些患者的后遗症教会了我们，大脑的不同区域执行非常具体的功能（可以参考关于亨利·莫莱森的案例）。幸运的是，如果原本的功能区域受损，其他一些区域可以代偿这些功能（Kleim & Jones，2008）。关键在于，大脑中的每一组神经元都有其特定的功能，没有多余的部分。

此外，神经成像技术使我们能够观察到健康个体大脑的活动，这些技术揭示了大脑在大部分时间内都在活动。即使在睡眠中，各个大脑区域也会记录到活动（Kajimura &，1999）。这是因为每一个动作都需要多个大脑区域的参与，每个区域都发挥着特定的功能。

可以用一个类比来说明，我们可以将大脑视为一个不断演奏乐章的神经交响乐团，其中所有的演奏者——神经元——都在不断地进行演奏。然而，根据所演奏的乐章的不同，某些乐团成员或独奏者可能会更加突出，即根据当前进行的任务而有所不同。如果任何一个乐团成员失败，无论是哪一组，整个交响乐团都会受到影响。

也许有人会认为，10% 的迷思并不是指在任何给定时刻只有 10% 的神经元在活动，而是所有神经元的工作都低于它们的潜力，仅达到 10%

的能力。按照这种说法，神经元的激活强度决定了认知表现。然而，如果是这样，那么一些神经成像研究的结果显得有些不合逻辑了，因为这些研究表明，天才个体的大脑激活水平不必然高于普通个体（Mrazik & Dombrowski，2010）。简言之，鉴于现有证据，这一神经迷思是站不住脚的。

5. 大脑的偏侧性和优势半球

大脑多个部分共同协作以实现各种行动，这一事实揭示了另一个广泛流传的神经迷思，尤其是在教育界中。实际上，这一神话被各种组织和个人广泛利用，他们声称自己提供的产品和服务基于对大脑科学知识的理解。我指的是这样的观念：大脑的每个半球负责特定的任务，半球之间的主导差异可以解释学生之间的差异（Lindell & Kidd，2011）。

具体而言，这一神经迷思声称左半球负责逻辑分析推理和语言表达，而右半球处理视空间感知、情感体验、创造力和非语言表达（包括音乐语言）。根据这一观念，个体可以根据哪一半球占主导地位来进行分类，这被认为可以使他们在某些知识和技能上表现得更好——"左脑型"个体被认为更擅长言语表达、分析和逻辑推理，而"右脑型"个体被认为更擅长艺术的学习且情感丰富、富有创造力（有趣的是，语言和数学能力也被认为取决于同一半球）。因此，这一神经迷思鼓励我们根据学生的主导半球提供不同的学习体验，以便根据他们的自然偏好来促进学习。神经迷思的一些变体还断言，特定的锻炼对于平衡两个半球的发展是必要的，这表明有些活动可以选择性地加强一个半球或另一个半球。

首先，这一神经迷思与学习风格的神经迷思部分重叠。如前所述，目前没有确凿证据表明，基于学生假设的先天特征，不同的教育方法对某些学生有优势，从而使他们以某种方式接收信息时学习效果更好（我们指的是没有任何相关障碍的学生）。

其次，这一神经迷思源于对大脑偏侧化现象的误解。偏侧化是脊椎动物（不仅仅是人类）大脑的一种特征，其中某些大脑区域（少数区域）在解剖和功能上并不对称，即左右半球之间存在差异。回到大脑和交响乐团的类比上，我们可以想象这样一个场景：大多数乐手根据所演奏的乐器被均匀地分布在舞台的两侧，比如，一边有六把小提琴，另一边也有六把；左边有四把大提琴，右边也有四把；等等。但也会有一些例外，比如，双簧管仅在左侧，而长笛则位于右侧的相同位置。

的确，尽管大脑的某些部分不对称，但这并不意味着它们是独立运作的。完成任何任务都需要多个大脑区域的协作，这些区域分布在两个半球中。单靠双簧管无法演奏整部交响乐。

实际上，两个半球始终以整合的方式协作，通过一束由约 2.5 亿神经纤维组成的神经束——胼胝体——进行持续的沟通（Nielsen et al.,2013）。神经科学证据明确表明，所有个体，无论是最具逻辑和分析能力的还是最具情感和创造力的，都在执行任何任务时同时使用大脑的两个半球。

即便在语言表达这项最明显的偏侧化任务中，也需要两个半球中多个过程的激活和互动（Lindell，2006）。大量证据表明，任何创造性任务都依赖于两个半球活动过程的整合。根据 OECD（2007）的报告："没有科学证据表明……创造力的程度与右半球的活动之间存在相关性。"

例如，一项使用神经成像技术探究大脑活动的研究（Carlsson et al.,2000）显示，进行创造性任务（如为常见物品提出新用途）时，两个半球的活动都会被激活。此外，那些表现出更高创造力的个体，其两个半球的激活程度比创造力较低的个体更强。因此，这些结果并不支持创造力依赖于右半球的观点，而是表明创造力依赖于大脑的整体激活水平，这一假设也得到了研究高创造性职业（如艺术家）与低创造性职业（如普通职业）的个体大脑活动的支持（Gibson et al., 2009）。

总之，没有任何任务完全依赖于一个半球，因此没有任何练习可以单独增强某一个半球的功能。实际上，没有严格的证据表明任何"平衡"两个大脑半球的产品或解决方案是有效的，就像没有证据验证所谓的"脑力训练"解决方案的有效性一样（Owen et al., 2010）。

最终，所谓的"主导半球"决定我们能力的观念，可能再次扭曲了原始科学术语的意义。在神经科学中，"主导半球"这一概念——当没有具体指明功能时——仅指由于大脑发育过程中发生的偏侧化导致的一些专门负责语言发音的区域所在的半球（在大多数人中通常是左半球）。换言之，神经迷思往往错误地宣称逻辑－分析－语言半球为"主导半球"。因此，认为一个人的主导半球可能是其中一个或另一个是不正确的。

总之，大脑偏侧化是一个在医学、神经生物学和进化角度上都很有趣的现象，但它不能在教育领域作为将学生按照假定的学习风格进行分类的依据。因此，在教育领域提及这一现象时应谨慎，因为这可能会导致进入伪科学领域。当然，这并不意味着不存在因偏侧化缺陷而影响学习的神经障碍，但所谓的补救方法的有效性仍需进一步验证。

这些关于大脑和学习的伪科学神化的普遍存在，突显了在接触媒体、会议、课程和教育解决方案公司提供的信息时，我们必须谨慎对待的重要性。正如第1章所述，对科学发现的浓厚兴趣和对各种主张的谨慎怀疑必须并重，同时要意识到事情的真相往往不像最初看起来那么简单。在这方面，我希望能帮助读者掌握了解科学研究领域严谨性的重要工具。

参考文献

Ahmed, A., & Pollitt, A. (2010). The support model for interactive assessment. *Assessment in Education: Principles, Policy and Practice*, 17 (2), 133–167.

Airasian, P. W. (1997). *Classroom assessment*. McGraw-Hill.

Alfieri, L., Brooks, P. J., Aldrich, N. J., & Tenenbaum, H. R. (2011). Does discovery-based instruction enhance learning? *Journal of Educational Psychology*, 103 (1), 1–18.

Alloway, T. P. (2006). How does working memory work in the classroom? *Educational Research and Reviews*, 1 (4), 134–139.

Alloway, T. P., & Alloway, R. G. (2010). Investigating the predictive roles of working memory and IQ in academic attainment. *Journal of Experimental Child Psychology*, 106 (1), 20–29.

Alloway, T. P., & Alloway, R. G. (2014). *Understanding working memory*. SAGE Publications.

Ambrose, S. A., Bridges, M. W., DiPietro, M., Lovett, M. C., & Norman, M. K. (2010). *How learning works: Seven research-based principles for smart teaching*. John Wiley & Sons.

Anderson, C. A., Anderson, K. B., Dorr, N., DeNeve, K. M., & Flanagan, M. (2000). Temperature and aggression. In M. P. Zanna (Ed.), *Advances in experimental social psychology* (Vol. 32, pp. 63–133). Elsevier.

Anderson, J. R. (1982). Acquisition of cognitive skill. *Psychological Review*, 89 (4), 369–406.

Anderson, L. W. (Ed.), Krathwohl, D. R. (Ed.), Airasian, P. W., Cruikshank, K. A., Mayer, R. E., Pintrich, P. R., Raths, J., & Wittrock, M. C. (2001). *A taxonomy for learning, teaching, and assessing: A revision of Bloom's Taxonomy of Educational Objectives* (complete edition). Longman.

Anderson, M., & Della Sala, S. (2012). Neuroscience in education: an (opinionated) introduction. In S. Della Sala & M. Anderson (Eds.), *Neuroscience in education: The good, the bad and the ugly* (pp. 3–12). Oxford University Press.

Ando，J.，Ono，Y.，& Wright，M. J.（2001）. Genetic structure of spatial and verbal working memory. *Behavior Genetics*，31（6），615–624.

Anzai，Y.（1991）. Learning and use of representations for physics expertise. In K. A. Ericsson & J. Smith（Eds.），*Toward a general theory of expertise*（pp. 64–92）. Cambridge University Press.

Arnsten，A. F.（2009）. Stress signalling pathways that impair prefrontal cortex structure and function. *Nature Reviews Neuroscience*，10（6），410–422.

Aronson，J.，Fried，C. B.，& Good，C.（2002）. Reducing the effects of stereotype threat on African American college students by shaping theories of intelligence. *Journal of Experimental Social Psychology*，38（2），113–125.

Arzi，H. J.，Ben-Zvi，R.，& Ganiel，U.（1986）. Forgetting versus savings: The many facets of long-term retention. *Science Education*，70（2），171–188.

Atkinson，R. C.，& Shiffrin，R. M.（1968）. Human memory: A proposed system and its control processes. In K. W. Spence & J. T. Spence（Eds.），*Psychology of learning and motivation*（Vol. 2，pp. 89–195）. Academic Press.

Atkinson，R. K.，Derry，S. J.，Renkl，A.，& Wortham，D.（2000）. Learning from examples: Instructional principles from the worked examples research. *Review of Educational Research*，70（2），181–214.

Atkinson，R. K.，Renkl，A.，& Merrill，M. M.（2003）. Transitioning from studying examples to solving problems: Effects of self-explanation prompts and fading worked-out steps. *Journal of Educational Psychology*，95（4），667–686.

Ausubel，D. P.（1962）. Learning by discovery. *Educational Leadership*，20（2），113–117.

Babad，E.（1993）. Pygmalion-25 years after interpersonal expectations in the classroom. In P. D. Blanck（Ed.），*Interpersonal expectations: Theory，research，and applications—Studies in Emotional and Social Interaction*（pp. 125–153）. Cambridge University Press.

Baddeley，A. D.，& Hitch，G. J.（1974）. Working memory. In G. A. Bower（Ed.），*The Psychology of Learning and Motivation*（pp. 47–89）. Academic Press.

Baddeley，A.，Eysenck，M. W.，& Anderson，M. C.（2015）. Memory. Psychology Press.

Bahník，Š.，& Vranka，M. A.（2017）. Growth mindset is not associated with scholastic aptitude in a large sample of university applicants. *Personality and Individual Differences*，117，139–143.

Bahrick，H. P.（1979）. Maintenance of knowledge: Questions about memory we forgot to ask. *Journal of Experimental Psychology: General*, 108, 296–308.

Ballarini, F., Martínez, M. C., Pérez, M. D., Moncada, D., & Viola, H.(2013). Memory in elementary school children is improved by an unrelated novel experience. *PloS One*, 8(6), e66875.

Bandura, A.(1997). *Self-efficacy: The exercise of control.* Macmillan.

Barbieri, S. M., & Light, P. H.(1992). Interaction, gender and performance on a computer-based problem solving task. *Learning and Instruction*, 2(3), 119–213.

Barnett, S. M., & Ceci, S. J.(2002). When and where do we apply what we learn? A taxonomy for far transfer. *Psychological Bulletin*, 128(4), 612–637.

Barron, K. E., & Harackiewicz, J. M.(2001). Achievement goals and optimal motivation: Testing multiple goal models. *Journal of Personality and Social Psychology*, 80(5), 706–722.

Bartlett, F. C.(1932). *Remembering: A study in experimental and social psychology.* Cambridge University Press.

Baumeister, R. F.(2002). Ego depletion and self-control failure: An energy model of the self's executive function. *Self and Identity*, 1(2), 129–136.

Baumeister, R. F., Campbell, J. D., Krueger, J. I., & Vohs, K. D.(2003). Does high self-esteem cause better performance, interpersonal success, happiness, or healthier lifestyles? *Psychological Science in the Public Interest*, 4(1), 1–44.

Baumeister, R. F., Vohs, K. D., & Tice, D. M.(2007). The strength model of self-control. *Current Directions in Psychological Science*, 16(6), 351–355.

Bayley, P. J., Hopkins, R. O., & Squire, L. R.(2006). The fate of old memories after medial temporal lobe damage. *Journal of Neuroscience*, 26(51), 13311–13317.

Beaver, K. M., Ratchford, M., & Ferguson, C. J.(2009). Evidence of genetic and environmental effects on the development of low self-control. *Criminal Justice and Behavior*, 36(11), 1158–1172.

Bechara, A., Tranel, D., Damasio, H., Adolphs, R., Rockland, C., & Damasio, A. R.(1995). Double dissociation of conditioning and declarative knowledge relative to the amygdala and hippocampus in humans. *Science*, 269(5227), 1115–1118.

Beed, P., Hawkins, M., & Roller, C.(1991). Moving learners toward independence: The power of scaffolded instruction. *The Reading Teacher*, 44(9), 648–655.

Bernier, A., Carlson, S. M., & Whipple, N.(2010). From external regulation to self-regulation: Early parenting precursors of young children's executive functioning.

Child Development, 81（1）, 326–339.

Berry, D. C.（1983）. Metacognitive experience and transfer of logical reasoning. *The Quarterly Journal of Experimental Psychology Section A*, 35（1）, 39–49.

Beyerstein, B. L.（1999）. Whence cometh the myth that we only use ten percent of our brains. In S. Della Sala（Ed.）, *Mind myths: Exploring popular assumptions about the mind and brain*（pp. 1–24）. J. Wiley & Sons.

Beyerstein, B. L.（2004）. Do we really use only 10 percent of our brains? *Scientific American*, 290（6）, 116.

Bian, L., Leslie, S. J., & Cimpian, A.（2017）. Gender stereotypes about intellectual ability emerge early and influence children's interests. *Science*, 355（6323）, 389–391.

Bielaczyc, K., Pirolli, P. L., & Brown, A. L.（1995）. Training in self-explanation and self-regulation strategies: Investigating the effects of knowledge acquisition activities on problem solving. *Cognition and Instruction*, 13（2）, 221–252.

Björk, E. L., & Björk, R. A.（2011）. Making things hard on yourself, but in a good way: Creating desirable difficulties to enhance learning. In M. A. Gernsacher, R. W. Pew, L. M. Hough & J. R. Ponerantz（Eds.）, *Psychology and the real world: Essays illustrating fundamental contributions to society*,（pp. 59–68）. Worth Publishers.

Björk, R. A.（1994）. Memory and metamemory considerations in the training of human beings. In J. Metcalfe & A. Shimamura（Eds.）, *Metacognition: Knowing about knowing*（pp. 185–206）. MIT Press.

Björk, R. A., Dunlosky, J., & Kornell, N.（2013）. Self-regulated learning: Beliefs, techniques, and illusions. *Annual Review of Psychology*, 64, 417–444.

Björk, R. A., & Björk, E. L.（1992）. A new theory of disuse and an old theory of stimulus fluctuation. In A. F. Healy, S. M. Kosslyn & R. M. Shiffrin（Eds.）, *From learning processes to cognitive processes: Essays in honor of William K. Estes*（Vol. 2, pp. 35–67）. Lawrence Erlbaum Associates.

Black, P., & Wiliam, D.（1998）. Assessment and classroom learning. *Assessment in Education: Principles, Policy and Practice*, 5（1）, 7–74.

Blackwell L. S., Trzesniewski K. H., Dweck C. S.（2007）Implicit theories of intelligence predict achievement across an adolescent transition: A longitudinal study and an intervention. *Child Development*, 78（1）, 246–263.

Blair, C., & Razza, R. P.（2007）. Relating effortful control, executive function, and false belief understanding to emerging math and literacy ability in kindergarten.

Child Development, 78（2）, 647–663.

Bloom, B. S.（1956）. *Taxonomy of educational objectives*（Vol. 1）. David McKay.

Bloom, B. S.（1985）. The nature of the study and why it was done. In B. S. Bloom（Ed.）, *Developing talent in young people*（pp. 3–18）. Ballantine Books.

Bong, M., & Skaalvik, E. M.（2003）. Academic self-concept and self-efficacy: How different are they really? *Educational Psychology Review*, 15（1）, 1–40.

Borkowski, J. G., Weyhing, R. S., & Carr, M.（1988）. Effects of attributional retraining on strategy-based reading comprehension in learning-disabled students. *Journal of Educational Psychology*, 80（1）, 46–53.

Bransford, J. D., Brown, A. L., & Cocking, R. R.（2000）. *How people learn: Brain, mind, experience, and school.* National Academy Press.

Bransford, J. D., Vye, N., Kinzer, C. K., & Risko, V.（1990）. Teaching thinking and content knowledge: Toward an integrated approach. In B. F. Jones & L. Idol（Eds.）, *Dimensions of thinking and cognitive instruction*（Vol. 1, pp. 381–413）. Lawrence Erlbaum Associates.

Bransford, J. D., & Johnson, M. K.（1972）. Contextual prerequisites for understanding: Some investigations of comprehension and recall. *Journal of Verbal Learning and Verbal Behavior*, 11（6）, 717–726.

Bransford, J. D., & Schwartz, D. L.（1999）. Chapter 3: Rethinking transfer: A simple proposal with multiple implications. *Review of Research in Education*, 24（1）, 61–100.

Brewer, J., Zhao, Z., Desmond, J. E., Glover, G. H., & Gabrieli, J. D. E.（1998）. Making memories: Brain activity that predicts how well visual experience will be remembered. *Science*, 281（5280）, 1185–1187.

Brockner, J., Derr, W. R., & Laing, W. N.（1987）. Self-esteem and reactions to negative feedback: Towards greater generalizability. *Journal of Research in Personality*, 21（3）, 318–333.

Brophy, J. E., & Good, T. L.（1974）. *Teacher-student relationships: causes and consequences.* Holt, Rinehart and Winston.

Brown, D. E., & Clement, J.（1989）. Overcoming misconceptions via analogical reasoning: Abstract transfer versus explanatory model construction. *Instructional Science*, 18（4）, 237–261.

Brown, R., & Kulik, J.（1977）. Flashbulb memories. *Cognition*, 5（1）, 73–99.

Bruer, J. T.（1999）. *The myth of the first three years: A new understanding of early brain development and lifelong learning.* Free Press.

Bruer, J. T., & Greenough, W. T. (2001). The subtle science of how experience affects the brain. In D. B. Bailey, Jr., J. T. Bruer, F. J. Symons & J. W. Lichtman (Eds.), *Critical thinking about critical periods* (pp. 209–232). Brookes Publishing.

Bruner, J. (1962). The art of discovery learning. In *On knowing: Essays for the left hand.* Harvard University Press.

Buckner, R. L., & Koutstaal, W. (1998). Functional neuroimaging studies of encoding, priming, and explicit memory retrieval. *Proceedings of the National Academy of Sciences of the United States of America,* 95 (3), 891–898.

Budé, L., Imbos, T., van de Wiel, M. W., & Berger, M. P. (2011). The effect of distributed practice on students' conceptual understanding of statistics. *Higher Education,* 62 (1), 69–79.

Bushman, B. J. (2002). Does venting anger feed or extinguish the flame? Catharsis, rumination, distraction, anger, and aggressive responding. *Personality and Social Psychology Bulletin,* 28 (6), 724–731.

Bushman, B. J., Baumeister, R. F., & Phillips, C. M. (2001). Do people aggress to improve their mood? Catharsis beliefs, affect regulation opportunity, and aggressive responding. *Journal of Personality and Social Psychology,* 81 (1), 17–32.

Butler, A. C. (2010). Repeated testing produces superior transfer of learning relative to repeated studying. *Journal of Experimental Psychology: Learning, Memory, and Cognition,* 36 (5), 1118–1133.

Butler, R. (1987). Task-involving and ego-involving properties of evaluation: Effects of different feedback conditions on motivational perceptions, interest, and performance. *Journal of Educational Psychology,* 79 (4), 474–482.

Butler, R. (1988). Enhancing and undermining intrinsic motivation: The effects of task-involving and ego-involving evaluation of interest and performance. *British Journal of Educational Psychology,* 58 (1), 1–14.

Cahill, L., Babinsky, R., Markowitsch, H. J., & McGaugh, J. L. (1995). The amygdala and emotional memory. *Nature,* 377 (6547), 295–296.

Cahill, L., & McGaugh, J. L. (1995). A novel demonstration of enhanced memory associated with emotional arousal. *Consciousness and Cognition,* 4 (4), 410–421.

Calkins, S. D., Smith, C. L., Gill, K. L., & Johnson, M. C. (1998). Maternal interactive style across contexts: Relations to emotional, behavioral and physiological regulation during toddlerhood. *Social Development,* 7 (3), 350–369.

Carey, L. J., Flower, L. G., Hayes, J. R., Schriver, K. A., & Haas, C. (1989).

Differences in writers' initial task representations (technical report no. 34). Center for the Study of Writing, University of Berkeley & Carnegie Mellon University.

Carey, S. (1985). *Conceptual change in childhood.* MIT Press.

Carey, S. (1991). Knowledge acquisition: Enrichment or conceptual change? In S. Carey & R. Gelman (Eds.), *The epigenesis of mind: Essays on biology and cognition* (pp. 257–291). Lawrence Erlbaum Associates.

Carey, S. (1999). Sources of conceptual change. In E. Scholnick, K. Nelson, S. A. Gelman & P. H. Miller (Eds.), *Conceptual development: Piaget's legacy* (pp. 293–326). Lawrence Erlbaum Associates.

Carlson, S. M., & Wang, T. S. (2007). Inhibitory control and emotion regulation in preschool children. *Cognitive Development*, 22 (4), 489–510.

Carlsson, I., Wendt, P. E., & Risberg, J. (2000). On the neurobiology of creativity: Differences in frontal activity between high and low creative subjects. *Neuropsychologia*, 38 (6), 873–885.

Carpenter, G. A. (2001). Neural-network models of learning and memory: leading questions and an emerging framework. *Trends in Cognitive Sciences*, 5 (3), 114–118.

Carpenter, S. K. (2012). Testing enhances the transfer of learning. *Current Directions in Psychological Science*, 21 (5), 279–283.

Carpenter, S. K., Pashler, H., & Cepeda, N. J. (2009). Using tests to enhance 8th grade students' retention of U. S. history facts. *Applied Cognitive Psychology*, 23 (6), 760–771.

Carpenter, S. K., & DeLosh, E. L. (2006). Impoverished cue support enhances subsequent retention: Support for the elaborative retrieval explanation of the testing effect. *Memory and Cognition*, 34 (2), 268–276.

Carver, C. S., & Scheier, M. F. (1990). Origins and functions of positive and negative affect: A control-process view. *Psychological Review*, 97 (1), 19–35.

Carver, C. S., & Scheier, M. F. (2001). *On the self-regulation of behavior.* Cambridge University Press.

Castles, A., Rastle, K., & Nation, K. (2018). Ending the reading wars: Reading acquisition from novice to expert. *Psychological Science in the Public Interest*, 19 (1), 5–51.

Clariana, R. B., Wagner, D., & Murphy, L. C. R. (2000). Applying a connectionist description of feedback timing. *Educational Technology Research and Development*, 48 (3), 5–22.

Clark, J. M., & Paivio, A. (1991). Dual coding theory and education. *Educational Psychology Review*, 3 (3), 149–210.

Clark, R. C., Nguyen, F., and Sweller, J. (2006). *Efficiency in learning: Evidence-based guidelines to manage cognitive load*. Pfeiffer.

Clark, R. C., & Mayer, R. E. (2016). *E-learning and the science of instruction: Proven guidelines for consumers and designers of multimedia learning*. John Wiley & Sons.

Clark, R. E., Kirschner, P. A., & Sweller, J. (2012). Putting students on the path to learning: The case for fully guided instruction. *American Educator*, 36 (1), 6–11.

Coffield, F., Moseley, D., Hall, E., & Ecclestone, K. (2004). *Learning styles and pedagogy in post-16 learning: A systematic and critical review*. Learning and Skills Research Centre.

Cohen, J. R., & Lieberman, M. D. (2010). The common neural basis of exerting self-control in multiple domains. In R. Hassin, K. Ochsner & Y. Trope (Eds.), *Self Control in Society, Mind, and Brain* (pp. 141–162). Oxford University Press.

Connor, C. M., Ponitz, C. C., Phillips, B. M., Travis, Q. M., Glasney, S., & Morrison, F. J. (2010). First graders' literacy and self-regulation gains: The effect of individualizing student instruction. *Journal of School Psychology*, 48 (5), 433–455.

Corkin, S. (1968). Acquisition of motor skill after bilateral medial temporal-lobe excision. *Neuropsychologia*, 6 (3), 255–265.

Cornford, I. R. (2002). Learning-to-learn strategies as a basis for effective lifelong learning. *International Journal of Lifelong Education*, 21 (4), 357–368.

Cotton, K. (1988). Classroom questioning. *School improvement research series*, 5, 1–22.

Cowan, N. (2008). Sensory memory. In J. H. Byrne, (Ed.) *Learning and memory: A comprehensive reference* (Vol. 2, pp. 23–32). Elsevier Ltd.

Craik, F. I. M., & Lockhart, R. S. (1972). Levels of processing: a framework for memory research. *Journal of Verbal Learning and Verbal Behavior*, 11 (6), 671–684.

Credé, M., Tynan, M. C., & Harms, P. D. (2017). Much ado about grit: A meta-analytic synthesis of the grit literature. *Journal of Personality and Social Psychology*, 113 (3), 492–511.

Crockard, A. (1996). Confessions of a brain surgeon. *New Science*, 2061, 68–69.

Croizet, J. C., & Claire, T. (1998). Extending the concept of stereotype threat to social class: The intellectual underperformance of students from low socioeconomic backgrounds. *Personality and Social Psychology Bulletin*, 24 (6), 588–594.

Crooks, T. J. (1988). The impact of classroom evaluation practices on students. *Review of Educational Research*, 58 (4), 438–481.

Cuevas, J., & Dawson, B. L. (2018). A test of two alternative cognitive processing models: Learning styles and dual coding. *Theory and Research in Education*, 16 (1), 40–64.

Curtis, K. A. (1992). Altering beliefs about the importance of strategy: An attributional intervention 1. *Journal of Applied Social Psychology*, 22 (12), 953–972.

Chapell, M. S., Blanding, Z. B., Silverstein, M. E., Takahashi, M., Newman, B., Gubi, A., & McCann, N. (2005). Test anxiety and academic performance in undergraduate and graduate students. *Journal of Educational Psychology*, 97 (2), 268–274.

Chappuis, S., & Stiggins, R. J. (2002). Classroom assessment for learning. *Educational Leadership*, 60 (1), 40–44.

Chase, W. G., & Simon, H. A. (1973). Perception in chess. *Cognitive Psychology*, 4 (1), 55–81.

Chi, M. T. H. (2000). Self-explaining: The dual processes of generating inference and repairing mental models. In R. Glaser (Ed.), *Advances in instructional psychology: educational design and cognitive science* (Vol. 5, pp. 161–238). Lawrence Erlbaum Associates.

Chi, M. T., Feltovich, P. J., & Glaser, R. (1981). Categorization and representation of physics problems by experts and novices. *Cognitive Science*, 5 (2), 121–152.

Chi, M. T., Bassok, M., Lewis, M. W., Reimann, P., & Glaser, R. (1989). Self-explanations: How students study and use examples in learning to solve problems. *Cognitive Science*, 13 (2), 145–182.

Chi, M. T., De Leeuw, N., Chiu, M. H., & LaVancher, C. (1994). Eliciting self-explanations improves understanding. *Cognitive science*, 18 (3), 439–477.

Chinn, C. A., O'Donnell, A. M., & Jinks, T. S. (2000). The structure of discourse in collaborative learning. *The Journal of Experimental Education*, 69 (1), 77–97.

Daneman, M., & Carpenter, P. A. (1980). Individual differences in working memory and reading. *Journal of Verbal Learning and Verbal Behavior*, 19 (4), 450–466.

Dawson, G., Ashman, S. B., & Carver, L. J. (2000). The role of early experience in shaping behavioral and brain development and its implications for social policy. *Development and Psychopathology*, 12 (4), 695–712.

De la Fuente, I. M., Bringas, C., Malaina, I., Fedetz, M., Carrasco-Pujante, J., Morales, M., Knafo, S., Martínez, L., Pérez-Samartín, A., López, J. I., Pérez-Yarza, G., & Boyano, M. D. (2019). Evidence of conditioned behavior in amoebae.*Nature Communications*, 10 (1), 1–12.

De Lisi, R., & Golbeck, S. L. (1999). Implications of Piagetian theory for peer learning. In A. M. O'Donnell & A. King (Eds.), *Cognitive perspectives on peer learning* (pp. 3–37). Lawrence Erlbaum Associates.

Dekker, S., Lee, N. C., Howard-Jones, P., & Jolles, J. (2012). Neuromyths in education: Prevalence and predictors of misconceptions among teachers. *Frontiers in Psychology*, 3, 1–8.

Dewey, J. (1913). *Interest and effort in education*. Houghton Mifflin.

Diamond, A. (2013). Executive functions. *Annual Review of Psychology*, 64, 135–168.

Diamond, A., Barnett, W. S., Thomas, J., & Munro, S. (2007). Preschool program improves cognitive control. *Science*, 318 (5855), 1387–1388.

Diamond, A., & Lee, K. (2011). Interventions shown to aid executive function development in children 4 to 12 years old. *Science*, 333 (6045), 959–964.

Diamond, M. C., Krech, D., & Rosenzweig, M. R. (1964). The effects of an enriched environment on the histology of the rat cerebral cortex. *Journal of Comparative Neurology*, 123 (1), 111–119.

Didau, D. (2018). *Making kids cleverer: A manifesto for closing the advantage gap*. Crown House Publishing.

Doval, H. O. (2014). El examen, herramienta fundamental para la evaluación certificativa. In N. M. Contreras Izquierdo (Ed.), *La enseñanza del español como LE/L2 en el siglo xxi* (pp. 553–562). Asociación para la Enseñanza del Español como Lengua Extranjera.

Draganski, B., Gaser, C., Busch, V., Schuierer, G., Bogdahn, U., & May, A. (2004). Neuroplasticity: changes in grey matter induced by training. *Nature*, 427 (6972), 311–312.

Duckworth, A. L. (2016). *Grit: the power of passion and perseverance*. Scribner.

Duckworth, A. L., Peterson, C., Matthews, M. D., & Kelly, D. R. (2007). Grit: Perseverance and passion for long-term goals. *Journal of Personality and Social Psychology*, 92 (6), 1087–1101.

Duckworth, A. L., Quirk, A., Gallop, R., Hoyle, R. H., Kelly, D. R., & Matthews, M. D. (2019). Cognitive and noncognitive predictors of success.

Proceedings of the National Academy of Sciences, 116（47）, 23499–23504.

Duckworth, A. L., & Eskreis-Winkler, L.（2013）. True grit. *Observer*, 26（4）. Retrieved from https://www.psychologicalscience.org/observer/true-grit.

Duckworth, A. L., & Kern, M. L.（2011）. A meta-analysis of the convergent validity of self-control measures. *Journal of Research in Personality*, 45（3）, 259–268.

Duckworth, A. L., & Seligman, M. E.（2005）. Self-discipline outdoes IQ in predicting academic performance of adolescents. *Psychological Science*, 16（12）, 939–944.

Dunbar, K. N., Fugelsang, J. A., & Stein, C.（2007）. Do naïve theories ever go away? Using brain and behavior to understand changes in concepts. In M. C. Lovett & P. Shah（Eds.）, *Thinking with data*（pp.193–205）. Lawrence Erlbaum Associates.

Dunn, K. E. & Mulvenon, S. W.（2009）. A critical review of research on formative assessment: The limited scientific evidence of the impact of formative assessment in education. *Practical Assessment Research and Evaluation*, 14（7）, 1–11.

Dunning, D.（2004）. *Self-insight: Roadblocks and detours on the path to knowing thyself.* Taylor & Francis.

Duschl, R. A., & Duncan, R. G.（2009）. Beyond the fringe: Building and evaluating scientific knowledge systems. In S. Tobias & T. M. Duffy（Eds.）, *Constructivist instruction: Success or failure?*（pp. 311–332）. Routledge.

Duschl, R. A., Schweingruber, H. A., & Shouse, A. W.（Eds.）.（2007）. Taking science to school: Learning and teaching science in grades K-8（Vol. 500）. Washington, DC: National Academies Press.

Dweck, C. S.（1986）. Motivational processes affecting learning. *American Psychologist*, 41（10）, 1040–1048.

Dweck, C. S.（1999）. *Self-theories: Their role in motivation, personality, and development.* Psychology Press.

Dweck, C. S.（2000）. *Self-theories: Their role in motivation, personality, and development.* Psychology Press.

Dweck, C. S.（2008）. *Mindset: The new psychology of success.* Random House Digital, Inc.

Dweck, C. S.（2015）. Interview in *Schools Week*. Retrieved from https://schoolsweek.co.uk/why-mindset-is-not-a-tool-to-make-children-feel-good/.

Dweck, C. S., & Leggett, E. L.（1988）. A social-cognitive approach to motivation and personality. *Psychological Review*, 95（2）, 256–273.

Dweck, C., Walton, G., & Cohen, G. (2014). *Academic tenacity: Mindsets and skills that promote long-term learning.* Bill and Melinda Gates Foundation. Retrieved from https://www.researchgate.net/publication/326191078_Teaching_Tenacity.

Ebbinghaus, H. (2013). Memory: A contribution to experimental psychology. *Annals of Neurosciences*, 20 (4), 155–156.

Egan, D. E., & Schwartz, B. J. (1979). Chunking in recall of symbolic drawings. *Memory and Cognition*, 7 (2), 149–158.

Eisenberg, N. (2005). Temperamental effortful control (self-regulation). In *Encyclopedia on early childhood development*. Retrieved from http://www.child-encyclopedia.com/temperament/according-experts/temperamental-effortful-control-self-regulation.

Ekman, P. (1992). An argument for basic emotions. *Cognition and Emotion*, 6 (3–4), 169–200.

Elliot, A. J. (1999). Approach and avoidance motivation and achievement goals. *Educational Psychologist*, 34 (3), 169–189.

Erev, I., Luria, A., & Erev, A. (2006). On the effect of immediate feedback. In Y. Eshet-Alkalai, A. Caspi & Y. Yair (Eds.), *Learning in the technological era. Proceedings of the Chais Conference* (pp. 26–30). Open University Press.

Ericsson, A., & Crutcher, R. (1990). The nature of exceptional performance. In P. Baltes, D. Featherman & R. M. Lerner (Eds.), *Life-span development and behavior* (Vol. 10, pp. 187–217). Lawrence Erlbaum Associates.

Ericsson, A., & Pool, R. (2016). *Peak: Secrets from the new science of expertise* (pp. 167–168). Houghton Mifflin Harcourt.

Ericsson, K. A., Chase, W. G., & Faloon, S. (1980). Acquisition of a memory skill. *Science*, 208 (4448), 1181–1182.

Ericsson, K. A., Krampe, R. T., & Tesch-Römer, C. (1993). The role of deliberate practice in the acquisition of expert performance. *Psychological Review*, 100 (3), 363–406.

Evans, G. W., & Rosenbaum, J. (2008). Self-regulation and the income-achievement gap. *Early Childhood Research Quarterly*, 23 (4), 504–514.

Ferrero, M., Garaizar, P., & Vadillo, M. A. (2016). Neuromyths in education: Prevalence among Spanish teachers and an exploration of cross-cultural variation. *Frontiers in Human Neuroscience*, 10, 496.

Festinger, L. (1957). *A theory of cognitive dissonance.* Stanford University Press.

Field, S. (1992). The effect of temperature on crime. *British Journal of Criminology*, 32 (3), 340–351.

Finn, B., & Metcalfe, J. (2010). Scaffolding feedback to maximize long-term error correction. *Memory and Cognition*, 38 (7), 951–961.

Fishbach, A. T., Eyal, T., & Finkelstein, S. R. (2010). How positive and negative feedback motivate goal pursuit. *Social and Personality Psychology Compass*, 4 (8), 517–530.

Fisher, A. V., Godwin, K. E. & Seltman, H. (2014). Visual environment, attention allocation, and learning in young children: When too much of a good thing may be bad. *Psychological Science*, 25 (7), 1362–1370.

Foerde, K., & Poldrack, R. A. (2009). Procedural learning in humans. In L. R. Squire (Ed.), *Encyclopedia of neuroscience* (pp. 1083–1091). Elsevier Ltd.

Foliano, F., Rolfe, H., Buzzeo, J., Runge, J., & Wilkinson, D. (2019). *Changing mindsets: Effectiveness trial*. Education Endowment, Foundation. Retrieved from https://educationendowmentfoundation.org.uk/public/files/Projects/Evaluation_Reports/Changing_Mindsets.pdf.

Fonseca, B. A., & Chi, M. T. (2011). Instruction based on self-explanation. In R. E. Mayer & P. A. Alexander (Eds.), *The handbook of research on learning and instruction* (pp. 296–321). Routledge Press.

Ford, M. E. (1992). *Motivating humans: Goals, emotions, and personal agency beliefs*. SAGE Publications.

Forman, E. A., & McPhail, J. (1993). Vygotskian perspective on children's collaborative problem solving activities. In E. A. Forman, N. Minick & C. A. Stone (Eds.), *Contexts for learning: Sociocultural dynamics in children's development* (pp. 213–229). Oxford University Press.

Freedberg, M., Glass, B., Filoteo, J. V., Hazeltine, E., & Maddox, W. T. (2017). Comparing the effects of positive and negative feedback in information-integration category learning. *Memory and Cognition*, 45 (1), 12–25.

Fried, L. (2010). Understanding and enhancing emotion and motivation regulation strategy use in the classroom. *International Journal of Learning*, 17 (6).

Friend, R. (2001). Effects of strategy instruction on summary writing of college students. *Contemporary Educational Psychology*, 26 (1), 3–24.

Fu, W. T., & Gray, W. D. (2004). Resolving the paradox of the active user: Stable suboptimal performance in interactive tasks. *Cognitive Science*, 28 (6), 901–935.

Fugelsang, J. A., & Dunbar, K. N. (2005). Brain-based mechanisms underlying complex causal thinking. *Neuropsychologia*, 43 (8), 1204–1213.

Garton, A. F. (1992). *Social interaction and the development of language and cognition.* Lawrence Erlbaum Associates.

Garton, A. F. (2004). *Exploring cognitive development: The child as problem solver.* Blackwell Publishers.

Gasca, L., & Gubern, R. (2001). *El discurso del cómic.* Cátedra.

Gathercole, S. E. (2008). Working memory. In J. H. Byrne, (Ed.) *Learning and memory: A comprehensive reference* (Vol. 2, pp. 33–51). Elsevier Ltd.

Gathercole, S. E., & Alloway, T. P. (2007). *Understanding working memory: A classroom guide.* London: Harcourt Assessment.

Gathercole, S. E., Pickering, S. J., Ambridge, B., & Wearing, H. (2004). The structure of working memory from 4 to 15 years of age. *Developmental Psychology*, 40 (2), 177–190.

Geake, J. (2008). Neuromythologies in education. *Educational Research*, 50 (2), 123–133.

Geary, D. C. (2007). Educating the evolved mind: Conceptual foundations for an evolutionary educational psychology. In J. S. Carlson & J. R. Levin (Eds.), *Educating the evolved mind:Conceptual foundations for an evolutionary educational psychology* (pp. 1–99). Information Age Publishing.

Gentner, D., Loewenstein, J., & Thompson, L. (2004). Analogical encoding: Facilitating knowledge transfer and integration. In K. Forbus, D. Gentner & T. Regier (Eds.), *Proceedings of the Annual Meeting of the Cognitive Science Society* (pp. 452–457). Cognitive Science Society.

Gibson, C., Folley, B. S., & Park, S. (2009). Enhanced divergent thinking and creativity in musicians: A behavioral and near-infrared spectroscopy study. *Brain and Cognition*, 69, 162–169.

Gick, M. L., & Holyoak, K. J. (1980). Analogical problem solving. *Cognitive Psychology*, 12 (3), 306–355.

Gick, M. L., & Holyoak, K. J. (1983). Schema induction and analogical transfer. *Cognitive Psychology*, 15 (1), 1–38.

Glaser, R. (1992). Expert knowledge and processes of thinking. In D. F. Halpern (Ed.), *Enhancing thinking skills in the sciences and mathematics* (pp. 63–75). Lawrence Erlbaum Associates.

Glerum, J., Loyens, M. M., Wijnia, L., & Rikers, R. M. (2019). The effects of praise for effort versus praise for intelligence on vocational education students. *Educational Psychology*, 1–17.

Goldsmith, H. H., Buss, K. A., & Lemery, K. S. (1997). Toddler and childhood temperament: expanded content, stronger genetic evidence, new evidence for the importance of environment. *Developmental Psychology*, 33 (6), 891–905.

Gomes, C. M. A., Golino, H. F., & Menezes, I. G. (2014). Predicting school achievement rather than intelligence: Does metacognition matter? *Psychology*, 5 (9), 1095–1110.

Good, C., Aronson, J., & Inzlicht, M. (2003). Improving adolescents' standardized test performance: An intervention to reduce the effects of stereotype threat. *Journal of Applied Developmental Psychology*, 24 (6), 645–662.

Good, T. L., & Grouws, D. A. (1979). The Missouri Mathematics Effectiveness Project: An experimental study in fourth-grade classrooms. *Journal of Educational Psychology*, 71 (3), 355–362.

Gottfredson, L. S. (1997). Why g matters: The complexity of everyday life. *Intelligence*, 24, 79–132.

Graue, M. E. (1993). Integrating theory and practice through instructional assessment. *Educational Assessment*, 1 (4), 283–309.

Graziano, P. A., Reavis, R. D., Keane, S. P., & Calkins, S. D. (2007). The role of emotion regulation in children's early academic success. *Journal of School Psychology*, 45 (1), 3–19.

Greenberg, D. L., & Verfaellie, M. (2010). Interdependence of episodic and semantic memory: Evidence from neuropsychology. *Journal of the International Neuropsychological Society*, 16 (5), 748–753.

Greenough, W. T., Black, J. E., & Wallace, C. S. (1987). Experience and brain development. In M. H. Johnson, Y. Munakata & R. O. Gilmore (Eds.), *Brain Development and Cognition: A reader* (2nd ed., pp. 186–216). Blackwell Publishers.

Grolnick, W. S., & Farkas, M. (2002). Parenting and the development of children's self-regulation. In M. H. Bornstein (Ed.), *Handbook of parenting* (pp. 89–110). Lawrence Erlbaum Associates.

Grolnick, W. S., & Ryan, R. M. (1989). Parent styles associated with children's self-regulation and competence in school. *Journal of Educational Psychology*, 81 (2), 143–154.

Gross, J. J. (1998). Antecedent-and response-focused emotion regulation: divergent consequences for experience, expression, and physiology. *Journal of Personality and Social Psychology*, 74（1）, 224.

Gross, J. J.（2002）. Emotion regulation: Affective, cognitive, and social consequences. *Psychophysiology*, 39（3）, 281–291.

Gross, J. J., & John, O. P.（2003）. Individual differences in two emotion regulation processes: implications for affect, relationships, and well-being. *Journal of Personality and Social Psychology*, 85（2）, 348–362.

Gross, J. J., & Thompson, R. A.（2007）. Emotion regulation: Conceptual foundations. In J. J. Gross（Ed.）, *Handbook of emotion regulation*（pp. 3–24）. Guildford Press.

Grover, S., & Pea, R. D.（2013）. Computational thinking in K–12: A review of the state of the field. *Educational Researcher*, 42（1）, 38–43.

Gruber, M. J., Gelman, B. D., & Ranganath, C.（2014）. States of curiosity modulate hippocampus-dependent learning via the dopaminergic circuit. *Neuron*, 84（2）, 486–496.

Hacker, D. J., Bol, L., Horgan, D. D., & Rakow, E. A.（2000）. Test prediction and performance in a classroom context. *Journal of Educational Psychology*, 92（1）, 160–170.

Hagger, M. S., Wood, C., Stiff, C., & Chatzisarantis, N. L.（2010）. Ego depletion and the strength model of self-control: A meta-analysis. *Psychological Bulletin*, 136（4）, 495–525.

Halpern, D. F., Aronson, J., Reimer, N., Simpkins, S., Star, J. R., & Wentzel, K.（2007）. *Encouraging girls in math and science*. National Center for Education Research.

Hambrick, D. Z., & Engle, R. W.（2002）. Effects of domain knowledge, working memory capacity, and age on cognitive performance: An investigation of the knowledge-is-power hypothesis. *Cognitive Psychology*, 44（4）, 339–387.

Hansen, D. A.（1989）. Lesson evading and lesson dissembling: Ego strategies in the classroom. *American Journal of Education*, 97（2）, 184–208.

Harackiewicz, J. M., Barron, K. E., Pintrich, P. R., Elliot, A. J., & Thrash, T. M.（2002）. Revision of achievement goal theory: Necessary and illuminating. *Journal of Educational Psychology*, 94（3）, 638–645.

Hart, B., & Risley, T. R.（1995）*Meaningful differences in the everyday experience of young American children*. Brookes Publishing.

Hattie, J.（2009）. *Visible learning: A synthesis of meta-analyses relating to achievement*. Routledge.

Hattie, J., & Clarke, S. (2019). *Visible learning: Feedback. Routledge.*

Hattie, J., & Timperley, H. (2007). The power of feedback. *Review of Educational Research*, 77 (1), 81–112.

Hayes, J. R. (1985). Three problems in teaching problem solving skills. In S. Chipman, J. W. Segal & R. Glaser (Eds.), *Thinking and learning: Research and open questions* (Vol. 2, pp. 391–405). Lawrence Erlbaum Associates.

Haynes, T. L., Perry, R. P., Stupnisky, R. H., & Daniels, L. M. (2009). A review of attributional retraining treatments: Fostering engagement and persistence in vulnerable college students. In J. C. Smart (Ed.), *Higher education: Handbook of theory and research* (Vol. 24, pp. 227–272). Springer, Dordrecht.

Heider. F (1958). *The psychology of interpersonal relations.* Wiley.

Herman, P., & Gomez, L. M. (2009). Taking guided learning theory to school: Reconciling the cognitive, motivational, and social contexts of instruction. In S Tobias & T. M. Duffy (Eds.), *Constructivist instruction* (pp. 62–81). Routledge.

Herrnstein, R. J., Loewenstein, G. F., Prelec, D., & Vaughan, W. (1993). Utility maximization and melioration: Internalities in individual choice. *Journal of Behavioral Decision Making*, 6 (3), 149–185.

Hidi, S., & Harackiewicz, J. M. (2000). Motivating the academically unmotivated: A critical issue for the 21st century. *Review of Educational Research*, 70 (2), 151–179.

Hidi, S., & Renninger, K. A. (2006). The four-phase model of interest development. *Educational Psychologist*, 41 (2), 111–127.

Hmelo-Silver, C. E., Duncan, R. G., & Chinn, C. A. (2007). Scaffolding and achievement in problem-based and inquiry learning: A response to Kirschner, Sweller, and Clark. *Educational Psychologist*, 42 (2), 99–107.

Hochanadel, A., & Finamore, D. (2015). Fixed and growth mindset in education and how grit helps students persist in the face of adversity. *Journal of International Education Research*, 11 (1), 47–50.

Hodges, J. R., & Patterson, K. (2007). Semantic dementia: a unique clinicopathological syndrome. *The Lancet Neurology*, 6 (11), 1004–1014.

Hofer, S. B., Mrsic-Flogel, T. D., Bonhoeffer, T., & Hübener, M. (2009). Experience leaves a lasting structural trace in cortical circuits. *Nature*, 457, 313–317.

Hofmann, S. G. (2008). Cognitive processes during fear acquisition and extinction in animals and humans: Implications for exposure therapy of anxiety disorders. *Clinical*

Psychology Review, 28（2）, 199–210.

Hofmann, W., Schmeichel, B. J., & Baddeley, A. D.（2012）. Executive functions and self-regulation. *Trends in Cognitive Sciences*, 16（3）, 174–180.

Howes, C., Matheson, C. C., & Hamilton, C. E.（1994）. Maternal, teacher, and child care history correlates of children's relationships with peers. *Child Development*, 65（1）, 264–273.

Huttenlocher, P. R.（1979）. Synaptic density in human frontal cortex-developmental changes and effects of aging. *Brain Research*, 163（2）, 195–205.

Hyde, T. S., & Jenkins, J. J.（1973）. Recall for words as a function of semantic, graphic, and syntactic orienting tasks. *Journal of Verbal Learning and Verbal Behavior*, 12（5）, 471–480.

Inzlicht, M., & Ben-Zeev, T.（2000）. A threatening intellectual environment: Why females are susceptible to experiencing problem-solving deficits in the presence of males. *Psychological Science*, 11（5）, 365–371.

Irwin, S. A., Patel, B., Idupulapati, M., Harris, J. B., Crisostomo, R. A., Larsen, B. P., Kooy, F., Willems, P. J., et al.（2001）. Abnormal dendritic spine characteristics in the temporal and visual cortices of patients with fragile-X syndrome: A quantitative examination. *American Journal of Medical Genetics*, 98（2）, 161–167.

Jack, R. E., Garrod, O. G., & Schyns, P. G.（2014）. Dynamic facial expressions of emotion transmit an evolving hierarchy of signals over time. *Current Biology*, 24（2）, 187–192.

James, W.（1890）. *The principles of psychology.* Henry Holt and Company.

Jamieson, J. P., Mendes, W. B., Blackstock, E., & Schmader, T.（2010）. Turning the knots in your stomach into bows: Reappraising arousal improves performance on the GRE. *Journal of Experimental Social Psychology*, 46（1）, 208–212.

Jeng, M.（2006）. A selected history of expectation bias in physics. *American Journal of Physics*, 74, 578–583.

Johnson, D. W., & Johnson, R. T.（1994）. Collaborative learning and argumentation. In P. Kutnick & C. Rogers（Eds.）, *Groups in schools*（pp. 66-86）. Cassell Education.

Johnson, D. W., & Johnson, R. T.（1999）. Making cooperative learning work. *Theory into practice*, 38（2）, 67–73.

Johnson, D. W., & Johnson, R. T.（2009）. An educational psychology success story: Social interdependence theory and cooperative learning. *Educational researcher*, 38（5）, 365–379.

Joormann, J., & Gotlib, I. H.（2010）. Emotion regulation in depression: Relation to cognitive inhibition. *Cognition and Emotion*, 24（2）, 281–298.

Judd, C. H.（1908）. The relation of special training to general intelligence. *Educational Review*, 36, 28–42.

Jussim, L.（1989）. Teacher expectations: Self-fulfilling prophecies, perceptual biases, and accuracy. *Journal of Personality and Social Psychology*, 57（3）, 469–480.

Jussim, L., & Harber, K. D.（2005）. Teacher expectations and self-fulfilling prophecies: Knowns and unknowns, resolved and unresolved controversies. *Personality and Social Psychology Review*, 9（2）, 131–155.

Kahneman, D.（2011）. *Thinking, fast and slow*. Macmillan.

Kahneman, D., & Tversky, A.（1972）. Subjective probability: A judgment of representativeness. *Cognitive Psychology*, 3（3）, 430–454.

Kajimura, N., Uchiyama, M., Takayama, Y., Uchida, S., Uema, T., Kato, M., Sekimoto, M., et al.（1999）. Activity of midbrain reticular formation and neocortex during the progression of human non-rapid eye movement sleep. *Journal of Neuroscience*, 19（22）, 10065–10073.

Kalyuga, S., Chandler, P., Tuovinen, J., & Sweller, J.（2001）. When problem solving is superior to studying worked examples. *Journal of Educational Psychology*, 93（3）, 579–588.

Kang, S. H. K.（2016）. The benefits of interleaved practice for learning. In J. C. Horvath, J. Lodge & J. Hattie, *From the laboratory to the classroom*（pp. 91–105）. Routledge.

Karimi Jozestani, L., Faramarzi, S., & Yarmohammadian, A.（2016）. The effectiveness of training metacognition-based study skill on the students' achievement motivation, self-efficacy, satisfaction with school and resilience. *Interdisciplinary Journal of Virtual Learning in Medical Sciences*, 7（2）, e12151.

Karpicke, J. D.（2012）. Retrieval-based learning: Active retrieval promotes meaningful learning. *Current Directions in Psychological Science*, 21（3）157–163.

Karpicke, J. D., Butler, A. C., & Roediger, H. L.（2009）. Metacognitive strategies in student learning: Do students practise retrieval when they study on their own? *Memory*, 17（4）, 471–479.

Karpicke, J. D., & Blunt, J. R.（2011）. Retrieval practice produces more learning than elaborative studying with concept mapping. *Science*, 331（6018）, 772–775.

Karpicke, J. D., & Roediger, H. L.（2007）. Expanding retrieval practice promotes short-term retention, but equally spaced retrieval enhances long-term retention. *Journal of Experimental Psychology Learning Memory and Cognition*, 33（4）,

704–719.

Karpicke, J. D., & Roediger, H. L. (2008). The critical importance of retrieval for learning. *Science*, 319 (5865), 966–968.

Karreman, A., Van Tuijl, C., van Aken, M. A., & Deković, M. (2006). Parenting and self-regulation in preschoolers: A meta-analysis. *Infant and Child Development*, 15 (6), 561–579.

Keppel, G. (1964). Facilitation in short-and long-term retention of paired associates following distributed practice in learning. *Journal of Verbal Learning and Verbal Behavior*, 3 (2), 91–111.

Kim, C. M., & Pekrun, R. (2014). Emotions and motivation in learning and performance. In J. Spector, M. Merril, J. Elen & M. Bishop (Eds.), *Handbook of research on educational communications and technology* (pp. 65–75). Springer.

King, A. (1994). Guiding knowledge construction in the classroom: Effects of teaching children how to question and how to explain. *American Educational Research Journal*, 31 (2), 338–368.

King, A. (2002). Structuring peer interaction to promote high-level cognitive processing. *Theory into Practice*, 41 (1), 33–39.

Kingston, N., & Nash, B. (2011). Formative assessment: A meta-analysis and a call for research. *Educational Measurement: Issues and Practice*, 30 (4), 28–37.

Kirschner, P. A. (2017). Stop propagating the learning styles myth. *Computers and Education*, 106, 166–171.

Kirschner, P. A., Sweller, J., & Clark, R. E. (2006). Why minimal guidance during instruction does not work: An analysis of the failure of constructivist, discovery, problem-based, experiential, and inquiry-based teaching. *Educational Psychologist*, 41 (2), 75–86.

Klatte, M., Bergström, K., & Lachmann, T. (2013). Does noise affect learning? A short review on noise effects on cognitive performance in children. *Frontiers in Psychology*, 4, 578.

Kleim, J. A., & Jones, T. A. (2008). Principles of experience-dependent neural plasticity: Implications for rehabilitation after brain damage. *Journal of Speech, Language, and Hearing Research*, 51 (1), S225–S239.

Kluger, A. N., & DeNisi, A. (1996). The effects of feedback interventions on performance: A historical review, a meta-analysis, and a preliminary feedback intervention theory. *Psychological Bulletin*, 119 (2), 254–284.

Koole, S. L. (2009). The psychology of emotion regulation: An integrative review.

Cognition and Emotion, 23（1）, 4–41.

Koretz, D. M.（2008）. Measuring up. Harvard University Press.

Kruger, A. C.（1992）. The effect of peer and adult-child transactive discussions on moral reasoning. *Merrill-Palmer Quarterly*, 38（2）, 191–211.

Kuhl, P. K.（1994）. Learning and representation in speech and language. *Current Opinion in Neurobiology*, 4（6）, 812–822.

Kuhl, P. K., Tsao, F. M., & Liu, H. M.（2003）. Foreign-language experience in infancy: Effects of short-term exposure and social interaction on phonetic learning. *Proceedings of the National Academy of Sciences*, 100（15）, 9096–9101.

Kuhn, D.（2007）. Is direct instruction an answer to the right question? *Educational Psychologist*, 42（2）, 109–113.

Kulik, J. A., & Kulik, C. C.（1988）. Timing of feedback and verbal learning. *Review of Educational Research*, 58（1）, 79–97.

Kunda, Z.（1990）. The case for motivated reasoning. *Psychological Bulletin*, 108（3）, 480–498.

LaBerge, D., & Samuels, S. J.（1974）. Toward a theory of automatic information processing in reading. *Cognitive Psychology*, 6（2）, 293–323.

Lachman, R.; Lachman, J. L.; & Butterfield, E. C.（1979）. *Cognitive psychology and information processing: An introduction.* Lawrence Erlbaum Associates.

Lajoie, S. P.（2005）. Extending the scaffolding metaphor. *Instructional Science*, 33（5-6）, 541–557.

Lamborn, S. D., Mounts, N. S., Steinberg, L., & Dornbusch, S. M.（1991）. Patterns of competence and adjustment among adolescents from authoritative, authoritarian, indulgent, and neglectful families. *Child Development*, 62（5）, 1049-1065.

Laney, C., Heuer, F., & Reisberg, D.（2003）. Thematically-induced arousal in naturally-occurring emotional memories. *Applied Cognitive Psychology*, 17（8）, 995–1004.

LeDoux, J. E.（2000）. Emotion circuits in the brain. *Annual Review of Neuroscience*, 23（1）, 155–184.

Leibenstein, H.（1950）. Bandwagon, snob, and Veblen effects in the theory of consumers' demand. *The Quarterly Journal of Economics*, 64（2）, 183–207.

Leslie, S. J., Cimpian, A., Meyer, M., & Freeland, E.（2015）. Expectations of brilliance underlie gender distributions across academic disciplines. *Science*, 347

（6219），262–265.

Levy, B.（1996）. Improving memory in old age through implicit self-stereotyping. *Journal of Personality and Social Psychology*, 71（6）, 1092–1107.

Li, Y., & Bates, T. C.（2019）. You can't change your basic ability, but you work at things, and that's how we get hard things done: Testing the role of growth mindset on response to setbacks, educational attainment, and cognitive ability. *Journal of Experimental Psychology. General*, 148（9）, 1640–1655.

Lindell, A. K.（2006）. In your right mind: Right hemisphere contributions to human language processing and production. *Neuropsychology Review*, 16（3）, 131–148.

Lindell, A. K., & Kidd, E.（2011）. Why right-brain teaching is half-witted: A critique of the misapplication of neuroscience to education. *Mind, Brain, and Education*, 5（3）, 121–127.

Locke, J.（1894）. *Of the conduct of understanding*. Clarendon Press.

Lord, C. G., Ross, L., & Lepper, M. R.（1979）. Biased assimilation and attitude polarization: The effects of prior theories on subsequently considered evidence. *Journal of Personality and Social Psychology*, 37（11）, 2098–2109.

Lovett, M.（2001）. A collaborative convergence on studying reasoning processes: A Case study in statistics. In S. Carver & D. Klahr（Eds.）, *Cognition and instruction: Twenty-five years of progress*（pp. 347–384）. Lawrence Erlbaum Associates.

Luria, A. R.（1968）. *The mind of the mnemonist: A Little Book about a Vast Memory*. Basic Books.

Maier, S. F., & Seligman, M. E.（1976）. Learned helplessness: Theory and evidence. *Journal of Experimental Psychology: General*, 105（1）, 3–46.

Manns, J. R., Hopkins, R. O., & Squire, L. R.（2003）. Semantic memory and the human hippocampus. *Neuron*, 38（1）, 127–133.

Markant, D. B., Ruggeri, A., Gureckis, T. M., & Xu, F.（2016）. Enhanced memory as a common effect of active learning. *Mind, Brain, and Education*, 10（3）, 142–152.

Martin, V. L., & Pressley, M.（1991）. Elaborative-interrogation effects depend on the nature of the question. *Journal of Educational Psychology*, 83（1）, 113–119.

Martínez Rizo, F.（2012）. Investigación empírica sobre el impacto de la evaluación formativa. Revisión de literatura. *Revista Electrónica de Investigación Educativa*, 14（1）, 1–15.

Mayer, R. E.（2002）. Rote versus meaningful learning. *Theory into Practice*, 41（4）, 226–232.

Mayer, R. E. (2004). Should there be a three-strikes rule against pure discovery learning? The case for guided methods of instruction. *American Psychologist*, 59 (1), 14–19.

Mayer, R. E. (2009). Constructivism as a theory of learning versus constructivism as a prescription for instruction. In S. Tobias & T. M. Duffy (Eds.), *Constructivist instruction: Success or failure* (pp. 184–200). Routledge.

Mayer, R. E., & Wittrock, M. C. (1996). Problem-solving transfer. In D. C. Berliner & R. C. Calfee (Eds.), *Handbook of Educational Psychology* (pp. 47–62). Macmillan.

McClelland, M. M., & Cameron, C. E. (2011). Self-regulation and academic achievement in elementary school children. *New Directions for Child and Adolescent Development*, 133, 29–44.

McCloskey, M., Wible, C. G., & Cohen, N. J. (1988). Is there a special flashbulb-memory mechanism? *Journal of Experimental Psychology: General*, 117 (2), 171–181.

McGaugh, J. L. (2013). Making lasting memories: Remembering the significant. *Proceedings of the National Academy of Sciences*, 110 (suppl. 2), 10402–10407.

McRae, K., Gross, J. J., Weber, J., Robertson, E. R., Sokol-Hessner, P., Ray, R. D., Gabrieli J. D., et al. (2012b). The development of emotion regulation: an fMRI study of cognitive reappraisal in children, adolescents and young adults. *Social Cognitive and Affective Neuroscience*, 7 (1), 11–22.

McRae, K., Jacobs, S. E., Ray, R. D., John, O. P. & Gross, J. J. (2012a). Individual differences in reappraisal ability: Links to reappraisal frequency, well-being, and cognitive control. *Journal of Research in Personality*, 46 (1), 2–7.

Mega, C., Ronconi, L., & De Beni, R. (2014). What makes a good student? How emotions, self-regulated learning, and motivation contribute to academic achievement. *Journal of Educational Psychology*, 106 (1), 121–131.

Meichenbaum, D. H., & Goodman, J. (1971). Training impulsive children to talk to themselves: A means of developing self-control. *Journal of Abnormal Psychology*, 77 (2), 115–126.

Merton, R. K. (1948). The self-fulfilling prophecy. *The Antioch Review*, 8 (2), 193–210.

Miller, G. A. (1956). The magical number seven, plus or minus two: Some limits on our capacity for processing information. *Psychological Review*, 63 (2), 81–97.

Mischel, W., Shoda, Y., & Peake, P. K. (1988). The nature of adolescent competencies predicted by preschool delay of gratification. *Journal of Personality and*

Social Psychology, 54（4）, 687–696.

Mischel, W., Shoda, Y., & Rodriguez, M. I.（1989）. Delay of gratification in children. *Science*, 244（4907）, 933–938.

Morris, A. S., Silk, J. S., Steinberg, L., Myers, S. S., & Robinson, L. R.（2007）. The role of the family context in the development of emotion regulation. *Social Development*, 16（2）, 361–388.

Morris, C. D., Bransford, J. D., & Franks, J. J.（1977）. Levels of processing versus transfer appropriate processing. *Journal of Verbal Learning and Verbal Behavior*, 16（5）, 519–533.

Mousavi, S. Y., Low, R., & Sweller, J.（1995）. Reducing cognitive load by mixing auditory and visual presentation modes. *Journal of Educational Psychology*, 87（2）, 319–334.

Mrazik, M., & Dombrowski, S. C.（2010）. The neurobiological foundations of giftedness. *Roeper Review*, 32（4）, 224–234.

Mueller, C. M., & Dweck, C. S.（1998）. Praise for intelligence can undermine children's motivation and performance. *Journal of Personality and Social Psychology*, 75（1）, 33–52.

Muenks, K., Yang, J. S., & Wigfield, A.（2018）. Associations between grit, motivation, and achievement in high school students. *Motivation Science*, 4（2）, 158–176.

Muijs, D., & Reynolds, D.（2017）. *Effective teaching: Evidence and practice*. SAGE Publishing.

Muraven, M.（2012）. Ego depletion: Theory and evidence. In R. M. Ryan（Ed.）, *The Oxford handbook of human motivation*,（pp. 111–126）. Oxford University Press.

Neisser, U., Boodoo, G., Bouchard Jr., T. J., Boykin, A. W., Brody, N., Ceci, J. S., Halpern, D. F., et al.（1996）. Intelligence: Knowns and unknowns. *American Psychologist*, 51（2）, 77–101.

Nickerson, R. S.（1998）. Confirmation bias: A ubiquitous phenomenon in many guises. *Review of General Psychology*, 2（2）, 175–220.

Nielsen J. A., Zielinski B. A., Ferguson M. A., Lainhart J. E., Anderson J. S.（2013）An evaluation of the left-brain vs. right-brain hypothesis with resting state functional connectivity magnetic resonance imaging. *PLoS One*, 8（8）, e71275.

Nielson, K. A., & Arentsen, T. J.（2012）. Memory modulation in the classroom: Selective enhancement of college examination performance by arousal induced after lecture. *Neurobiology of Learning and Memory*, 98（1）, 12–16.

Nielson, K. A., Yee, D., & Erickson, K. I. (2005). Memory enhancement by a semantically unrelated emotional arousal source induced after learning. *Neurobiology of Learning and Memory*, 84 (1), 49–56.

Nunes-Carraher, T. N., Carraher, D. W., & Schliemann, A. D. (1985). Mathematics in the streets and in schools. *British Journal of Developmental Psychology*, 3 (1), 21–29.

O'Connor, T. G., Rutter, M., Beckett, C., Keaveney, L., Kreppner, J. M., & English and Romanian Adoptees Study Team. (2000). The effects of global severe privation on cognitive competence: Extension and longitudinal follow-up. *Child Development*, 71 (2), 376–390.

O'Connor, T. G., Bredenkamp, D., Rutter, M., & English and Romanian Adoptees (ERA) Study Team. (1999). Attachment disturbances and disorders in children exposed to early severe deprivation. *Infant Mental Health Journal*, 20 (1), 10–29.

Ochsner, K. N., Bunge, S. A., Gross, J. J. & Gabrieli, J. D. (2002). Rethinking feelings: An fMRI study of the cognitive regulation of emotion. *Journal of Cognitive Neuroscience*, 14 (8), 1215–1229.

Organisation for Economic Co-operation and Development (OECD) (2002). *Understanding the brain: Towards a new learning science*. OECD.

Organisation for Economic Co-operation and Development (OECD) (2007). *Understanding the brain: The birth of a learning science*. OECD.

Organisation for Economic Co-operation and Development (OECD) (2008). Assessment for learning. The case of formative assessment. *CERI International Conference "Learning in the 21st Century: Research, Innovation and Policy"*. Retrieved from https://www.oecd.org/site/educeri21st/40600533.pdf.

Oswald, M. E., & Grosjean, S. (2004). Confirmation bias. In R. F. Pohl (Ed.), *Cognitive illusions: A handbook on fallacies and biases in thinking, judgement and memory*, (pp. 79–96). Psychology Press.

Owen, A. M., Hampshire, A., Grahn, J. A., Stenton, R., Dajani, S., Burns, A. S., Howard, R. J., et al. (2010). Putting brain training to the test. *Nature*, 465 (7299), 775–778.

Paas, F., Renkl, A., & Sweller, J. (2003). Cognitive load theory and instructional design: Recent developments. *Educational Psychologist*, 38 (1), 1–4.

Paige, J., & Simon, H. (1966). Cognition processes in solving algebra word problems. In B. Kleinmuntz (Ed.), *Problem solving* (pp. 119–151). Wiley.

Paivio, A. (1971). *Imagery and verbal processes*. Holt, Rinehart, and Winston.

Paivio, A. (1991). Dual coding theory: Retrospect and current status. *Canadian Journal of Psychology*, 45 (3), 255.

Pajares, F. (1997). Current directions in self-efficacy research. In M. Maehr & P. R. Pintrich (Eds.), *Advances in motivation and achievement* (Vol. 10, pp. 1–49). JAI Press.

Pashler, H., McDaniel, M., Rohrer, D., & Björk, R.A. (2009). Learning styles: Concepts and evidence. *Psychological Science in the Public Interest*, 9 (3),105–119.

Pasquinelli, E. (2012). Neuromyths: why do they exist and persist? *Mind, Brain, and Education*,6 (2), 89–96.

Patel, V. L., & Groen, G. J. (1991). The general and specific nature of medical expertise: a critical look. In K. A. Ericsson & J. Smith (Eds.), *Towards a general theory of expertise. Prospects and limits* (pp. 93–125). Cambridge University Press.

Patrick, H., Mantzicoupoulos, P., & Sears, D. (2012). Effective classrooms. In K. R. Harris, S. Graham, & T. Urdan. (Eds.). *APA educational psychology handbook.* (pp. 443-469). American Psychological Association.

Paunesku, D. (2013). *Scaled-up social psychology: Intervening wisely and broadly in education* (Tesis doctoral, Stanford University). Retrieved from https://web. stanford.edu/~paunesku/articles/paunesku_2013.pdf.

Paunesku, D., Walton, G. M., Romero, C., Smith, E. N., Yeager, D. S., & Dweck, C. S. (2015). Mind-set interventions are a scalable treatment for academic underachievement. *Psychological Science*, 26 (6), 784–793.

Pavlov, I. P. (1927). *Conditioned reflexes: An investigation of the physiological activity of the cerebral cortex* (G. V. Anrep, Trans.). Oxford University Press.

Peeck, J., Bosch van den, A. B., & Kruepeling, W. J. (1982). The effect of mobilizing prior knowledge on learning from text. *Journal of Educational Psychology*, 74, 771–777.

Pekrun, R., Frenzel, A. C., Goetz, T., & Perry, R. P. (2007). The control-value theory of achievement emotions: An integrative approach to emotions in education. In P. A. Schulz & R. Pekrun (Eds.), *Emotion in education* (pp. 13–36). Academic Press.

Pekrun, R., & Linnenbrink-Garcia, L. (2014). Introduction to emotions in education. In *International handbook of emotions in education* (pp. 11–20). Routledge.

Perkins, D. N., & Salomon, G. (1992). Transfer of learning. *International Encyclopedia of Education* (2nd ed.). Pergamon Press.

Phelps, E. A. (2006). Emotion and cognition: insights from studies of the human amygdala. *Annual Review of Psychology.*, 57, 27–53.

Philippot, P., Chapelle, G., & Blairy, S. (2002). Respiratory feedback in the generation of emotion. *Cognition and Emotion*, 16 (5), 605–627.

Piaget, J. (1959). *The language and thought of the child* (3rd ed.). Routledge and Kegan Paul.

Piaget, J. (1968). *Genetic epistemology.* Columbia University Press.

Pickering, S. J., & Howard-Jones, P. (2007). Educators' view on the role of neuroscience in education: findings from a study of UK and international perspectives. *Mind, Brain, and Education,1*, 109–113.

Pintrich, P. R. (2003a). Motivation and classroom learning. In W. M. Reynolds & C. E. Miller (Eds.), *Handbook of psychology* (Vol. 7, pp. 103–122). Wiley.

Pintrich, P. R. (2003b). A motivational science perspective on the role of student motivation in learning and teaching contexts. *Journal of Educational Psychology*, 95 (4), 667–686.

Pintrich, P. R., Marx, R. W., & Boyle, R. A. (1993). Beyond cold conceptual change: The role of motivational beliefs and classroom contextual factors in the process of conceptual change. *Review of Educational Research*, 63 (2), 167–199.

Platón (2003). *Libro VII de La República.* Tilde.

Poldrack, R. A. (2012). The future of fMRI in cognitive neuroscience. *Neuroimage*, 62 (2), 1216–1220.

Poldrack, R. A., & Packard, M. G. (2003). Competition among multiple memory systems: Converging evidence from animal and human brain studies. *Neuropsychologia*, 41 (3), 245–251.

Prince, M. (2004). Does active learning work? A review of the research. *Journal of Engineering Education*, 93 (3), 223–231.

Raudenbush, S. W. (1984). Magnitude of teacher expectancy effects on pupil IQ as a function of the credibility of expectancy induction: A synthesis of findings from 18 experiments. *Journal of Educational Psychology*, 76 (1), 85–97.

Rawson, K. A., Dunlosky, J., & Sciartelli, S. M. (2013). The power of successive relearning: Improving performance on course exams and long-term retention. *Educational Psychology Review*, 25 (4), 523–548.

Renkl, A., Atkinson, R. K., & Große, C. S. (2004). How fading worked solution steps works – A cognitive load perspective. *Instructional Science*, 32 (1-2), 59–82.

Reusser, K. (1988). Problem solving beyond the logic of things: Contextual effects on understanding and solving word problems. *Instructional Science*, 17, 309–338.

Riener, C., & Willingham, D. (2010). The myth of learning styles. *Change: The magazine of higher learning*, 42 (5), 32–35.

Rienzo, C., Rolfe, H., & Wilkinson, D. (2015). *Changing mindsets: Evaluation report and executive summary*. Education Endowment Foundation.

Rimfeld, K., Kovas, Y., Dale, P. S., & Plomin, R. (2016). True grit and genetics: Predicting academic achievement from personality. *Journal of Personality and Social Psychology*, 111 (5), 780–789.

Rimm-Kaufman, S. E., Early, D. M., Cox, M. J., Saluja, G., Pianta, R. C., Bradley, R. H., & Payne, C. (2002). Early behavioral attributes and teachers' sensitivity as predictors of competent behavior in the kindergarten classroom. *Journal of Applied Developmental Psychology*, 23 (4), 451–470.

Robertson, J. S. (2000). Is attribution training a worthwhile classroom intervention for K–12 students with learning difficulties? *Educational Psychology Review*, 12 (1), 111–134.

Roediger III, H. L., Agarwal, P. K., McDaniel, M. A., & McDermott, K. B. (2011). Test-enhanced learning in the classroom: long-term improvements from quizzing. *Journal of Experimental Psychology. Applied*, 17 (4), 382–395.

Roediger III, H. L., & Pyc, M. A. (2012). Inexpensive techniques to improve education: Applying cognitive psychology to enhance educational practice. *Journal of Applied Research in Memory and Cognition*, 1 (4), 242–248.

Roediger III, H. L., Zaromb, F. M., & Goode, M. K. (2008). A typology of memory terms. In J. H. Byrne, (Ed.) *Learning and Memory: A Comprehensive Reference*, Vol. 1, pp. 11–24. Elsevier Ltd.

Roediger, H. L., & Butler, A. C. (2011). The critical role of retrieval practice in long-term retention. *Trends in Cognitive Science*, 15 (1), 20–27.

Roediger, H. L., & Karpicke, J. D. (2006). Test-enhanced learning: Taking memory tests improves long-term retention. *Psychological Science*, 17 (3), 249–255.

Rohrer, D., & Taylor, K. (2006). The effects of overlearning and distributed practise on the retention of mathematics knowledge. *Applied Cognitive Psychology*, 20 (9), 1209–1224.

Rohrer, D., & Taylor, K. (2007). The shuffling of mathematics problems improves learning. *Instructional Science*, 35 (6), 481–498.

Romero, C., Master, A., Paunesku, D., Dweck, C. S., & Gross, J. J. (2014). Academic and emotional functioning in middle school: the role of implicit theories.

Emotion, 14（2）, 227–234.

Rosenshine, B.（2010）. *Principles of Instruction. Educational Practices Series-21.* UNESCO International Bureau of Education.

Rosenthal, R., & Jacobson, L.（1968）. Pygmalion in the classroom. *The Urban Review*, 3（1）, 16–20.

Rosenzweig, M. R., Bennett, E. L., & Diamond, M. C.（1972）. Brain changes in response to experience. *Scientific American*, 226, 22–29.

Rowland, C. A.（2014）. The effect of testing versus restudy on retention: A meta-analytic review of the testing effect. *Psychological Bulletin*, 140（6）, 1432–1463.

Rubin, D. C., & Kozin, M.（1984）. Vivid memories. *Cognition*, 16（1）, 81–95.

Sadler, D. R.（1989）. Formative assessment and the design of instructional systems. *Instructional Science*, 18（2）, 119–144.

Sakakibara, A.（1999）. A longitudinal study of a process for acquiring absolute pitch. *TheJapanese Journal of Educational Psychology*, 47,19–27.

Sakakibara, A.（2014）. A longitudinal study of the process of acquiring absolute pitch: A practical report of training with the 'chord identification method. *Psychology of Music*, 42（1）, 86–111.

Salden, R. J., Paas, F., & van Merriënboer, J. J. G.（2006）. A comparison of approaches to learning task selection in the training of complex cognitive skills. *Computers in Human Behavior*, 22（3）, 321–333.

Saleh, M., Lazonder, A. W., & de Jong, T.（2007）. Structuring collaboration in mixed-ability groups to promote verbal interaction, learning, and motivation of average-ability students. *Contemporary Educational Psychology*, 32（3）, 314–331.

Salkind, N. J.（2016）. *Statistics for people who（think they）hate statistics.* SAGE Publishing, Inc.

Sanmartí, N.（2007）. 10 ideas clave: Evaluar para aprender. Editorial Graó.

Scoville, W. B., & Milner, B.（1957）. Loss of recent memory after bilateral hippocampal lesions. *Journal of Neurology, Neurosurgery, and Psychiatry*, 20（1）, 11.

Scriven,M.（1967）. The methodology of evaluation. In R. W. Tyler,R. M. Gagné,& M. Scriven（Eds.）, *Perspectives of curriculum evaluation*（Vol. 1, pp. 39–83）. Rand McNally.

Schiefele, U., Krapp, A., & Winteler, A.（1992）. Interest as a predictor of academic achievement: A meta-analysis of research. In K. A. Renniger, S. Hidi &

A. Krapp (Eds.), The role of interest in learning and development (pp. 183–212). Lawrence Erlbaum Associates.

Schmeichel, B. J., & Tang, D. (2014). The relationship between individual differences in executive functioning and emotion regulation: A comprehensive review. *The control within: Motivation and its regulation*, 133–152.

Schmeichel, B. J., Demaree, H. A., Robinson, J. L., & Pu, J. (2006). Ego depletion by response exaggeration. *Journal of Experimental Social Psychology*, 42 (2), 95–102.

Schmidt, R. A., Young, D. E., Swinnen, S., & Shapiro, D. C. (1989). Summary knowledge of results for skill acquisition: Support for the guidance hypothesis. Journal of Experimental Psychology. *Learning, Memory, and Cognition*, 15 (2), 352–359.

Schneps, M., & Sadler, P. (1988). *A private universe. Pyramid Films.*

Schoenfeld, A. H. (1987). What's all the fuss about metacognition. In A. H. Schoenfeld (Ed.), *Cognitive science and mathematics education* (pp. 189–215). Lawrence Erlbaum Associates.

Schommer-Aikins, M. (2002). An evolving theoretical framework for an epistemological belief system. In B. K. Hofer & P. R. Pintrich (Eds.), *Personal epistemology: The psychology of beliefs about knowledge and knowing* (pp. 103–118). Lawrence Erlbaum Associates.

Schroeder, V. M., & Kelley, M. L. (2010). Family environment and parent-child relationships as related to executive functioning in children. *Early Child Development and Care*, 180 (10), 1285–1298.

Schunk, D. H. (1989). Self-efficacy and achievement behaviors. *Educational Psychology Review*, 1 (3), 173–208.

Schunk, D. H. (1991). Self-efficacy and academic motivation. *Educational psychologist*, 26 (3–4), 207–231.

Schunk, D. H., Pintrich, P. R., & Meece, J. L. (2013). *Motivation in education: Theory, research, and applications* (4th ed.). Pearson.

Schunk, D. H., & Hanson, A. R. (1985). Peer models: Influence on children's self-efficacy and achievement. *Journal of Educational Psychology*, 77 (3), 313–322.

Schwartz, D. L., Lin, X. J., Brophy, S., & Bransford, J. D. (1999). Toward the development of flexibly adaptive instructional designs. In C. M. Reigeluth (Ed.) *Instructional-design theories and models: A new paradigm of instructional theory* (Vol. 2, pp. 183–213). Lawrence Erlbaum Associates.

Schwartz, M. S., Sadler, P. M., Sonnert, G., & Tai, R. H. (2008). Depth versus breadth: How content coverage in high school science courses relates to later success in college science coursework. *Science Education*, 93, 798–826.

Senn, D., & Marzano, R. J. (2015). *Organizing for learning: Classroom techniques to help students interact within small groups*. Learning Sciences International.

Séré, M. G. (1986). Children's conceptions of the gaseous state, prior to teaching. *European Journal of Science Education*, 8 (4), 413–425.

Sharp, P. (1985). Behaviour modification in the secondary school: A survey of students' attitudes to rewards and praise. *Behavioral Approaches with Children*, 9 (4), 109–112.

Shuman, V. & Scherer, K. R. (2015). Psychological structure of emotions. In *International encyclopedia of the social and behavioral sciences* (pp. 526–533). Elsevier.

Simpson, M., & Arnold, B. (1982). Availability of prerequisite concepts for learning biology at certificate level. *Journal of Biological Education*, 16 (1), 65–72.

Sisk, V. F., Burgoyne, A. P., Sun, J., Butler, J. L., & Macnamara, B. N. (2018). To what extent and under which circumstances are growth mind-sets important to academic achievement? Two meta-analyses. *Psychological Science*, 29 (4), 549–571.

Skibbe, L. E., Connor, C. M., Morrison, F. J., & Jewkes, A. M. (2011). Schooling effects on preschoolers' self-regulation, early literacy, and language growth. *Early Childhood Research Quarterly*, 26 (1), 42–49.

Skinner, B. F. (1958). Teaching machines. *Science*, 128, 969–977.

Slavin, R. E. (1991). Are cooperative learning and untracking harmful to the gifted? *Educational Leadership*, 48 (6), 68–71.

Slavin, R. E. (1995). *Cooperative learning: Theory, research, and practice* (2nd ed.). Allyn & Bacon.

Slavin, R. E. (2013). Cooperative learning and achievement: Theory and research. In W. M. Reynolds, G. E. Miller & I. B. Weiner (Eds.), *Handbook of psychology*, (2nd ed., Vol. 7, pp. 199–212). Wiley.

Slavin, R. E. (2018). *Educational psychology: Theory and practice*. Pearson.

Smith, C., Maclin, D., Grosslight, L., & Davis, H. (1997). Teaching for understanding: A study of students' pre-instruction theories of matter and a comparison of the effectiveness of two approaches to teaching about matter and density. *Cognition and Instruction*, 15 (3), 317–393.

Smith, M. A., & Karpicke, J. D. (2014). Retrieval practice with short-answer, multiple-choice, and hybrid tests. *Memory*, 22 (7), 784–802.

Smith, S. M. (1982). Enhancement of recall using multiple environmental contexts during learning. *Memory and Cognition*, 10 (5), 405–412.

Smith, S. M., Glenberg, A., & Björk, R. A. (1978). Environmental context and human memory. *Memory and Cognition*, 6 (4), 342–353.

Smith, S. M., & Vela, E. (2001). Environmental context-dependent memory: A review and meta-analysis. *Psychonomic Bulletin and Review*, 8 (2), 203–220.

Soderstrom, N. C., & Björk, R. A. (2015). Learning versus performance: An integrative review. *Perspectives on Psychological Science*, 10 (2), 176–199.

Sowell, E. R., Peterson, B. S., Thompson, P. M., Welcome, S. E., Henkenius, A. L., & Toga, A. W. (2003). Mapping cortical change across the human life span. *Nature Neuroscience*, 6 (3), 309–315.

Spellman, K. V., Deutsch, A., Mulder, C. P. H., & Carsten-Conner, L. D. (2016). Metacognitive learning in the ecology classroom: A tool for preparing problem solvers in a time of rapid change? *Ecosphere*, 7 (8), e01411.

Spencer, S. J., Logel, C., & Davies, P. G. (2016). Stereotype threat. *Annual review of psychology*, 67, 415–437.

Spilich, G. J., Vesonder, G. T., Chiesi, H. L., & Voss, J. F. (1979). Text processing of domain-related information for individuals with high and low domain knowledge. *Journal of Verbal Learning and Verbal Behavior*, 18 (3), 275–290.

Squire, L. R. (2004). Memory systems of the brain: a brief history and current perspective. *Neurobiology of Learning and Memory*, 82 (3), 171–177.

Squire, L. R. (2009). The legacy of patient HM for neuroscience. *Neuron*, 61 (1), 6–9.

Squire, L. R., & Zola, S. M. (1998). Episodic memory, semantic memory, and amnesia. *Hippocampus*, 8 (3), 205–211.

Stangor, C., & McMillan, D. (1992). Memory for expectancy-congruent and expectancy-incongruent information: A review of the social and social developmental literatures. *Psychological Bulletin*, 111 (1), 42–61.

Stavy, R. (1991). Children's ideas about matter. *School Science and Mathematics*, 91 (6), 240–244.

Steele, C. M. (1997). A threat in the air: How stereotypes shape intellectual identity and performance. *American Psychologist*, 52 (6), 613–629.

Steele, C. M., & Aronson, J. (1995). Stereotype threat and the intellectual test performance of African Americans. *Journal of Personality and Social Psychology*, 69（5）, 797–811.

Steinberg, L., Elmen, J. D., & Mounts, N. S.（1989）. Authoritative parenting, psychosocial maturity, and academic success among adolescents. *Child Development*, 60（6）, 1424–1436.

Stewart, J., Cartier, J. L., & Passmore, C. M.（2005）. Developing understanding through model-based inquiry. In M. S. Donovan, D. Bransford（Eds.）, *How students learn: Science in the classroom*（pp. 515–565）. The National Academies Press.

Stipek, D. & Gralinski, J. H.（1996）. Children's beliefs about intelligence and school performance. *Journal of Educational Psychology*,88（3）, 397–407.

Stipek, D.J.（1996）. Motivation and instruction. In D. C. Berliner & R. C. Calfee（Eds.）*Handbook of educational psychology*（pp. 85–113）. Macmillan.

Strayhorn Jr, J. M.（2002）. Self-control: Toward systematic training programs. *Journal of the American Academy of Child and Adolescent Psychiatry*, 41（1）, 17–27.

Swanson, J., Valiente, C., Lemery-Chalfant, K., & O'Brien, T. C.（2011）. Predicting early adolescents' academic achievement, social competence, and physical health from parenting, ego resilience, and engagement coping. *Journal of Early Adolescence*, 31（4）, 548–576.

Sweller, J.（1988）. Cognitive load during problem solving: Effects on learning. *Cognitive Science*, 12, 257–285.

Sweller, J.（1994）. Cognitive load theory, learning difficulty, and instructional design. *Learning and Instruction*, 4（4）, 295–312.

Sweller, J.（2006）. The worked example effect and human cognition. *Learning and Instruction*, 16（2）, 165–169.

Sweller, J.（2010）. Element interactivity and intrinsic, extraneous and germane cognitive load. *Educational Psychology Review*, 22（2）, 123–138.

Sweller, J., Ayres, P. L., Kalyuga, S. & Chandler, P. A.（2003）. The expertise reversal effect. *Educational Psychologist*, 38（1）, 23–31.

Sweller, J., Van Merriënboer, J. J. G., & Paas, F.（1998）. Cognitive architecture and instructional design. *Educational Psychology Review*, 10（3）, 251–296.

Talarico, J. M., & Rubin, D. C.（2003）. Confidence, not consistency, characterizes flashbulb memories. *Psychological Science*, 14（5）, 455–461.

Tangney, J. P., Baumeister, R. F., & Boone, A. L.（2004）. High self-control predicts good adjustment, less pathology, better grades, and interpersonal success. *Journal of Personality*, 72 (2), 271–324.

Tau, G. Z., & Peterson, B. S. (2010). Normal development of brain circuits. *Neuropsychopharmacology*, 35 (1), 147–168.

Taylor, V. J., & Walton, G. M. (2011). Stereotype threat undermines academic learning. *Personality and Social Psychology Bulletin*, 37 (8), 1055–1067.

Teasley, S. D. (1995). The role of talk in children's peer collaborations. *Developmental Psychology*, 31 (2), 207–220.

Thorndike, E. L. (1923). The influence of first year Latin upon the ability to read English. *School Sociology*,17, 165–168.

Thorndike, E. L., & Woodworth, R. S. (1901). The influence of improvement in one mental function upon the efficiency of other functions. (I). *Psychological Review*, 8 (3), 247–261.

Thorndike, R. L. (1968). Reviewed work: Pygmalion in the classroom by Robert Rosenthal and Lenore Jacobson. *American Educational Research Journal*, 5 (4), 708–711.

Tice, D. M., & Bratslavsky, E. (2000). Giving in to feel good: The place of emotion regulation in the context of general self-control. *Psychological inquiry*, 11 (3), 149–159.

Tracy, J. L., & Robins, R. W. (2004). Putting the Self Into Self-Conscious Emotions: A Theoretical Model. *Psychological Inquiry*, 15 (2), 103–125.

Tricomi, E. & DePasque, S. (2016). The role of feedback in learning and motivation. In S. Kim, J. Reeve & M. Bong (Eds.), *Advances in Motivation and Achievement:Recent Developments in Neuroscience Research on Human Motivation* (pp. 175–202). Emerald Group Publishing Limited.

Tulving, E. (2002). Episodic memory: From mind to brain. *Annual Review of Psychology*, 53 (1), 1–25.

Ullman, M. T. (2016). The declarative/procedural model: A neurobiological model of language learning, knowledge, and use. In G. Hickok & S. L. Small (Eds.), *Neurobiology of language* (pp. 953–968). Elsevier.

Ullman, M. T., & Lovelett, J. T. (2016). Implications of the declarative/procedural model for improving second language learning: The role of memory enhancement techniques. *Second Language Research*, 34 (1), 39–65.

Upchurch, R., & Sims-Knight, J. (2001). What's wrong with giving students feedback? In *ASEE Annual Conference Proceedings*. American Society for

Engineering Education. Retrieved from https://peer.asee.org/10027.

Valentine, J. C., DuBois, D. L., & Cooper, H. (2004). The relation between self-beliefs and academic achievement: A meta-analytic review. *Educational Psychologist*, 39 (2), 111–133.

Van Dillen, L. F., & Koole, S. L. (2007). Clearing the mind: a working memory model of distraction from negative mood. *Emotion*, 7 (4), 715–723.

Van Overwalle, F., & De Metsenaere, M. (1990). The effects of attribution-based intervention and study strategy training on academic achievement in college freshmen. *British Journal of Educational Psychology*, 60 (3), 299–311.

Van Praag, H., Kempermann, G., & Gage, F. H. (2000). Neural consequences of environmental enrichment. *Nature Reviews Neuroscience*, 1 (3), 191–198.

Varvogli, L., & Darviri, C. (2011). Stress management techniques: evidence-based procedures that reduce stress and promote health. *Health Science Journal*, 5 (2), 74–89.

Von Culin, K. R., Tsukayama, E., & Duckworth, A. L. (2014). Unpacking grit: Motivational correlates of perseverance and passion for long-term goals. *The Journal of Positive Psychology*, 9 (4), 306–312.

Vosniadou, S., & Brewer, W. F. (1992). Mental models of the earth: A study of conceptual change in childhood. *Cognitive Psychology*, 24 (4), 535–585.

Vygotsky, L. S. (1978). *Mind in society*. Harvard University Press.

Wade, S. E. (1992). How interest affects learning from text. In K. A. Renninger, S. Hidi & A. Krapp (Eds.), *The role of interest in learning and development* (pp. 255–277). Lawrence Erlbaum Associates.

Webb, N. M. (1992). Testing a theoretical model of student interaction and learning in small groups. In R. Hertz-Lazarowitz & N. Miller (Eds.), *Interaction in cooperative groups: The theoretical anatomy of group learning* (pp. 102-119). Cambridge University Press.

Webb, N. M. (2009). The teacher's role in promoting collaborative dialogue in the classroom. *British Journal of Educational Psychology*, 79 (1), 1–28.

Wegner, D. M. (1994). Ironic processes of mental control. *Psychological review*, 101 (1), 34–52.

Weiner, B. (1986). *An attributional theory of motivation and emotion*. Springer.

Weiner, B. (1990). History of motivational research in education. *Journal of Educational Psychology*, 82 (4), 616–622.

Wertheimer, M. (1959). *Productive thinking.* Harper and Row.

White, B. Y., & Frederiksen, J. R. (1990). Causal models progressions as a foundation for intelligent learning environments. *Artificial Intelligence*, 42, 99–157.

Wigfield, A., & Eccles, J. S. (1992). The development of achievement task values: A theoretical analysis. *Developmental Review*, 12 (3), 265–310.

Wigfield, A., & Eccles, J. S. (2000). Expectancy-value theory of achievement motivation. *Contemporary Educational Psychology*, 25 (1), 68–81.

Wightman, D., & Lintern, G. (1985). Part-task training for tracking and manual control. Human Factors, *The Journal of the Human Factors and Ergonomics Society*, 27, 267–283.

Wilen, W. W. (1991). *Questioning skills, for teachers. What research says to the teacher.* National Education Association.

Wiliam, D. (2011). *Embedded formative assessment.* Solution Tree Press.

Wiliam, D., & Black, P. (1996). Meanings and consequences: a basis for distinguishing formative and summative functions of assessment? *British Educational Research Journal*, 22 (5), 537–548.

Willingham, D. T. (2002). Ask the cognitive scientist inflexible knowledge: The first step to expertise. *American Educator*, 26 (4), 31–33.

Willingham, D. T. (2005). Ask the cognitive scientist: Do visual, auditory, and kinesthetic learners need visual, auditory, and kinesthetic instruction? *American Educator*, 29 (2), 31.

Willingham, D. T. (2008). Critical thinking: Why is it so hard to teach? *Arts Education Policy Review*, 109 (4), 21–32.

Willingham, D. T. (2008). What will improve a student's memory? *American Educator*, 32 (4), 17–25.

Willingham, D. T. (2009). *Why don't students like school? A cognitive scientist answers questions about how the mind works and what it means for the classroom.* Jossey-Bass.

Willingham, D. T. (2012). Ask the cognitive scientist: Why does family wealth affect learning? *American Educator*, 36 (1), 33–39.

Willingham, D. T. (2014). Strategies that make learning last. *Educational Leadership*, 72 (2), 10–15.

Willingham, D. T. (2017). *The reading mind: A cognitive approach to understanding how the mind reads.* John Wiley & Sons.

Willingham, D. T. (2018). Ask the cognitive scientist: Does tailoring instruction to "learning styles" help students learn? *American Educator*, 42 (2), 28–32.

Wing, J. M. (2006). Computational thinking. *Communications of the ACM*, 49 (3), 33–35.

Wolters, C. A. (2004). Advancing achievement goal theory: Using goal structures and goal orientations to predict students' motivation, cognition, and achievement. *Journal of Educational Psychology*, 96 (2), 236–250.

Wood, D., Bruner, J. S., & Ross, G. (1976). The role of tutoring in problem solving. *Journal of Child Psychology and Psychiatry*, 17 (2), 89–100.

Yeager, D. S. (2018). *Re-analysis of descriptive statistics from Mueller & Dweck (1998)*. Retrieved from https://osf.io/ngwn8.

Yeager, D. S., Hanselman, P., Walton, G. M., Murray, J. S., Crosnoe, R., Muller, C., Tripton, E., et al. (2019). A national experiment reveals where a growth mindset improves achievement. *Nature*, 573, 364–369.

Yeager, D. S., & Dweck, C. S. (2012). Mindsets that promote resilience: When students believe that personal characteristics can be developed. *Educational Psychologist*, 47 (4), 302–314.

Yerkes, R. M., & Dodson, J. D. (1908). The relation of strength of stimulus to rapidity of habit-formation. *Journal of Comparative Neurology and Psychology*, 18 (5), 459–482.

Zimmerman, B. J. (2001). Theories of self-regulated learning and academic achievement: An overview and analysis. In B. J. Zimmerman & D. H. Schunk (Eds.), *Self-regulated learning and academic achievement: Theoretical perspectives* (pp. 1–37). Lawrence Erlbaum Associates.

Zimmerman, B. J., & Martinez-Pons, M. (1986). Development of a structured interview for assessing student use of self-regulated learning strategies. *American Educational Research Journal*, 23 (4), 614–628.

Zins, J. E., Bloodworth, M. R., Weissberg, R. P., & Walberg, H. J. (2007). The scientific base linking social and emotional learning to school success. *Journal of educational and psychological consultation*, 17 (2–3), 191–210.